高职英语教学与翻译研究

邵韵之 著

吉林大学出版社
·长春·

图书在版编目（CIP）数据

高职英语教学与翻译研究 / 邵韵之著 . -- 长春：吉林大学出版社 , 2022.7
ISBN 978-7-5768-0313-6

Ⅰ.①高… Ⅱ.①邵… Ⅲ.①英语—教学研究—高等职业教育 Ⅳ.① H319.3

中国版本图书馆 CIP 数据核字 (2022) 第 156728 号

书　　　名	高职英语教学与翻译研究
	GAOZHI YINGYU JIAOXUE YU FANYI YANJIU
作　　　者	邵韵之 著
策 划 编 辑	米司琪
责 任 编 辑	米司琪
责 任 校 对	柳燕
装 帧 设 计	周凡
出 版 发 行	吉林大学出版社
社　　　址	长春市人民大街 4059 号
邮 政 编 码	130021
发 行 电 话	0431-89580028/29/21
网　　　址	http://www.jlup.com.cn
电 子 邮 箱	jldxcbs@sina.com
印　　　刷	天津和萱印刷有限公司
开　　　本	787mm×1092mm　1/16
印　　　张	11.75
字　　　数	240 千字
版　　　次	2023 年 5 月　第 1 版
印　　　次	2023 年 5 月　第 1 次
书　　　号	ISBN 978-7-5768-0313-6
定　　　价	50.00 元

版权所有　翻印必究

前　　言

高职英语教学是高职教育的重要组成部分，如何对高职英语教学定位，组织英语教学，提高高职学生的英语水平，以落实高职教育培养为目标是高职英语教师所面临的重要任务。在实际开展英语教学期间，翻译在所有课程中较为重要，学生掌握翻译技能，可以切实提高自身的英语交流水平。因此，高职英语教学应该注重对学生英语思维和能力的培养，顺应时代发展要求，进而对高职英语教学做出进一步的创新，将实践能力培养以及理论知识培养相结合，从而促进高职英语教学与翻译高质量的提高。

鉴于此，笔者撰写了《高职英语教学与翻译研究》一书，在内容编排上共设置六章：第一章作为本书论述的基础和前提，主要阐释高职教育及其时代背景与要求、高职院校学生特点与教学现状、高职英语教学的时代特征转变；第二章是高职英语教学的模式改革，内容涵盖高职英语教学模式改革的具体思路、高职英语多媒体与分层教学模式改革、高职英语实训教学模式的改革分析；第三章分析了高职英语课堂中的有效教学方法、高职英语课堂有效教学的优化、高职英语教学中有效教学的运用、教学实践中有效教学的经验启示；第四章论述了高职英语课堂的移动教学、高职英语移动课堂的任务型教学、高职移动课堂英语学习环境构建；第五章和第六章突出实践性，围绕高职英语教学的实用技能翻译实践、高职英语教学的多维类型翻译进行研究。

全书结构科学、论述清晰，力求达到理论与实践相结合，让读者在学习基本方法和理论的同时，既帮助学生夯实英文基础，又与高职教育方向相结合，以体现教育的实用性，提升大学生的语言水平。

笔者在撰写本书的过程中，得到了许多专家、学者的帮助和指导，在此表示诚挚的谢意。由于笔者水平有限，加之时间仓促，书中所涉及的内容难免有疏漏之处，恳请各位读者多提宝贵意见，以便笔者进一步修改，使之更加完善。

邵韵之
2022 年 3 月

目 录

第一章 高职教育及其英语教学审视 ... 1
- 第一节 高职教育及其时代背景与要求 ... 1
- 第二节 高职院校学生特点与教学现状 ... 4
- 第三节 高职英语教学的时代特征转变 ... 8

第二章 高职英语教学的模式改革 ... 13
- 第一节 高职英语教学模式改革的具体思路 ... 13
- 第二节 高职英语多媒体与分层教学模式改革 ... 41
- 第三节 高职英语实训教学模式的改革分析 ... 47

第三章 高职英语课堂中的有效教学优化 ... 51
- 第一节 高职英语课堂中的有效教学方法 ... 51
- 第二节 高职英语课堂有效教学的优化 ... 56
- 第三节 高职英语教学中有效教学的运用 ... 64
- 第四节 教学实践中有效教学的经验启示 ... 69

第四章 高职英语教学的移动课堂构建 ... 71
- 第一节 高职英语课堂的移动教学分析 ... 71
- 第二节 高职英语移动课堂的任务型教学 ... 79
- 第三节 高职移动课堂英语学习环境构建 ... 90

第五章 高职英语教学的实用技能翻译实践 ... 93
- 第一节 关联理论下高职英语翻译技能培养 ... 93
- 第二节 高职英语教学中的词汇翻译实践 ... 95
- 第三节 高职英语教学中的句子翻译实践 ... 97
- 第四节 高职英语教学中的语篇翻译实践 ... 100

第六章 高职英语教学的多维类型翻译研究 ………………………… 103

  第一节 高职院校商务英语的翻译技巧研究 ……………………… 103

  第二节 高职院校实用英语翻译课程教学研究 …………………… 165

  第三节 高职院校科技英语翻译的语境研究 ……………………… 167

  第四节 跨文化视角下高职英语翻译教学研究 …………………… 172

结束语 ………………………………………………………………… 177

参考文献 ……………………………………………………………… 179

第一章　高职教育及其英语教学审视

社会和经济的发展对高职英语教学与高职教育提出了更高的要求，因此，要提升高职英语教学水平，必须进一步明确高职英语教学的指导思想，根据学生实际和专业特点确定相应的教学目标，转变英语教学思路。本章重点围绕高职教育及其时代背景与要求、高职院校学生特点与教学现状、高职英语教学的时代特征转变展开论述。

第一节　高职教育及其时代背景与要求

一、高职教育概述

现代高等教育体系中有两种主要类型，分别是高等职业教育和学科类高等教育，这两种类型在培养人才方面有不同的任务，在人才培养的模式、培养方法、要达到的目标等方面也有很大区别，具有不同的社会功能，两种教育背景下受教育者未来人生的发展方向也不同。客观上来看，高等职业教育主要以技能培训和应用为主，学科型普通高等教育以文化学习和理论研究为主，在教育类型上不同，但是没有优劣高低之分。以下对高等职业教育的具体内容进行了探究。[①]

（一）高职教育的内涵

"高等职业教育"这个名称在其他国家几乎不使用，即使有这个名称，与我国在内涵上也不一样。比如，俄罗斯的职业教育是基础教育以外的其他专业教育的统称，他们的高等职业教育包括了所有的高等教育，而我国的高等职业教育是除了普通高等教育之外的；很多国家的职业教育内涵比较狭隘，认为职业教育的功能就是培养技术工人，这种教育不需要学生掌握很多理论知识，只需要学习技能和某种生产技艺，将来从事现场工作，成为某种技艺的操作者，这部分教育不属于高等教育

---

① 史中慧. 任务型教学法与高职英语课堂实践 [M]. 北京：中国财富出版社，2019：52-54.

领域，因此，他们没有"高等职业教育"这个说法。

在我国，发展高等职业教育现在已经成为教育行业的热门话题之一。但是有关于高等职业教育的很多问题依然存在争议。比如，在整个教育体系中，如何准确定位高等职业教育；和普通高等教育相比，高等职业教育有何本质特征；高等职业教育在培养目标、办学模式、课程规划、招生等方面的问题还有待商讨。

"高等"和"职业教育"的结合就是"高等职业教育"。对这两者的结合有三种理解方式：第一种理解认为，高等职业教育属于高等教育领域，高等职业教育是其中一种强调职业性和应用性的特殊教育；第二种理解认为，高等职业教育属于职业教育领域，且具有较高层次，与高等教育没有关系，把"高等教育"和"职业教育"并列平行，分属两个不同的教育领域；第三种理解认为，高等职业教育主要培养高层次的职业技术人才，这种理解比较泛化，认为"高等"和"高级"是同等概念，培养高级技工的教育也是高等职业教育。

（二）高职教育的相关内容

（1）教育对象。高等职业教育的对象不是必须要高中毕业，但是高中阶段的课程应该注重职业化，学习专门学科；中等职业技术学校是为将来就业做准备的，毕业生如果要进入高等职业技术学校，可以补习相关课程。因此，高等职业教育的教育对象既要具备一定文化理论基础知识，也要重视职业实践。又因高等职业教育招生对象是整个高中阶段不同类型学校的毕业生，所以要做好不同类型学校学生的补习阶段，有针对性地训练学生。

（2）培养目标。高职教育主要培养教育对象某种职业能力，这种职业能力可以是某一特定职业或职业群，为他们将来从事某一职业做准备。高职教育的课程规划和普通学科不同，与直接就业型也不一样，它处于二者的中间，因此，培养目标也处于学科研究和技能操作中间。

（3）授予学历。在学历设置方面，高等职业教育应该和普通高等教育保持一致，根据学习年限设置不同学历层次，本科和专科必不可少，但是专科的层次应该更加多样化，而不应该仅仅作为普通专科的补充学制。我国高等职业教育只有专科学历，高等职业教育本科层次的设置和发展并没有引起重视，也没有相关的实践，在明确了高等职业教育的定位和内涵后，应该着手解决这一问题。

（4）教育基础。"中间型"的高中毕业生既具备文化理论知识，又有一定实践能力，这类毕业生是高等职业教育的重点招生对象，而普通学科类型的毕业生和直接就业型的毕业生需要补习相关课程，才能进入高等职业技术学校，课程学习应该在入学前完成，也可以参考国外经验，在入学后短期内补上。总而言之，高等职业

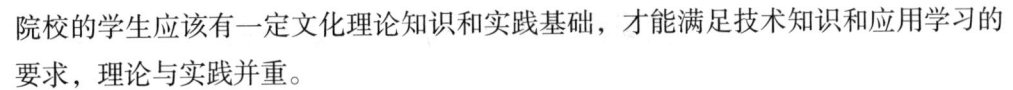

院校的学生应该有一定文化理论知识和实践基础，才能满足技术知识和应用学习的要求，理论与实践并重。

（5）中间人才。中间人才是指技术类人才，属于高层次的人才。高等职业教育培养的是掌握某一种职业技能，能够胜任特定职业或职业群，从事某一类生产的技术和应用人才。技术类工作最大的特点是通过技术运用，将规划和设计的产品转化为具体产品形态，对社会的作用一般具体可见。这一培养目标是课程内容和课程标准设计的决定因素。

（6）学习年限。高职教育理论和实践并重，要求学生掌握相关知识和技能，涵盖的范围广，而且要求较高。一般2~3年时间才能完成培养目标，而一些特殊专业，需要学习的年限会更长。

（7）学历证明。高等职业教育应设置不同层次的学历，不同的专业实际情况不同，有不同的学习年限，但应该包括专科和本科两个层次。然而，我国目前的高等职业教育以专科为主。

二、高职教育的时代背景与要求

当前，我国社会经济快速发展，经济发展形态变得更高级，社会分工越来越复杂，结构也趋于合理，进入了中国特色社会主义发展的新阶段。中国制造正在往高质量方向发展，社会越来越提倡工匠精神，对技术型人才提出了更高的要求。只有高质量的高等职业教育，才能满足社会对技术人才的需求。现代化发展归根结底是要实现人的现代化，而教育无疑是实现这一目标最核心的要素；职业教育是面向大众的教育。我国目前社会的主要矛盾已经发生了变化，职业教育发展不再一味强调速度，而更讲究提高质量。因此，职业教育发展应该弥补不足，提高教育质量，丰富职业教育内涵，解决发展过程中不平衡等问题，为新时代职业教育发展融入新的内涵。

中共中央在深化职业教育产教融合方面，提出要构建产业人才培养培训新体系，完善学历教育与培训并重的现代职业教育体系，推动教育教学改革与产业转型升级衔接配套；健全产教融合的办学体制机制，坚持面向市场、服务发展、促进就业的办学方向，优化专业结构设置，大力推进产教融合、校企合作，开展国家产教融合建设试点；建立健全职业教育制度标准，完善学校设置、专业教学、教师队伍、学生实习、经费投入、信息化建设等系列制度和标准，制定并落实职业院校生均拨款制度。

可见，国家对职业教育的高度重视。作为高等教育的重要组成部分，高职教育在国民教育体系中发挥着不可估量的作用，为国家建设输送了大量高质量人才。顺应时代的发展和要求，高职教育更是要不断根据社会的需求调整教学理念和教学方式，深化教学改革，使教育与产业需求相融合，为国家培养更多的实用型人才。

第二节　高职院校学生特点与教学现状

一、高职院校的学生特点

（一）高职院校学生的生源特点

高职院校的学生生源包括"三校生"和普通高中生，其中，以"三校生"居多。

1. "三校生"

"三校生"是对来自职业高中、职业中专和技工学校的学生的统称。"三校生"的升学途径分为以下三类：[①]

（1）通过"3+2"和"五年一贯制"直升。"3+2"指的是学生在中职学校学习3年，然后再到对口高职（专科）院校学习两年；"五年一贯制"与"3+2"大体相似，只不过有的学校培养方案不同，在中职和高职的学习年限各有不同，这一部分学生的中考成绩大体位于普高和中职之间，因为社会对职业教育的偏见，再加上他们即便选择念普高也只能念学费昂贵的民办普高，所以一部分学生选择了"3+2"和"五年一贯制"。虽然"3+2"和"五年一贯制"也有淘汰制，但实际上如果学生没有特别大的问题，基本上都升入了对口高职（专科）院校。这就存在很大的弊端，学生可以直接看到自己三年后的升学方向，这在一定程度上导致了学生学习积极性的下降。

（2）通过职业技能竞赛获奖免试入学。学生参加职业技能竞赛并获奖就可以免试进入高职（专科）院校。

（3）通过高职学校自主招生升学。这也是大多数"三校生"主要的升学途径，大部分学生升入省内的高职（专科）院校。

2. 普通高中生

高职（专科）院校的另一部分生源来自普通高中，学生主要通过参加高考进入高职院校，这部分考生成绩没有达到一般本科的入学分数线，相对而言，文化基础不足。因为生源数量逐年下降，高职院校的招生门槛一降再降。目前，高职院校招生主要有高考统招、自主招生与注册入学三种方式。通过高考统招入学的学生，有些原本以为自己能考上本科，但是由于高考失利而只能上高职院校，他们中的大多数因此心里充满挫败感，产生自暴自弃的想法，故不愿再投入学习；高职学校自主招生考试，鉴于扩大招生数量，考试难度较低，有些学校还制定了各种免试政策，有利于学生顺利入学，这类学生的学习基础较差；通过注册入学的学生，有些在入

[①] 史中慧.任务型教学法与高职英语课堂实践[M].北京：中国财富出版社，2019：55-59.

校前的学习成绩就较差且无心学习,但是由于年龄较小,不想过早进入社会,所以选择继续读高职,这些学生进入高职院校只是为了得到毕业证书。

(二)高职院校学生的学习特点

了解高职学生的生源特点、学习特点、心智类型及学习心理特征,在教学中,运用适合、匹配的教学策略,是高职教学改革的一个重点。相对而言,高职学生文化基础薄弱,大部分学生有着不良的学习习惯,导致其对理论知识的学习吸收存在困难,且学习兴趣不足。由于高中阶段文化成绩相对薄弱,高职学生在学习方面难免有自卑的心理,不愿与教师交流互动,且其所学专业往往是家长选择的或自己盲目选择的。因此,高职学生往往存在学习目标不明确、学习动力不足、学习意愿不强烈等问题。由于缺乏自控能力,他们的学习专注力往往较低,无法长时间集中精力学习。但是另一方面,高职学生具有较强的动手操作能力,他们乐于参加各种活动,在活动中表现自我。高职学生的学习主要呈现出以下特点。

(1)具有很强的模仿能力和实践能力。高职学生擅长模仿,记忆力强,而且动手能力强,在学习方面偏向于实践类。从某些方面来看,高职学生基础比较薄弱,逻辑思维能力差,不会整合、概括信息,但形象思维能力比较强。很多学生对理论知识不感兴趣,觉得专业知识比较抽象和复杂,课堂学习不够主动,因此,对学习这些知识提不起兴趣。还有一些学生学习方法不当,学习过程中不够自律,不会规划,也没有动力,严重的还可能产生厌学心理。

(2)缺少学习习惯养成。高职学生往往在中学阶段没有养成良好的学习习惯,不具备学习的耐力。到了大学阶段,时间自由,没有压力,他们在课后往往不能充分利用闲暇时间进行主动学习。在英语学习方面,表现出单词量有限的问题,缺少听力、口语、阅读、写作等方面的积累。然而,英语学习是一个漫长的过程,必须通过大量的积累才能达到质的转变。只有通过大量的输入,学习者自身的整体英语水平才能提高。

(3)学习方法不当,导致事倍功半。由于没有养成良好的学习习惯,也没有找到适合自己的学习方法,高职学生的学习常常没有明显的进步。就英语学习来说,大部分高职学生记单词都是靠死记硬背,由于缺少阅读量和具体语言环境,单词常常是背了又忘,事倍功半。这种单纯机械性的记忆,让学生在背单词的时候感觉好像记住了,考试读文章的时候却完全想不起来,浪费了时间又没有达到目的。而单词量的多少直接关系着学习者的英语水平,如果单词量严重不足,英语听、说、读、写各方面的进步是难以实现的。另外,部分学生学习中没有找到正确的学习方法,加上学习目的不够明确,在实现目标的过程中,感觉困难,从而造成了英语学习的问题。

（三）高职院校学生的心智特点

高职学生大多数没有学习动力，对学习采取无所谓的态度，认为学习好坏不重要，只要能获得毕业证就可以了；学生逃课屡见不鲜；有些学生即使身在教室，也不好好听课，玩手机、看小说，浪费时间；有的学生上课睡觉，课下也不复习巩固，不认真完成作业；为了通过考试甚至采取作弊的方式，或者补考、重修，随意应付。以上问题说明学生的心智还不够成熟，体现出高职学生对自己的放纵和低要求，主要有以下几个方面的特点。

（1）学习动机不强。因为生源数量逐年下降，高职院校的生源质量参差不齐。部分学生填报专业时缺乏对自身的了解，也缺乏对所学专业的了解，只是一味地听从教师、家长的建议，进入大学后才发现自己并不喜欢所选的专业，无法对学习产生兴趣，进入恶性循环。也有部分学生在入校前学习成绩较差，无心学习，进入高职院校只是为了毕业证书，认为不投入学习也不影响毕业和工作，没有学习的动力。

（2）学习目标不明确。大部分高职学生没有对未来的职业规划和人生规划。他们并不知道未来毕业的工作去向，部分人对于今后的职业需求和发展方向是盲目的。缺乏明确的学习目标和学习规划，加上原来的学习基础薄弱，很多学生处于得过且过的状态。

（3）信心不足，面对挫折容易放弃。高职院校中，一部分学生英语基础较好，平时课堂表现积极，考试的成绩也较为理想，因此高估自身的英语水平，在参加国家级英语考试或雅思考试时落败，进而盲目妄自菲薄；另一部分成绩不高的学生总是非常自卑，对英语学习充满了恐惧，并认为自己英语基础较差，再努力也无法学会，因而学习不积极，不报考任何级别的考试，对于他们而言，只要英语期末考试能通过，能够最终拿到毕业证就可以。这些都是高职学生信心不足、抗挫能力差的表现。

（4）自控能力弱。高职学生在高中阶段学习基础不扎实，长期处于考试成绩差的状态，他们缺乏成功的情感体验，缺乏教师、家长等对自己的认可。长此以往，他们便容易失去对学习的主动性，甚至开始厌学。而大学生活相对高中学习生活更加自由，受家长、教师的管理、约束比较少，在这一宽松的环境下，部分学生开始放纵自我。

二、高职院校的教学现状

高等职业教育作为高等教育体系中一个特殊层次的教育，承担着培养和造就高端技能型专门人才的重任，在整个国民教育中有着不可取代的地位和作用。高职教育质量的提高是国家发展的需要，高职教育有责任为社会提供有效的人才输出。解

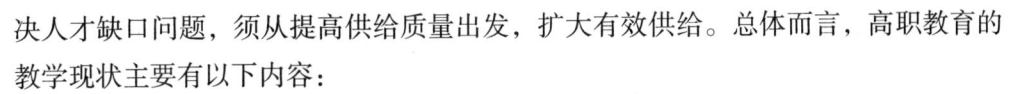

决人才缺口问题，须从提高供给质量出发，扩大有效供给。总体而言，高职教育的教学现状主要有以下内容：

（1）生源不足导致生源质量下降。高职生源不足主要有以下影响因素：第一，人口下降。随着我国经济社会的发展、计划生育基本国策的持续推行、医疗事业的发展、人们观念的改变，我国人口进入"低出生、低死亡、低增长"的发展阶段。适龄人口减少，而高考招生计划人数持续增加，这在一定程度上加剧了处于高校招生最后批次的高职院校的生源危机。第二，本科扩招挤压。现阶段，从普通百姓来看，优质教育资源指的就是本科院校，特别是重点本科院校。因此，能上本科院校就读是很多学生和家长的愿望。第三，教育需求变化。受传统观念影响，高职院校在受重视程度上难与本科院校匹敌。人们甄别不出高职的实质，在很多人心里，高职就等于专科，高职院校一般被认为是"无可奈何的选择"。事实上，人们真正抗拒的不是高职，而是高职的"专科"属性。

（2）重视理论教学，忽视实践教学。高职院校目前需要加大实践教学力度，才能培养出社会需要的高技能人才，获得技能不能光靠学习理论知识，还要通过实践反复练习。但是现在很多高职院校校内实训室不足，也缺少校外实习基地，基础设施建设落后，教学注重理论知识，学生实践机会少，只能从课堂学习理论知识，无法亲自操作进行验证，对知识的理解停留在表面的感性认识，而不懂如何运用，缺乏职业技能。还有一部分高职院校设置了实践教学，但是流于形式，校内实训与实际工作千差万别；校外实习基地的工作和学生学习的内容脱轨，学生无法通过实践提升专业技能。

（3）教学内容不能与时俱进，教学方法单一。当前很多高职院校使用的教材都由本校的老师编写，教材的内容大多是以往的教学资料，参考过去的教材，没有与当前行业发展同步，了解不够深入，因此，很多教材在内容上千篇一律，而且沿用多年。教材内容与实际严重不符，实际工作中新出现的很多概念与流程在教材中没有更新，使得学生无法接触到这些最新的知识。教学方法单一，很多教师教学方法不够丰富，大多只是课堂讲课和提问，没有运用先进的教学方法，如任务教学、情景模拟、实践教学等，平时也没有主动学习新的教学方法，这些都不利于提高教学质量。

（4）没有培养学生的综合素质与能力。高职院校的学生既要掌握专业知识和技能，还要树立终生学习的理念，学会思考。随着社会的发展进步，各行业的知识和技能更新速度加快，学生在学校学习的知识往往跟不上时代发展。因此，在校时就应该培养思考和自主学习能力，才能在未来的职业发展中占据优势。此外，高职院校的学生还应该具备良好的沟通能力、与他人合作的能力等，养成勤奋好学的习惯，培养责任意识和职业素养。但是很多教师在课堂教学中只注重教授学生理论知识或培养学生的职业技能，忽视了对学生学习能力、思考能力和适应能力的培养，教学方法单一，内容不够丰富。

（5）课程考核有问题。高职院校课程考核时，很多授课教师在考前会给学生画重点，学生只需要复习这些圈画的知识点就可以轻易地通过考试，考完试便会把这些知识抛到九霄云外。这种课程考核，无法真正体现出学生的真实水平，也不能激励学生努力学习，是无意义的。除此之外，大多数课程考核是通过写试卷，这种书面考试能够看出学生对知识的掌握情况，但无法反映出学生的职业技能和其他能力。学生的职业技能和其他能力主要通过行为表现出来，比如，学生的操作能力只有让学生亲自动手操作机器才能表现出来，也只有在团队合作中才能看出学生的团队合作能力水平。

（6）学校的学习氛围不够浓厚。高职院校的学习氛围，特别是班级和宿舍的学习氛围，会对学生产生很大影响。如果学习氛围是积极的、良好的，就会激发学生学习的动力；如果学习氛围消极，则会让学生产生懒惰的心理和厌学情绪。大部分高职学生学习态度有很大问题，没有养成良好的学习习惯，在学习方面比较放纵，没有刻苦钻研的精神，对学习采取无所谓的态度，因此，很容易受到周围环境的影响。

（7）社会方面，学生面临着很大的就业压力。近年来，高校毕业生人数逐渐增加，就业压力越来越大。而高职院校有些专业就业机会并不多。还有一些专业，虽然找工作没有问题，但是不够稳定，工资待遇不好。这样看来，高职院校毕业生能够选择的工作岗位有限。面临如此严峻的就业形势，高职院校的学生往往会感到失望、迷茫，看不到未来的希望，觉得学得再好也很难找到心仪的工作。

（8）目前，出现了很多新兴职业，就业门槛比较低。随着社会的发展，以及网络技术的进步，产生了很多新兴职业，如网络主播。高职学生对这些新兴职业很感兴趣，觉得这些职业就业门槛低，而且收入有保障，时间相对自由，因此，在学校的时候就开始从事相关兼职工作。比如，很多学生在网上开店，把大多数学习时间都花在这上面，不重视课堂学习。除此以外，有一些学生毕业后并不准备从事本专业相关的工作，因此，对学习更不上心。

第三节 高职英语教学的时代特征转变

一、时代语境下高职英语教学环境的转变

良好的课堂教学环境是有效开展教学活动必不可少的前提条件，并对教学效果

有着非常重要的影响。在课堂这个进行教学活动的主要场所中，教师充分利用教学环境的辅助作用开展课堂教学，学生在课堂教学环境的影响下进行学习，教师、学生和课堂教学环境三者相互作用、相互影响。课堂教学环境直接影响着学生的情感体验，是影响课堂有效教学的重要因素。有序的、融洽的课堂教学环境能增强学生学习的主动性、积极性，提高课堂教学效果以及学生学习的效率，使师生处于相互尊重、友好合作的氛围中，最终使教学达到事半功倍的效果。反之，在杂乱的、沉闷的课堂教学环境中，教师的讲解很难激发学生对所学课程的学习积极性，教学效果也会不尽如人意。由此可见，和谐的课堂教学环境对于促进学生的全面发展、提高高职院校教学质量具有极其重要的意义。①

（一）物理环境的转变

高职教育英语课程的教学目的是使学生掌握一定的英语基础知识和技能，具有一定的听、说、读、写、译的能力，从而能借助词典阅读和翻译有关英语业务资料，在涉外交际的日常活动和业务活动中进行简单的口头和书面交流，并为今后进一步提高英语的交际能力奠定基础。可见，以实用为主、应用为目的高职英语教育应突出应用性、实践性原则，而应用与实践又离不开一定的环境。因此，在高职英语课堂教学中，应改变传统的、刻板的教学环境，以满足高职院校人才培养目标的需要。创设和谐的英语课堂教学环境，不仅能够增强高职院校学生语言交流表达的欲望，同时也能够充分调动学生的学习兴趣。因而必须改进教学场所，其中包括教室建设、学生座位的安排、黑板和多媒体的结合使用。

第一，教室建设。按照语言教学的特点，英语教学采取小班授课是最理想的。小班授课要求教室不宜过大，而在很多高职院校我们经常会看到类似的情况，如近百名学生同在一间大教室上课，或二三十名学生坐在能容纳近百人的教室里，这些情况都使教师与学生无法最大化地在"教"与"学"上发挥自身的能力。因此，高职英语课堂教学应该选择在大小适宜的教室中进行，同时要保证教室干净整洁，光线适宜，通风良好。

第二，学生座位的安排。高职院校英语课堂仍然沿用"秧田式"的桌椅摆放形式，这种刻板的摆放方式无形中忽视了学生的主体地位，无法充分调动学生自主学习、自主管理的积极性，阻碍教师与学生之间进行更加有效的交流互动。因此，高职学生座位的安排应改变传统固定不动的编排方式，综合考虑教学内容以及学生自身的个性特长等因素，采用马蹄形、圆形式、小组式等更加有利于教师与学生平等

---

① 张爱玲. 高职英语教学的反思及未来趋势研究 [M]. 青岛：中国海洋大学出版社，2018：2-7.

和多角度交流沟通的方式。这样既能增进师生间的交流，又能充分发挥教师的主导作用，创建师生间和谐民主的教学环境，保证教学活动有效进行。

第三，黑板与多媒体结合使用。黑板是重要的教学辅助设施之一。教师应该充分利用好黑板，帮助学生理解、记忆所学知识。同时，英语作为一门语言学科，在课堂教学过程中，有时需要使用多媒体来创设特定的语言环境，但是有些高职英语教师在课堂上过分地依赖多媒体，忽视学生在学习过程中的主体作用。因此，只有将黑板和多媒体合理有效地结合使用，才能更好地提高英语课堂教学效果，从而提高学生的英语综合能力。

（二）心理环境的转变

第一，师生间相互尊重。尊敬师长是中华民族的传统美德，尊师是师生关系建立的基础，但尊重其实是一个相互的过程。每个高职学生都是有思想、有感情的独立个体，师生之间的交往应当是平等的，高职英语教师在教学过程中同样应该尊重学生，尊重学生性格特点、人格尊严等，这样才能获得学生发自内心的尊重。互相尊重是顺利开展课堂教学的基础，是提高学生学习自觉性、自信心的基础，是建立平等师生关系的基础。

第二，师生间相互欣赏。教师对学生的欣赏和信任，能够激发学生的创造力，是其获得自信心的动力源泉。高职英语教师应该善于发现学生的独特之处，对于学生取得的进步，不吝表扬，使学生产生追求知识、追求进步的愿望。同样，教师要想被学生发自内心地接受和欣赏，必须在充分理解学生心理需求的同时，不断提高自身的专业水平，提升自身修养，及时调整自身的知识结构与精神状态，实现知识和心态的有效转化。师生之间的相互欣赏是提高课堂教学效果的重要因素之一，既能够激发师生之间互相沟通的意愿，也能够促进知识的传递与交流。

第三，师生间建立和谐共处的关系。良好的师生关系是充分开展教与学的基础，是建立在师生之间互敬、互爱基础上的。师生之间内心的互动、行为的协调是教学关系的最佳发力点。高职英语教师应该加强与学生的沟通，建立密切的沟通渠道。师生之间是亦师亦友的关系，既强调知识传递的平等性，更强调师生关系的建立与心理的沟通。关心爱护学生，热心帮助学生，教师要时刻关注学生关心的问题，参与到学生的学习活动中去，允许学生有不同的思想，发表不同的观点。善于发现学生的优点，多鼓励，少批评，为学生提供更多展示才华的舞台。总而言之，融洽的师生关系，对教学的顺利开展起着重要作用。只有在和谐民主的氛围中，教师与学生之间相互尊重，相互欣赏，建立平等的师生关系，实现情感的共鸣，才能获得更好的教学效果。

二、时代语境下高职英语教学本身的转变

（一）从应试教育到以能力培养为教育目标的转变

高职英语课程的教学目标是要培养学生的语言应用能力，因此教师要注重学生提升英语综合能力，安排好相关教学工作，让学生意识到所学课程的重要性。当今社会科学技术飞速发展，对人才的要求越来越高。因此，高职英语教师应该紧跟时代发展，注重培养学生的语言应用能力，在教学过程中重视英语语言的特点，教学生如何使用英语交流。根据人才培养的目标，教学方法方面应该进行如下改进。

首先，采取何种教学方法应该取决于教学对象。需要明确的是，教学对象是水平一般的学生。高职学生整体水平一般，无法和尖子生相提并论，而且学生来源广泛、人数多、层次参差不齐，不同学校的学生水平都不一样，即使是同一学校的学生水平也是千差万别。除了学生水平不同，各所高职院校的教育目标、课程安排、教学条件等也不一样，在这种情况下，高职英语教师要对教学对象有整体了解。高职院校的教学对象不再是懵懂无知的青少年，他们有自己的思维方式，不喜欢被人管束。而汉语和英语的思维差异比较大，英语教学中存在负迁移现象，因此教师要找到问题的根源，根据不同学生的实际情况和英语教学的特点，变换采用不同的教学方法，注意从实践中总结经验教训，探索出最合适的教学方法，根据不同教学对象的不同发展阶段进行教学，不断提高教学效果和质量。

其次，采用何种教学方法，也取决于不同的教学环境和条件。需要注意的是，外语环境和母语环境下学习效果和方法有一定的差异。语言是交流的工具，学习者既要学习各种语言知识，又要在交流中使用英语。这种情况下，学习者即使对英语的知识体系不熟悉，也可以通过不断的练习得以熟练运用。但是在母语环境中学习外语，需要课堂教学和交流实践才能掌握，而且会借用相关的语言知识，对外语的语言形式和作用有一定的认识和了解，甚至通过对比才能真正了解外语。因此，教师应该结合外语教学环境和语言文化背景，探索最合适的教学方法。

（二）从以教师为中心到以学生为中心的思想转变

课堂教学过程中，英语教学应该重视学生的学习，而不是教师的教学。要提高语言教学的效果，应该遵循语言学习的自然过程；应该对学生的学习起到促进作用，而不是阻碍作用；教师要主动适应学生。认知心理学的建构主义观点认为，学习者在学习时会参考自身的生活体验和经历，认为学习者在建构知识方面是积极的，推动解决问题；人本主义也认为，个人是学习中的主体，因此英语教学应该尊重学生

主体地位。

　　语言的主要功能是交流，是人们主动学习获得的，而不是被动接受的，因此，学生要通过实践掌握语言，在运用中习得语言。英语语言具有特殊性，实践性强。语言学习最主要的是运用。所以，教师在课堂教学中要明确教学中心，安排好教学流程，课堂中以学生为主体，树立学生主体意识，引导学生积极参与课堂教学，可以通过分组完成任务、练习对话、辩论、演讲、汇报等形式，让学生主动说英语，在交流中提高英语语言运用能力，将课堂变成交流的场所。打破传统教学模式束缚，提高学生语言运用能力。在教学中，明确以学生为中心，教师的引导作用体现在以下几个方面：

　　第一，增加学生学习的信心，调动学生学习兴趣和积极性，提高学生语言综合运用能力。高职院校的很多学生对英语学习没有信心，觉得学不好。所以教师在教学过程中要多引导和鼓励学生，如果学生取得进步，可以用"Good""Excellent""Terrific"等词语表扬学生，让课堂学习氛围更轻松。教师要尊重学生，逐渐帮助学生树立信心，提高学习英语的兴趣。

　　第二，教师要引导学生学会自主学习。自主学习是学生在原有知识的基础上学习新知识，学生有了自主学习的能力，就能够综合把握知识，拓展自己的知识面，获取更多知识。英语教师在教学过程中，应该教会学生如何学习，掌握学习方法，帮助学生养成良好的学习习惯，提高学习效率，使其在学习方面更自律，能够自主学习语言。

　　第三，教师要不断提高自身综合能力，为教学改革建言献策。高职英语教学改革十分复杂，它不是本科英语教学的精简版，要实现人才培养目标，教师一方面要不断更新教学理念，从主导者变成引导者，另一方面要不断提升教学水平，提高自身能力，为教学改革提供新思路。当前，一些教师在英语教学过程中很随意，没有教学目标和整体规划。因此，高职英语教师要不断提升教学水平，探索更好的教学方法，同时提高科研能力，让科研辅助教学，二者共同进步。科研的理论依据来自教学，同时为教学工作提供更多素材，帮助教学深入发展，充实教学内容，提高课堂教学效果和效率。当前教育体制改革不断深化，英语教师应投身教学研究和改革中，不断开拓创新，推动英语教学发展。

第二章 高职英语教学的模式改革

随着经济全球化发展，英语工具性和应用性的特征日益明显，面对文化的竞争压力，人们越来越注重知识文化的全面发展，但是随着学生学习压力的增加，传统的教学模式无法给予学生学习的动力，英语课堂教学模式的改革成为教学重要的内容之一。本章重点分析高职英语教学模式改革的具体思路、高职英语多媒体与分层教学模式改革、高职英语实训教学模式的改革。

第一节 高职英语教学模式改革的具体思路

随着现代社会对教育越来越重视，传统的高职英语教学模式已无法适应新时代发展的需要。因此，教师要积极转变新时期高职英语教学模式，以便学生更好地发展。

一、高职英语教学理念的改革

（一）融入高职英语教学理念

1."以人为本"理念

"以人为本"是指以人的主体存在、需要满足和发展为中心的思想或观念，是人自然属性和社会属性辩证统一的存在。在以人为对象的教育活动中，坚持"以人为本"的理念即要求教育要培养对社会有用的、综合素质高的人才，要最大化地激发学生的主动性，最终整体提升学生的综合素质。在具体的教育教学中，学生是一切活动的出发点和归宿。因此，教育蓝图的制定要面向未来、面向社会，要以提升学生整体素质为目标，注重学生德、智、体、美、劳全面发展，要鼓励学生创造性、个性化发展。

教育教学工作要以培养能适应未来社会变化、有终身学习能力、有独特人格、可充分发展个人能力的学生为己任，要整合当前社会资源、学校资源，完善学生整体素质结构，将综合素质高，具有个性、创造性的学生输送给社会。那么，高职英语作为一门语言类的课程，目标是教会学生以英语作为交流工具，从而适应当下和未来社会发展的需要。融入"以人为本"理念的高职英语教学应该在教学方式上革新，要坚持以学生为中心，让学生在参与学习、自主学习、探究学习的过程中，形成自我意识，培养个性鲜明、乐于创新的未来建设者。

2. 职业教育理念

根据我国高职教育的办学宗旨，职业化是改革的主要方向，因此要顺应职业教育的发展潮流，在英语教育的课程中体现职业化的特色，摆脱本科教育的框架影响，凸显高职英语教育的实用性、职业性。高职院校具体要从英语专业毕业生的行业走向、工作任务、岗位要求等方面出发，将英语理论的学习与实践紧密联系在一起，将英语人才培养目标与相关的行业、产业等要素结合。高职院校在实施英语教学改革时，应从课程设置、教学模式、教学管理、教学环境、教学资料和教学效果等方面着手，全面贯彻职业教育新的教学理念。近年来，高职教育改革已经取得了一定成效，继承了传统英语学科教学中的经典理论，融入了时代特色的职业化教育模式也在不断应用于教学中，一批批高素质、能力强的英语人才正在进入社会，为社会做贡献。

3. 终身发展理念

目前，信息和网络技术快速发展，国际、国内环境发生了较大变化，社会、经济结构等对英语人才提出了新的要求，对高职英语教学也提出了新的期待，传统"实用、够用"等标准已不能满足当前社会发展的需要。因此，高职院校的英语教学要与时俱进，要全方位考虑提升学生能力和可持续发展，要在教育教学目标中体现学生培养方向的转变；具体做到构建学习资源库，培养学生自学能力，为学生终身学习英语，实现可持续发展提供有力支持。

终身学习是终身教育和社会化学习相结合的产物，英语教学改革是向以培养学生终身学习能力为主导向的终身教育的转变。在教育教学改革中，高职院校不但要注重提升学生英语实践应用的能力，还要培养学生自主学习的能力，要在相互协作、创造创新的氛围中开展英语教学，要让终身学习的理念和能力一直伴随学生成长。

（二）全面贯彻高职英语教学中的人文通识教育理念

我国的高等职业教育在飞速发展过程中出现了一些亟待解决的问题，其中，学生人文精神的缺失就是较为突出的问题之一。教育工作者应尽自己所能改变这一现状。人文通识教育是通识教育的重要组成部分，而英语教学是对学生进行人文通识教育的重要途径。

高职英语课程已不只是单纯的语言技能课程，而是对学生进行人文通识教育的有效载体。在高职英语教学中，教师要以培养具有人文精神的学生为教学目标，要全面贯彻实施通识教育的理念；在教学中，要合理调整教学内容，将现代融媒体技术应用在英语教学中，要巧妙运用互联网教学平台的优势为自己的课堂增添活力，对不同的教学板块用不同的教学方式呈现，要以英语教学为切入点实施通识教育。在教育教学的过程中，要渗透对学生道德品质的培养，不拘泥于知识的灌输，要挖掘知识背后的智慧，从而提升学生的人文素养。

（三）突出高职英语教学中的"能力本位"理念

高职英语教学改革必须从能力本位的角度出发去创新教学方法，高职院校在培养学生的英语能力时注重英语的综合运用能力，因此，应该改变原来的教学课型、教学内容、教学方法、考核体系。从本质的角度来讲，能力本位理念和"双证制""多证制"其实一样，都会对学生未来的就业情况产生直接影响。

高职英语教学改革主要是为了让英语教学更具有实用性，有更强的针对性，可以切实提高学生在英语应用方面的水平，让学生的英语能力更加适合职业岗位的需求，让学生可以更好地适应社会工作。

（四）坚持高职英语教学中的"工学结合"理念

高职英语教学应以"工学结合"为理念开展，在课程体系、教学管理、资源库建设、考核方式等方面与以就业为导向的"工学结合"人才培养方式相辅相成。职业教育要与企业紧密联系，加强学生的生产实习和社会实践，改革以高职院校和课堂为中心的传统人才培养模式。

在具体的改革中，高职英语课程要面向社会，将教育教学的知识内容与行业需求相结合，在培养学生听、说、读、写能力的基础上，兼顾不同行业、产业发展对英语人才需求的转变。教师进行教学设计时，在夯实和提高学生英语基础能力的同时，还要充分考虑英语的应用性特点，整合英语专业毕业生可能面对的行业问题，在英语教学中体现专业性，从而使更多有用的英语人才致力于社会建设，让高职教育的办学方向不偏离，提高办学水平。

二、高职英语词汇与语法教学的改革

（一）高职英语中词汇教学的改革

1. 词汇教学改革的必要性

词汇是语言组成的基本单位，负责语言含义的表达。在平常的阅读中，如果读者不具备一定数量的词汇和习语，即便对阅读方法和技巧较为熟悉，也不能完全正确地理解文章所要表达的深刻内涵。学生想要提高阅读速度，需要储备足够的词汇量，这对学生的其他语言应用水平也有很大影响，如听、读、说、写、译等。想学好英语这门语言，掌握大量词汇是必要的。因此，在高职英语教学中，应当充分重视词汇教学。

然而，当前高职学校英语词汇教学仍存在以下问题。

（1）学生的词汇基础不牢，学习方法不当。词汇是学生学习英语过程中的重要障碍，高职学生的英语基础尤其是词汇基础不够牢固。单调的词汇背诵，使许多学生产生畏难情绪，对英语学习失去了兴趣。

（2）教师不注重词汇方面的教学引导。部分教师在授课过程中将多数时间花在语法教学和结构分析上，在词汇方面的讲解较少，并且需要学生自己记忆和掌握。由于教师在这方面的教学和引导不足，学生的词汇学习往往效果不佳。

2. 词汇教学改革的主要方法

（1）融入词汇学知识。英语语言中词汇的构成是遵循某些规律且具有相应意义的。单词的词义是通过词素产生的，也是由其构成的，词根尽管不是单词，但决定了单词的基础意义，所以非常重要。因此，教师在授课过程中一定要注重词汇学的讲授。在遇到构词法形成的新单词时，教师应逐步拆分讲解，举一反三，加上前缀和后缀的变化，扩展新的单词知识，融会贯通。可以从一个单词出发，扩展至一组单词，方便学生理解。融入词汇学知识是最简单、便捷学习英语词汇的方式，不仅能提高学习效率，还能让学习更有趣味性。

（2）传授词汇记忆的方法。教师在教学中很重要的一点就是通过恰当的方式让学生认知词汇并形成印象，加深记忆，尽可能储备词汇量。所以，教师要在例句的选择上尽可能贴近生活，才能使其更有亲近感，更容易被记住。在呈现词汇时，应该借助对比、联想等方式加以引导，关联到学生熟知的反义词、近义词、同义词和词组搭配等，通过熟悉的词来解释生词，让学生能够产生联想。

（3）结合语境与扩大阅读量。语境是指一篇文章中单词、句子和段落之间的上下文关系。教师在英语词汇教学时也应该根据语境来讲授。一般情况下，一个单词会有多个含义，只有结合具体的语境才能确定其具体含义，掌握词汇意义的重点就是要结合上下文。同一个词在不同语境中的意义也会有所不同。在学习词汇的过程中，人们总是遇到一词多义的情形。所以，要根据具体语境来教学和学习，依据上下文关系和含义确定具体词义。

词语的高频出现往往有助于学生的词汇记忆，也能帮助学生更准确地了解单词的使用。由于课本上的词汇量是有限的，所以词汇的复现率不高，因此要扩大词汇量就要通过大量阅读的方式获取。如此，学生就可以在阅读中发现不同语境中词汇的多种用法和不同意义。词汇存储量和阅读量成正比。所以，教师应该倡导学生利用空闲时间多多阅读。网络资源丰富多样、种类齐全，时效性较强，要加强引导，让学生充分利用网络信息资源，借助手机、电脑等现代化设备，通过学习英语相关的软件自行阅读。

（二）高职英语中语法教学的改革

1. 语法教学改革存在的问题

语篇语法教学模式产生于20世纪末期，由于其在英语教学中成效明显，能很快融入课堂教学中。人们通过分析和对比发现，这种语篇语法教学模式以前未被重视，学生都是通过传统方式进行学习，使得大部分学生尽管能掌握基本语法知识，但无法将其应用到实际。这表明传统的教学方式存在很大的桎梏，只注重浅显、表面的含义理解，而忽视了语篇应用，对英语学习来说是一项较大的阻碍。

对于高职英语语法教学而言，最重要的目标就是让英语成为实际应用的交流手段和工具。这要求其教学方式与其他有所不同，要注重在实际中的具体应用，而不只是学习书面知识。所以，高职英语教师一定要将语篇语法教学应用到实际教学中，保证学生既能学会也能应用自如，这是掌握一门外语的基础目标。

当前高职学校英语语法教学主要存在以下问题。

（1）难以激发学生的兴趣。英语课堂知识停留在教师层面，部分教师没有明显认知到这种传统教学模式的劣势，还是遵从学生中学时代的教学方式，课堂缺乏互动，教师依然是课堂的"主体"，学生被动地接受知识"灌输"，丧失主动思考的热情。这种教学模式不能激发学生的学习积极性，英语语法课只剩单调和乏味。

（2）忽视文化背景，教学观念墨守成规。学生学习的方式也存在一些问题，很多学生只是在机械式地朗读和背诵，不是通过理解加深记忆，而是采用死记硬背的方式记住语法知识，造成很多语法知识并不能关联实际，更无法应用；同时没有注意到文化背景的差异性，习惯于用汉语思维去接受英语语法，进而汉式英语出现。高职英语教学之所以脱离实际，是因为很多直接翻译加之语法规则的不完全、不准确掌握，让实际交流变得困难。大部分高职英语教师只侧重于书面教学，不注重实际应用，忽略学生的语言技能和实际联系，仅从书面上剖析和解释语法知识，不在意其具体应用，所以很多学生的实际交流能力异常薄弱。这是教学理念落后造成的结果，也让教学方式始终与现代化理念不相适应。

（3）语法教学方式单一。部分高职英语教师在语法教学过程中，通过传统翻译的方式开展教学，也就是先将具体的语法概念和规则传授给学生，通过例句的方式让学生翻译,课后再练习即可。这种教学方式是将教师作为课堂的"主体",而非学生,学生仅是在被动接受,不能体现其主观能动性,加之课堂本身乏味刻板,更难以让学生产生浓厚的学习兴趣。准确掌握语法规则不代表可以将语言使用自如。很多学生虽然十分了解语法知识,明白语法概念和语法规则,但是没有实际运用的能力。若只是将语言作为静态、客观的书面知识进行讲授,而忽略语言在发展过程中的文化背景、交流交际和社会影响因素,那么就很难真正掌握好一门语言。

(4)语法教材与高职学生英语基础水平不符。高职院校的学生学习基础较差,英语语法也是如此,但是在实际教学中,其使用的教材是专业教材,对学生学习而言本身就有一定困难。由于教材系统性、完整性较强,但相对于高职院校学生的实际需求而言针对性较差,而且教师在教学过程中也没有考虑到此种差异化,只是依照课本进行讲授,加上教学方式的枯燥单调,学生很难掌握好语法知识,也就无法真正提高英语能力。

2. 语法教学改革的具体策略

英语学习过程当中涉及的语法学习非常重要,语法学习对学生未来的英语语法运用有直接影响。具体来讲,语法教学中使用的策略主要有以下几种。

第一,通过语法教学可以整体提高学生在听、说、读、写、译方面的能力,语法学习对学生应用语言的能力有直接影响,而且语法和听、说、读、写、译之间的关系属于直接关联,因此,语法学习对英语语言应用产生的也是直接影响。例如,一些涉及专业性的英语文章,其中有一些句子的表达非常复杂,对于这些句子的理解需要学生掌握一定语法知识,可以对句子结构进行一定分析。

第二,语法教学可以在一定程度上推动学生提升听力能力以及口语表达能力。语法是一门语言各个部分组织在一起时需要遵照的规则,学生学习语法后,可以利用有限的词汇量表达出无限的句子形式,而句子的表达有助于语言交际,也是语言交际必用的一种形式。在日常表达当中,只有句子表达符合语法规则,让交际双方理解,才不会产生交际障碍。由于高职院校注重培养的是学生的交际能力,所以,语法教学的开展也主要围绕交际任务,主要培养学生交际过程中使用到的语法知识,要求学生可以更准确地交流。

第三,语法学习有助于学生后续英语技能的掌握。语法教学可以解决语言学习当中存在的一些基本问题,掌握了语法规律后,学生的学习才能更持续长久。在日常工作和交流当中,经常会涉及英语交流,在学校学习的英语语言知识和技能是学生毕业后在工作中继续进行教育,提升语言能力的基础,因此,学校的学习非常关键,学校的英语教师应该注重学生语言知识的扎实掌握。总的来说,语法教学对英语语言知识的学习、技能的掌握发挥的作用是举足轻重的,它是学生未来英语交际的基础。当前，高职院校的英语教学应该进一步深化语法知识的学习和应用。

三、高职英语听力与口语教学的改革

（一）高职英语听力教学的改革

1.听力理解的影响因素

高职院校开展英语听力教学，首先会进行英语生词的讲解和背景知识的介绍；其次教师会为学生播放听力材料，听力结束后对听力答案；最后再听一遍录音材料，这样的教学方法比较机械，没有发挥出教师的真正作用，听力并不是简单、被动地听的过程，听力需要学生调动自身的积极主动性去分析听力中涉及的语言、思维、背景知识。当学生听到听力内容后，除了要分析所听到的单词、句子语调、句子中涉及的语法，还需要对听力涉及的非词汇性知识进行思维分析，通过分析理解听力所传达的真实信息。换言之，是在录音材料的基础上重新整合、创造知识，经过创造性的思维活动重新建构与听话者原有的知识结构和已获得的信息相吻合的新信息，也就理解了说话者的意图。简而言之，听者先要分析语音语调，理解词汇和语法结构，再把各种因素结合起来，结合即时语境和社会文化语境对话语进行分析和理解。

听力理解过程是一种积极主动的解码过程和意义重构的有机结合。因为语言是借助于声音、词汇和句子来表达意义的有机系统，听者的最终目的是确定话语表达的主题。听力理解过程是大脑中枢神经活动的分析和综合能力在接收和处理言语信号中的体现。它们不总是按照顺序一个接一个地发生，而有可能同时进行或根据需要前后转换。

造成听力理解困难的原因有很多，除了听力本身具有的复杂性外，还与听者、说者、听力题材、听力内容、听力涉及谈话场景有关，这些因素都造成了听力理解困难。影响听力理解的众多因素涉及多个方面，大致可以将影响因素分为语言影响因素和非语言影响因素。语言影响因素包括听者的语言掌控能力、语言知识储备、语言技能水平，也就是听者自身的语音能力、词汇量以及语法熟练度。

2.元认知与听力理解的改革

（1）听力理解过程中的元认知。一次完整的英语听力理解过程由多个内容构成，包括对具体字词、音义的分辨与理解，以及对整体意义的思考与构建。学生在完成听力理解的过程中，需要经历复杂的心理过程，他们要将整个听力理解过程当作意识形态去观察、监控，并且要及时发现过程中出现的问题并迅速解决。由此可见，听力理解实际上不仅是认知过程，更是元认知活动过程。影响英语听力理解的

因素主要有三类：①陈述性知识，包括听力内容中的社会背景和文化背景，还包括与目的语相关的语言知识；②程序性知识，包括完成听力理解的技能性内容，如记录、预测、联想和推理等；③条件性知识，指的是对听力技能和听力策略的理解，包括理解听力技能和策略都是从哪些方面影响听力理解的，以及在哪些时间、如何合理地使用技能的判断能力。

所谓元认知，在英语听力理解中，是指活动主体在听力理解活动过程中对听力策略、技能的合理选择，以及对资源的合理分配。具体而言，听力理解的元认知包括听力之前预测，听力过程中选择技能策略、合理安排注意力等。在这一基础上进行的听力监控，是指听力理解活动过程中，主体对自身所选的策略技能有所认识，当发现所选择的策略或技能无效而造成听力理解失败时，及时采取补救措施以解决问题[①]。另外，还要进行听力理解评价，即听力理解活动后对活动效果的自我评估。

（2）提高听力理解的元认知能力。听力理解中的元认知对有效完成隐喻听力理解具有至关重要的作用，其在英语听力理解教学中应当有以下运用。

第一，学生如果不能获得理想的听力理解效果，则应当努力提升元认知意识。这需要教师发挥指导作用，一方面要为学生明确元认识的概念以及其与认识的本质区别；另一方面要亲身示范，在课堂教学实践中，为学生演示成功完成听力理解的每一个步骤，细化教学内容，还要从整体上指导学生监控和思考整个听力过程，从而使学生意识到元认知，也就是对认识的监控和调整能力的重要性。另外，还可以组织学生进行元认知讨论活动，分组或者全班一起讨论各自进行听力理解所采用的理解策略，鼓励学生互相分析合理性，并反思与评估听力理解的结果。

第二，教师在指导过程中，不仅要传授给学生陈述性知识和程序性知识，并培养相关能力，更要重视教授条件性知识。因此，与学生共同探讨就成为教学过程中较为重要的环节，通过共同讨论，可以了解不成功学生在技能策略方面的使用情况，从而因材施教，根据学生不同的认知风格，帮助学生合理选择技能、有效解决问题。

另外，教师应注重理论和实践相结合的教学方式，在教授策略的基础上，要加强学生在听力理解实践中的策略使用训练，使学生能够做到学以致用，将技能策略灵活地应用于具体活动中。

认知调节能力是学生必备的能力。对此，教师应指导学生合理地计划与监控听力理解，还要鼓励学生在听后积极进行自我评价。教师还可以要求学生记听力日记，复盘整个听力理解活动，使学生更加注重过程而不执着于结果。认知调节能力的培养，有助于学生更好地监控、把握和调节自身的学习过程，从而形成良好的自主学习习惯。

① 季舒鸿，王正华. 高职英语教育理论研究与实践探索[M]. 合肥：安徽大学出版社，2012：103-108.

听力理解的不成功，除了与知识、技能有关，还与个体的人格特征相关。因此，英语听力理解的教学课堂，不仅是知识的课堂，也是心理的课堂，教师应尽力缓解学生的焦虑情绪，培养学生的耐心与信心，对不成功的学生给予尊重、理解与帮助，激发学生在逆境中的学习动力。

综上所述，第二语言听力理解活动的成功，在很大程度上与学生在活动过程中的自我监控能力有关。具备较强元认知能力的学生，能够在听力理解中有效监控自身认识，因此，往往在英语听力理解中能够取得较好的效果；而缺乏元认知能力或具有不良人格特征的学生，通常缺乏对自身认知的有效监控，因此，无法完成成功的听力理解活动，这就要求教师在课堂教学上要关注到不成功的学生，了解其知识和情感上的需求，努力营造轻松适宜的学习氛围，积极地调动他们的内在学习动力。同时，教师要针对不同学生的情况，制订不同的培养计划，提升学生的元认知能力。另外，教师还要提高自身的教学能力，增加元认知相关知识的学习培训，以理论结合实践，更好地帮助学生提高计划、监控和评估的水平，从而成功完成整个英语听力理解。

3. 英语听力方式的改革

（1）拓宽文化背景知识。人们对于新信息的接收和理解，建立在已有信息的基础上，人们会将信息与已有信息联系起来，通过已有信息的背景知识（图式）对新信息进行解码，然后储存于大脑中，形成新信息与旧有图式的匹配模式，从而完成信息的处理过程。从一定角度而言，听力理解的过程可以看作是新信息与已有知识或图式之间的相互作用，在这一过程中，能否在听力理解活动前激活相关图式显得至关重要，因为其决定着学生能否有效吸收新的信息。

在听力训练中，对语言材料的接收训练十分重要，接收语言材料要具有目的性，要接收对理解内容有帮助的材料。要想学好语言，就要了解该国家的社会文化与风土人情，对不同国家的不同文化有所认识，重视不同国家之间的文化差异，了解得越透彻，就越容易掌握语言，在听力理解的活动中就越得心应手。

听力理解的难度不仅取决于语言文字，更取决于对内容相关知识的了解。学生在听到一些熟悉的、自己比较了解的内容时，预测和联想会起到很大的作用，对情景的发展方向和最终结果都能有很好的判断，同时，大脑中相关的知识背景储存会弥补语言的陌生，如此，即便材料中出现较难的词汇，也能够理解。反之，如果听到自己不熟悉的、专业领域以外的内容，大脑中没有相关知识背景的储存，无法联想和预测，这时的信息完全源于所听到的语言，听力难度就会加大，即便表面上理解，其内涵也很难掌握。对此，教师要帮助学生在听力理解中最大限度地运用文化知识，在语境中理解听力内容，一方面要激活学生头脑中已有的知识和信息；另一方面还要帮助学生不断扩展知识面，为学生弥补欠缺的文化知识。

由此可见，英语教学的目的不仅在于培养语言的使用者，更在于培养与不同国家、地区的人们开展文化交流的综合人才。因此，听力教师应重视知识与文化相结合的教学方法，在实践中激发学生对不同文化的兴趣，从而更好地学会外语。

（2）提升听力技能。听力理解的重点在于如何分辨听到的语言、理解词语，这就需要掌握一定的听力技能。听力技能的掌握有助于提高听力理解能力，在听力理解的过程当中学生存在理解误区，往往追求听懂每个单词，理解所有的句子意思，但这几乎是不可能的。听力的关键在于从听力内容中抓住关键点，理解听力的主旨以及如何关注细节，联系上下文理解整体内容。在听力理解的过程中，大脑应该始终关注听力内容中的关键词，并根据关键词理解听力的主要内容。教师也应该在听力理解的过程中指导学生不要过于关注每个词语的意思，而应该关注关键词，注重理解整句话的整体意思。与此同时，还要注意每句话之间的关联词语、转折词语、能够体现文章逻辑联系、逻辑转折的词语，对以上这些点的关注，其实就是在区分文章的主次内容。

从心理学影响方面来看，听力理解需要听者展开积极主动的思考，是听者和说者之间的信息交流、信息传递过程。在实际的听力课堂上，由于课堂气氛比较严肃，容易引起听者心理紧张，心理紧张的情况下，容易影响听力能力的发挥，尤其是当遇到生词时，这种紧张感会加剧，进而影响到听力的结果。因此，为了良好的听力效果，教师应该缓解学生的紧张情绪，帮助学生建立听力自信，消除他们心理上的障碍，调动对听力的学习兴趣。例如，在开始听力理解前播放轻松的音乐，让学生处于放松状态，也可以在听力理解开始前提前和学生说一些有关听音的问题，帮助学生聚集注意力，使听力过程处于良好的状态下，另外，还应该在日常的课程中培养学生的心理素质。

大脑在身心比较放松的状态下工作效率最高，因此听力理解时应该帮助学生放松身心，这样有助于学生更好地接收声音信号，提高听力理解的效果。刚刚接触听力理解的学生如果听不懂，要尽量放松心态，不要着急，在身心比较放松的情况下，注意力比较容易集中，再辅助训练，可以逐渐提高听力效果。听力理解除了依赖于良好的心理素质，还必须克服对文字材料的依赖，听力的理解注重的是英语式思维，应该注意培养英语语感。通过不断地训练帮助学生养成良好的英语听力习惯，让学生体验到英语听力的快乐，在轻松愉快的氛围中，提高英语听力的水平。

听力活动和听力训练材料的设计应以听力教学的目的为出发点。听力教学的目的是使学生具有语言交际能力，因此，听力活动的设计要考虑环境因素，训练材料的设计要放入语境中，语言要体现真实的特点，要反映出真实交流中常有的停顿、重复、思考、犹豫等语言特点。多媒体教学在这方面具有突出优势，运用多媒体教学能够做到视听结合，为学生营造真实的语境，并且学生还能够与之进行交流。

兴趣产生内在动机，内在动机促进学生取得学习上的成功。对于学生而言，兴趣不但能够使学生主动学习，提高学生的注意力，还对整个教学过程起到影响和制约作用。因此，能够使学生产生强烈求知欲并且投入学习当中的教学，才是好的教学；反之，如果不能引起学生兴趣，则是失败的教学。在英语听力理解的学习过程中，激发学生兴趣始终都是重要的任务，教师要重视学生的学习兴趣，通过各种教学手段，激发学生的主动性与积极性，培养学生自主学习的能力，从而提高学习效果。

终生教育是教育的重要课题及最终目的。实现终生教育的途径在于培养学生的学习自主性，也是高职院校在教育教学中的重要任务，而自主学习能力可以通过学习策略的训练来实现。因此，目前，国内外英语教学都更强调学习策略。

学习策略可以分为两个方面：①元认知策略。它是学生的自我管理策略，指学生通过计划、监控和评估等策略，实现学习活动过程的完整和顺利；②认知策略，它是大脑对新输入信息的处理策略，和学习任务直接相关。策略培训是教学中的难点，它具有高度的创造性，其最终目的是帮助学生了解自己的学习状态，并且根据自身情况熟练地使用相应的、有效的学习策略。策略训练对学生激发学习兴趣、提升学习效率有巨大的帮助作用。因此，教师应在课堂教学中重视听力策略训练，使学生掌握学习策略，促进听力理解水平的提升。

4.听力理解的元认知策略

学习策略在听力理解中具有重要的作用，其中最重要的是元认知策略，其对于提升学生的听力理解水平具有非常大的帮助。在听力理解活动中运用元认知策略，学生能够有效地做到自我规范及调整，及时发现并解决认知策略中出现的问题。

在开展听力理解活动前，教师的任务是使学生明白听力理解的内涵，其并不是单纯的听到和明白的过程，而是"信息重建"的过程，这一过程要求参与者发挥主动性，以听到的语言为基础，利用大脑中已有的信息和知识，通过推理和联想，了解新的事实、接收新的信息。因此，在听力理解中，听者要充分发挥主观能动性，积极参与，调动积累的语言知识和非语言知识，对语言进行筛选重组和编码储存。此外，教师的另一个重要任务就是采用有计划的、合理的策略培训学生，帮助学生确立短期和长期的学习目标。

（1）帮助学生制订学习计划。学习的元认知策略中包含学习目标的确立，制订学习目标是对学习本门课程最终目的的梳理。学习目标分为长期和短期，听力理解中的长期目标当然是能够成功地完成听力理解测试。但是短期目标也较为重要，教师可以帮助学生根据自身特点制订短期目标。例如，词汇量小的学生可以制定识记单词的目标，每天完成多少个，提升单词掌握量；语音差的学生可以从听音和辨音开始，制定每天所听的数量，掌握语音技巧；对于听力水平较高的同学，则可以制订听写计划，根据自身水平由慢至快，不断提高。将新旧知识信息关联，以及选择对象集中注意力都是十分重要的元认知策略。教师在教授新的词句时，应指导学生通过已有的旧知识来接收新的知识，使学生能够把新旧知识融会贯通。

集中注意力是学习中至关重要的要求，尤其是听力理解。在听力理解过程中，听者应把重点放在篇目的篇首尾句、段首句、核心词汇等上，篇目的中心思想或段落的概括句往往出现在这些位置。以新闻篇目为例，在一篇新闻中，整篇和段落之前通常会出现"引言"，引言在新闻中是最本质、核心的内容，抓住引言就等于抓住新闻的主旨和内涵，听懂全篇新闻已经成功一半。因此，遇到新闻类型的听力篇目，要做到牢牢把握"第一句"，重点聆听"段首句"，努力提炼关键词。

（2）培养学生监督自己。在学习的过程中，学生会针对学习目标制订相应的学习计划，随后通过技能和方法完成这一计划，判断和监督这些技能和方法的过程，就是监控策略。掌握关键句和关键词后，下一步就是关注语段中的衔接部分，找出贯穿语段的线索，如时间线索、地点线索、人物线索等，厘清篇目的逻辑关系和人物关系，从而将每一段内容连贯起来。做到这些后，教师可以引导学生做听力笔记，同时教授相关的笔记技巧，指导学生通过笔记来检验自身理解的正误，也可以组织全班或分组讨论，让同学们互相分享听力经验和笔记方法，培养学生发现问题、解决问题的能力，从而提高自身的监控能力。

（3）培养学生听力的评估策略。在完成一次完整的听力理解过程后，学生会回顾这一过程，并对完成情况进行自我评价，这就是评估策略。通过评估策略，听者可以判断出自己听懂内容的比例，以及认知判断的对错。长期使用这一策略，则可以直观地看出自己的听力理解训练是否有所进步。通过培训，学生在元认知策略的使用方面有很大进步。

（二）高职英语口语教学的改革

1. 口语学习方式的改革

在人际交往过程中，口语发挥着重要的作用。对于绝大多数中国学生而言，英语学习最难掌握的就是口语技能。同样，口语也会阻碍学生英语水平的提升。语言是人们交流和沟通的工具，是人与人之间的桥梁，面对世界经济一体化的现状，英语在语言沟通中扮演着十分重要的角色。所以英语学习就显得尤为重要，各界人士也对英语学习有更多关注。英语口语同书面语不同，口语讲究沟通，讲究实际运用，口语体现语言最本质的特点——沟通与交流。

目前，英语教育始终采用旧有的教学方式，然而旧式教学已跟不上现在所需要的英语教学模式。传统的教学方式更注重语言规则和书面运用，忽视了学生交际口语能力的培养，造成学生在英语学习中只注重背单词，提高书面成绩，却不能将其灵活运用到日常生活中。在这种模式下，学生有以下特点：对于大部分学生而言，口语是最难过的关卡。很多学生没有合适的场景进行口语交际与训练，所以在与外国人交流时，即使脑海中有许多想法，也不能流利地用英语表达，表达出来的仅仅是简单的单词。对教师而言，英语教学更多的是单方面对学生实行传统教育，依然坚持"教师为主体"的教学模式，教师倾向于将自己所知晓的知识点灌输给学生们，表现为单词和语法的教学。对于学生，实行的是操作式教学，通过大量重复的练习，让学生加深印象。

在口语学习的过程中，元认知发挥着十分重要的作用。元认知在口语的学习中发挥着基础、连接的纽带作用，它规范着学生的口语练习、监督着学生的口语过程。如果学生能够掌握这一项基本技能，就能够准确评估自己的学习状况，对自己有明确的定位和认知。当与他人交流时，就能通过这一项技能，获得反馈，从而评判这一过程是否成功得体。如此就能形成良性循环，使学生在口语学习中处于主动地位，从而不断提升自己的口语水平。

2. 口语教学中的元认知策略

元认知策略在口语学习中十分重要，元认知策略能够监督、规范、指导学生的口语教学。同时，在交流过程中，通过元认知策略对交流过程进行反馈，才能提高学生的口语表达水平。

（1）英语口语教学课前准备工作。

要想提高英语教学水平，首先，要从教师着手，教师要做好充分的课前准备。其次，要对学生的口语能力有所了解。了解学生们的语言水平，能够让教师心里有估计值，才能制定更加合理的学习方法应对学生的口语学习，并且能让双方有共同的目标，共同进步。最后，教师要对学生的元认知策略有所了解，学生对元认知策略的掌握程度侧面反映了学生学习的自主程度。

（2）英语口语教学课中实施。

①逐步分析新型的教学模式。新事物的出现必然需要经历缓慢的、被人接受的过程。教师为了使学生更好地理解和接受这一教学模式，应该在教学开展之前，向学生们进行概括，让学生们认识到这一教学的目的和过程。新事物并不能够被所有人接受，学生不一定能够接受此种新的教育方式，甚至会有排斥心理，学生们已经熟悉被动的学习模式，让他们忽然之间转变到自主学习的模式，可能会感到陌生。教师也不能因为这种情况的出现而感到着急或者恐慌，可通过比较教学，将新式的教育模式和旧式的教育模式作对比，将两者之间的差异更好地展现出来，从而提高

学生的自主学习接受程度。教师可以根据学生的自身情况，分别给每个学生制定适合自己的学习目标，让学生都能有动力。

②提高学生元认知策略意识与行为。在认识新型教学模式的前提下，在学生原有的元认知策略基础上，教师应教授学生更多的元认知策略方面的知识，让学生们充分了解英语学习的重要性。如此可以使学生在潜移默化的影响下，熟练运用元认知策略。

第一，明确自己的能力。学生对自己有足够的了解和明确的定位。当他们在学习中遇到问题时，就能根据问题的特点，在脑海中有清晰的定位，将有关的单词、字句组织运用到合适的场景当中。

第二，加强逻辑思维能力。教师应当努力引导学生进行思考，让学生认识到学习过程中技巧的重要性。学生可以将遇到的问题分门别类，每种问题都有对应的思考模式，学生可在群体中提出自己的问题，表达自己遇到的问题，请同伴们来一同解决所遇到的问题。厘清思考过程对于问题的分类和解决有着十分重要的作用。

第三，学生对自己学习任务进行规划。学生要主动学习，主动地制订自己的学习计划。学习计划包含对学习时间和学习材料的规划。

第四，在口语学习的过程中不断反思自我。对教师而言，要反思和回顾整个教学过程，要收集教学过程中的有关数据和相关观点，正确评估，制订合适的策略，并及时舍弃不恰当、不合时宜的战略。

第五，自我评估。自我评估，就是要思考口语过程。学生不能总是处于被动的学习状态，要主动学习，学会采取独立评估手段。当学生发现不同规则下的学习活动其实有很大的共通之处，就能在学习过程中有策略地进行学习。

对教师而言，教师口语能力的元认知策略有八种：要制定合适的目标；要为口语交流制定目标；不断发掘适合自己的学习策略；时刻关注自己的学习战略；要统筹考虑，从全局出发；多方面评估自己的口语能力；通过外界的监督学习，来督促自己的学习计划；要制定合适的评价策略，来验收成果。因此，教师可通过以上手段，帮助学生进行口语练习和学习。

四、高职英语阅读与写作教学的改革

（一）高职英语阅读教学的改革

1.高职英语阅读教学的现实基础

（1）高职阅读教学存在的问题。

第一，词汇障碍、语言知识障碍。在英语教学过程中，一般重视精读，忽略了泛读，而要想形成较强的英语阅读能力，需要掌握一定英语词汇量，学生在阅读的过程中，如果遇到了生词，那么会出现一定理解障碍；如果学生遇到了学过的词，但文章中使用的是这个词的其他含义，那么也可能会造成理解障碍。如果学生的阅读能力比较弱，应该先学习和掌握词汇，随着词汇的积累，阅读能力会有所提升，与此同时，还要进行相应的语法知识学习。

第二，阅读技能障碍。学生由于语篇分析能力的缺乏，很难真正理解文章要表达的核心含义，对于学生来讲，在阅读文章前，首先需要明白的是文章属于哪一种体裁，是记叙文、议论文还是描述文，每种文体涉及的内容也不同。比如，法律、论文、广告或新闻报道等。学生应该在充分认识各种文体的基础上，再展开阅读，了解文体后，才能弥补之前在学习策略、学习认知方面存在的不足，从而提高自己的英语阅读速度，更好地理解文章的中心含义。有些文章不可以停留在表层，还需要进行更深层次的理解，挖掘文章表层下面蕴含的真正含义。

第三，文化知识障碍。英语阅读能力难以提升还有一个重要影响因素，那就是英语相关背景知识匮乏。在英语阅读的过程中，需要调动学生的感悟能力，感悟能力是指学生的欣赏能力、创造性的思维能力。文化背景方面的知识缺乏，加之阅读习惯不同，导致学生在英语阅读时会遇到一定障碍，这需要学生综合提高自己的感悟能力，了解更多文化知识。

（2）传统英语阅读教学模式及其不足。

①阅读教学模式。英语阅读教学过程中主要是进行语篇教学，教学从语篇的文体特点出发，以此来设计教学方案，组织教学内容。语篇教学法使用的原则是为学生创设课内和课外的阅读条件，让学生展开自主式的语言学习。除了语篇教学法之外，还存在其他教学方法，比如，整体教学方法、背景知识介绍教学方法、线索教学方法、提问教学方法、翻译方法、速记教学阅读方法等。

第一，自上而下的模式。如果外语水平较高，那么一般情况下使用的是这种模式。这种模式需要阅读者利用自己的知识储备先来了解整篇文章的大致含义，然后根据上下文语境来猜测生词的意义，最后进行深入研究。

第二，自下而上的模式。这种模式适合英语初学者使用，使用这种模式需要教师按照顺序逐一处理阅读文章中的词汇语法，然后在此基础上得出整个文章的主要含义，这种方法需要一层一层地理解每句话的含义，最后获得整篇文章的意义。

第三，交互补偿模式。它是自上而下模式以及自下而上模式的结合体，既注重学生要掌握的背景知识，也强调对上下文的意义进行一定推测，但是它不会忽视学生对单词语法的理解，要求学生快速捕捉文章中的关键信息，然后慢慢地掌握整个阅读材料的表达含义。

②传统英语阅读教学模式的不足。文献中常见的以上三种阅读理论模式和框架显得太宽泛，不易在教学中把握。实际教学中存在学生阅读习惯难以形成，阅读方法不正确，学生之间缺乏交流，教师对学生的阅读技巧也缺乏必要的指导等问题，传统英语阅读教学的不足主要表现在以下方面。

第一，注入式教学，忽视学生的心理因素。教师"填鸭式"的讲授方式，使得阅读课堂没有交流，没有互动，学生的学习过程只是被动地接受语言知识，学生从中获取的知识仅限于孤立静态的语言表达方式。教师片面强调教学，忽视了学生心理因素，最后导致课堂教学中缺乏情感交流，学生上课参与意识不强，对英语缺乏兴趣。

第二，强调知识点的讲解，忽略了培养学生的阅读能力。英语阅读教学习惯于帮助学生理解句子中的语法，教师以语言、语法的讲解为主要的教学目标，这就导致教师在阅读讲解时，将阅读文章拆分成单个句子，对句子进行了语言句法的讲解，进而让阅读教学变相成为语言知识教学，却缺少讲解阅读相关的文章逻辑、文章段落的衔接、文章的结构、文章的风格等方面。学生过于关注阅读文中的语言和句法结构，忽略了对文章整体主旨内容的把握，导致阅读水平没有提高。

2. 阅读教学的原则与步骤

（1）英语阅读教学的原则。

①把学生当作教学中心。英语阅读教学最终目的是让学生形成更高的英语阅读能力，让学生提升整体的语言能力水平，所以说学习的主体一直是学生，教师应该给予学生学习主动权，充分激发学生学习积极性，让学生主动地参与到阅读活动中。与此同时，还需要注意环境的创设，应该为学生提供自由和谐的学习环境。

②有效激活图式。阅读理解过程非常复杂，因此，在阅读教学时，要注重激发学生的知识结构（图式），在阅读中可以借助于文章标题、文章关键词向学生延展英语国家的文化背景、历史知识、经济知识、人情风俗，通过这些知识帮助学生更好地理解阅读中的一些新知识，让学生更好地吸收新的知识，也通过新知识的吸收和理解，提高学生的阅读速度。阅读训练的过程当中，教师应该注意使用启发式和讨论式的方法，这样的方法有助于提高学生对阅读的兴趣，必要的情况下，需要为学生提供背景知识，引导学生猜测阅读内容，成功猜对的情况下，可以极大地激发学生学习兴趣，有助于开展后面的阅读理解教学。除此之外，教师应该了解学生的心理特征，帮助学生营造轻松的学习环境，消除学生内心对阅读的焦虑，清除学生心理上的阅读障碍。

③培养英语思维定式。训练英语思维定式可通过三种方式：在阅读知识转化为表达能力时，朗读的作用尤为重要；句型快速反应训练也是培养英语思维定式的有

效办法；视觉感知的快速训练可以提高思维定式的反应速度。

（2）英语阅读教学的步骤。

①读前活动（Pre-reading）。英语阅读课教学的第一步就是要把学生引到特定的语言环境中来，使学生对所读材料产生心理预期，为进一步阅读做好铺垫。并且通过浏览帮助学生了解文章的主题思想和主要内容。浏览方式有略读（Skimming），快速阅读获得文章的中心思想；寻读（Scanning），快速阅读获得具体的、特定的信息等。浏览内容包括标题、图画、首段、末段、关键词、关键句标志等。读前活动的整体目标是激发兴趣、引起思考、做好准备。导读的方法多种多样，最常用的有情景导入法、头脑风暴法、问题设疑法等。

②阅读中活动（While-reading）。阅读过程是阅读课的核心，也是学生阅读能力提高的关键。阅读过程中处理新词汇（通过问答、语境练习），带着问题默读并回答问题，解释难句、结构（师生互动），再次阅读、把握文章主旨、捕捉文章细节、理解文章信息，回答相应的阅读理解问题。阅读问题的设置非常重要，它涉及能否引起学生的阅读兴趣，能否检测学生对阅读理解的理解水平，简言之，如何设计阅读问题会影响到阅读课的成败。在阅读理解的初级教学阶段，问题的设置可以相对简单；随着理解的深入，设置可以相对隐蔽，回答需要深入地理解和分析语意；当阅读学习达到一定程度后，可以设计有关阅读主旨、作者想法的问题，考查学生对文章的整体把握能力。

阅读课顾名思义是培训英语阅读能力的课程。阅读课程主要培训学生的阅读技能，但是与此同时，也应该适当涉及一些语言知识。这是因为某些语言知识的学习需要依赖具体的语境，阅读可以为语言知识提供整体的语言环境。除此之外，还应该涉及听、说、读、写、译等各个方面的教学内容。

③读后活动（Post-reading）。知识从理解到掌握需要一个过程，充分的读后活动可以帮助学生巩固阅读成果、拓展知识运用、培养提高技能。在读后活动中回答深层次问题，完成任务并表明立场，作出评价，如对作者的观点表示喜欢或厌恶、表扬或批评、同意或反对、肯定或否定等。迁移应用是指把阅读所学得的知识、技能和情感应用到同类或异类的事物中，从而达到解决问题的目的。有效的阅读不仅是指从文章中获取信息，更重要的是把加工处理所获得的信息，运用于自身的生活实际，开阔视野，启迪思维，提升自我。

④反思总结。在课堂部分教学结束后，需要注意还要进行课堂教学的反思和总结，通过总结发现之前教学中是否存在忽略的问题，如果存在那么应该尽快采取补救措施。

（3）阅读教学的技巧和阅读教学的策略。教师在阅读教学的过程中，应该慢慢地向学生传授阅读使用的技巧及策略，比如，引导学生先快速扫读或选择性跳读，传授学生如何寻找主题，如何猜测生词词汇，通过传授这些技巧和策略，学生会慢慢地形成一定阅读理解能力。在不同的阅读文章中，阅读目的不同，应根据具体的目的选择合适的阅读方法，比如，问题是某一段中一个单词的具体含义，那么，应该让学生联系上下几句话进行细读，也就是使用细读的分析方法。

①培养阅读策略需要因材施教。不同阅读文章提出的阅读要求不同，除此之外，教师应尊重学生在阅读能力方面表现出的个体差异，在教授学生基本的技巧后，鼓励学生根据自己的认知情况对相应的技巧进行改进利用，以此来提高阅读效率，技巧掌握后，教师应该进行相应的阅读辅助训练，这样技巧才能够提升，才能够成为学生自己的技巧。

②阅读能力的提高并不是一蹴而就的，需要长期坚持，根据意群把句子当中的词汇分隔开来可以更好地进行阅读理解，阅读速度也会有明显提升。

③学生阅读能力的提升需要以课堂教学为基础，教师可以从教材中选择合适的课文内容进行阅读训练，充分调动学生的大脑及各个感官，让学生进行阅读训练，比如，背诵、复述或熟读，这些阅读训练指导对学生能力的提升也有非常重要的作用。

3.阅读教学改革的创新方法

（1）教授阅读策略方法。阅读策略和阅读方法有助于提升阅读效果。在阅读课程的教学中，教师应该传授给学生阅读策略。阅读策略主要包含以下方面：

①略读。略读的目的是在较短的时间内理解文章的主要思想。学生使用略读的方式，需要快速扫读文章，寻找文章主旨、文章关键句，获得文章的主要信息，可以先忽略文章主旨没有关系的句子。略读之后，学生应该掌握文章的主旨和作者的情感倾向。

②跳读。如果阅读理解只需要寻找特定的信息，那么可以选择跳读，尤其是当时间有限，无法逐字逐句地阅读全篇时，跳读非常适用。通过跳读可以在文中准确寻找到问题的答案出处，对问题答案相关的字句进行准确分析即可。

③寻读。寻读对于阅读速度也有所提升，寻读的意思是根据阅读问题，在文章中大略地阅读寻找答案。在大致阅读文章寻找答案的过程中，可以忽略和文中题目没有联系的信息。寻读具有较强的针对性，有助于帮助学生快速找到题目答案。寻读的办法适用于英语四级考试和六级考试。

④寻找主题句。英语文章中有很多的段落，每个段落都有自己的主旨意思，在阅读文章时可以找出段落的主题句。主题句可能是段落的第一句、段落的最后一句，也有可能出现在段落中间或者就隐藏在段落中，需要读者根据自己的理解去分析和判断。

⑤推理判断。推理判断指在阅读英语文章的基础上，根据自己的理解进行推理和判断，推理和判断要求学生理解英语阅读文章的意思，根据文中提供的信息进行深入分析，综合整理推断出文章的主旨思想。推理判断分为两种：一是直接推理判断，直接推理判断是根据文中表层的含义对问题答案进行推理判断；二是间接推理判断，间接推理判断需要学生根据文中的信息展开深入分析，揣测作者的情感倾向和文章要表达的主旨内容。

⑥猜测词义。猜测生词或重点词语的词义需要联系上下文，根据上下文的信息进行合理推理，同时也会运用到语言语法等知识，掌握了生词的猜测技巧有助于提高对整篇英语文章的理解，提高阅读速度，激发对英语的兴趣。

（2）元认知策略方法。阅读理解中的元认知研究区分了用来提高成绩和教育实践的自我调节过程。对于成功的阅读者而言，知识并不是彼此独立的事实，而是概念的集合；他们会去了解事物的意义和联系，而非回想具体细节；他们会通过自我测试的方式来验证所学的内容，对其所阅读的内容加以记忆；他们会与课文形成互动，不靠被动记忆学习；他们会预测考试内容，自主总结整理课文内容，通过结合课文与自身经历对知识内容进行深层理解。自我提问对于学生对知识的理解和自我测试具有重要意义。

阅读策略分为提问、总结、澄清、预测四部分。学生首先阅读部分文章，之后领导者预测教师可能提出的问题。然后开始小组讨论，对阅读的内容进行思路整理，由领导者预测后续文章内容。在下一步骤中改变领导者，重复上述过程。教师先引导第一个学生，之后带动其他学生轮流进行引导。在这种形式下组织小组讨论课文意义，采用"支架式"教学方式。教师对学生的支持随着其熟练程度的提高而逐步减少。在此类练习中，学生对问题的思考整理与内容总结的能力得到有效提升，更加积极主动地参与小组讨论。小组讨论对话结束后，教师应鼓励学生对阅读策略进行更深入的自我练习。

交互式教学可以激发学生提出问题并引导其做出回答，以此区分重要内容和细节，对所学知识加以监控理解，并发掘高效的方法将之前学过的知识和未来将要学习的内容联系起来。此种技巧已得到认证，可以切实提升阅读理解能力与优化阅读策略。

总而言之，元认知技能是优化自主阅读的重要手段，其抛却独立事实的简单记忆，通过明确阅读目的、理解文章意义、预测推论、发现关系等方式优化阅读行为，同时与阅读内容形成互动，利用所具备的技能进行深层理解。自我提问、归纳总结、理解监控、预测等元认知技能已被验证可以改善阅读理解，相比没有这些技能教授内容的教学方式要更加切实有效。

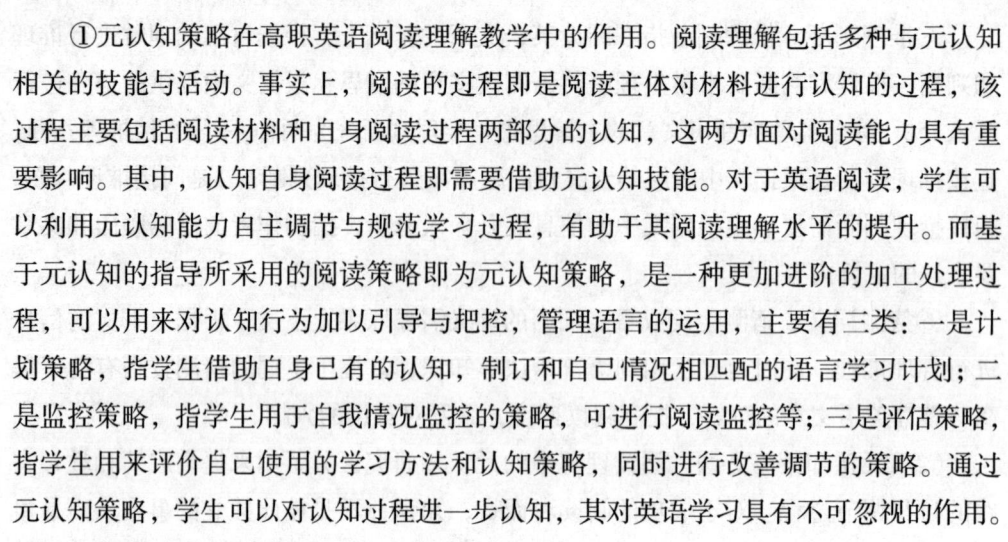

①元认知策略在高职英语阅读理解教学中的作用。阅读理解包括多种与元认知相关的技能与活动。事实上，阅读的过程即是阅读主体对材料进行认知的过程，该过程主要包括阅读材料和自身阅读过程两部分的认知，这两方面对阅读能力具有重要影响。其中，认知自身阅读过程即需要借助元认知技能。对于英语阅读，学生可以利用元认知能力自主调节与规范学习过程，有助于其阅读理解水平的提升。而基于元认知的指导所采用的阅读策略即为元认知策略，是一种更加进阶的加工处理过程，可以用来对认知行为加以引导与把控，管理语言的运用，主要有三类：一是计划策略，指学生借助自身已有的认知，制订和自己情况相匹配的语言学习计划；二是监控策略，指学生用于自我情况监控的策略，可进行阅读监控等；三是评估策略，指学生用来评价自己使用的学习方法和认知策略，同时进行改善调节的策略。通过元认知策略，学生可以对认知过程进一步认知，其对英语学习具有不可忽视的作用。

②高职英语阅读教学中元认知策略的实施。

第一，阅读前进行计划活动。阅读这一心理活动涉及积极主动的复杂思维过程，在这一过程中，读者借助自身已有的信息、知识或经验甄选、鉴别、处理和组合信息。计划活动是指根据个人实际情况制订合理的阅读目标及计划，挑选合适的阅读材料，科学安排阅读时间，重点鲜明地进行阅读训练，将阅读资源进行最优化配置，遵循一定的阅读策略，从而最终实现阅读目的。其详细步骤如下：首先，明确阅读任务的内容，设立目标；其次，从标题、图表等已知信息出发，掌握阅读背景知识，推测文章大意，从而大致掌握文章情况，确定自己对于阅读内容的了解程度；最后，制订与阅读任务相匹配的阅读计划，之后严格执行，同时灵活调整自己的思考过程、阅读策略及速度，如参照阅读目标，提前设定阅读时重点关注的方面，可以关注整体信息输入，也可以关注材料中的重要细节。

第二，阅读中监控自己的认知活动。监控是指阅读者随时关注自己在阅读过程中的思维活动并随时改进优化以最终实现阅读目标的行为。作为阅读主体，包括英语阅读者在内的所有阅读者都具有元认知知识及监控能力。要想在实际阅读中精准理解文章的意图和内容，需要阅读者不断进行元认知监控。借助监控行为，阅读者可以对其阅读活动加以管理、把控和指导。因此，只有学生对其阅读过程进行有意识的监控，阅读活动才能按照计划顺利实施。

第三，阅读后进行评价活动。阶段性学习自我评价不仅是元认知策略不可或缺的环节，同时也是学习效率提升的有力保障。评价主要分为两部分内容，分别是阅读材料和个人理解能力。当完成对阅读材料的知识学习，优秀的阅读者会反思评价其阅读过程。通过这一过程，阅读者可以掌握计划完成进度，了解学习策略的使用情况。拥有学习策略的学生可以通过对比阅读任务前所设定的目标来评价完成情况。

如果目标没有完成，他们则会查明原因，并在下次阅读时进行改善与调整，从而最终达到预期目标。

自我评价主要是评价自己认知活动的效率和结果情况，阅读活动的自我评价主要是评价自己是否达成阅读目的以及阅读效果是否达到预期，这一行为发生在阅读之后。不管最终的自我评价结果是正面的还是负面的，对于之后的阅读任务而言，都具有积极意义。

元认知策略在英语阅读过程中的应用可以促使学生更加积极主动地进行阅读任务，养成自我反思的习惯，同时还有助于学生学习目标及规划的确立，对自己的阅读理解加以监控，并正确评价自身阅读方法和结果，以便进一步掌握自身阅读情况，发现阅读中的问题并及时改进，从而养成高效的学习习惯，提升阅读能力。英语阅读教学应在全程注重培养和提升学生的元认知能力，才能使学生的阅读能力得到加强。

（3）文章背景教学方法。在英语教学时，教师应该引导学生关注材料的作者、材料的写作背景以及整个材料表现出的创作意图，了解这些内容和背景知识，有助于学生更好地理解整篇文章的结构、写作思路以及观点。在了解这些意图及结构后，学生可以更好地理解文章，也可以更深入地理解文章。与此同时，还培养了学生的分析性思维，这有助于学生后续的英语阅读学习。

（二）高职英语课堂中写作教学的改革

写作可以反映一个人的语言修养。英语写作是英语教学的一个重要部分。不考虑其他因素，仅从英语写作教学的现状来看，亟须改革。

1. 写作教学改革存在的问题

英语写作教学在英语教学中始终相对薄弱，如何开展英语写作教学已经成为教师重点思考的问题。从整体来看，我国的高职院校英语写作教学存在以下不足。

（1）课程设置不科学、不合理。英语教学过程中写作所占的教学比例较少，英语教学过多侧重于课文的讲解、阅读的理解以及听力的训练，教学内容的失衡导致学生和教师忽略了写作，而且有的高职院校甚至没有设置写作课程，这就导致无法提升写作的教学效果。从整体来看，英语教材缺少对写作的练习内容，英语教材在听、说、读、写的配置上也出现了失衡，过于侧重听、说、读的练习，即使存在写作练习，练习的内容也不完整，内容和内容之间不连贯。

（2）教学方法无法满足写作的需求。英语教学呈现出来的特点是注重词汇讲解、语法分析，很少涉及写作相关的文章结构的理解，这间接导致了学生在写作时无法将学习到的词汇和语法运用到作文中，写作经常是无话可说或是写出来的内容过于空泛。之所以会产生这样的问题是因为教师使用的教学方法过于陈旧，无法满足写作的需求，而且教师对学生写作的批改也不到位，教师通常只会批改学生写作中的语法和词汇错误，较少会针对学生的写作构思展开评价和指导，这也间接导致了学生的写作水平不高。写作教学过程中对写作内容的沟通少、指导也少，长久下来不仅学生对写作没有兴趣，教师也会遇到写作教学难题，想要提升学生的写作水平更是难上加难。

（3）英语写作存在明显的应试倾向。学生的英语写作能力无法提升不仅仅是教师和学生的责任，也受到了我国教育环境的影响。我国教育考试中写作占的分值较少，这直接导致了教师和学生对写作投入的精力较少，而且考试中的作文以命题作文为主，针对这样的作文形式，学生已经形成了固定思维，写出来的作文千篇一律，很少有别出心裁的作文出现，应试教育的倾向不利于培养学生的写作能力。

（4）批改方法的不合理、不科学、不系统，教师对写作的批改没有形成科学性、系统性，换言之，教师在批改学生的作文时不注重学生的写作思维，将写作批改重点放在了词汇、语法方面，更有一些教师甚至不让学生开展英语写作，只要求他们背诵范文。教师教学方法的不科学、不系统，导致学生无法真正了解自己写作方面的不足，虽然经常写作文，但是错误屡犯不改。长期以来，学生对写作的兴趣消磨殆尽，写作水平要提升更是无从谈起。

（5）没有进行英语作文的教学改革。随着时代和技术的发展，英语教学改革已经全面推进，教师对教学的认识和想法已经更新。但是在实际的教学过程中，写作的改革没有跟上。写作改革滞后主要体现在缺乏对写作思维的训练，英语写作教学没有启发学生思维的发展性、思维的创造性、思维的深刻性以及思维的广阔性。从本质上而言，英语写作离不开英语词汇、英语语法以及英语阅读，英语作文和词汇、语法、阅读之间相互关联、相互补充。但是在实际的教学过程中，教师并没有将写作和英语的听、说、读进行整合，这就导致了写作发展滞后。

2. 写作教学改革的主要内容

（1）结构内容。

①谋篇布局。和语文写作一样，英语写作开始前也要考虑文章的布局结构。结构是作文的框架，谋篇布局时需要考虑作文的体裁以及作文的题材，然后选择适合的结构布局，合适的结构布局有利于写作顺利开展。一般情况下，作文的结构是第一段引入观点，中间段落支撑观点，进行观点的扩展，最后一段对文章主旨大意进行总结。对于作文中的段落结构而言，一般情况下，第一句点明主题，中间句对主题进行扩展，最后一句总结整个段落的主旨大意。这只是一般情况下的布局结构，在实际的操作中可以根据需要做出相应改变。

②和谐连贯。文章的叙述需要前后一致、内容连贯。和谐连贯的文章可以让叙事更具逻辑性，能够使文章内容更加紧凑、衔接顺畅。和谐连贯的文章段落和段落之间紧密相连，文章整体读下来自然流畅。在日常的英语教学过程中，教师应该注重培训学生使用关联词、过渡句，增加文章的连贯性。

③完整统一。英语作文不只需要大体的框架，还需要细节描写，完整统一指的是对于文章主题进行细节描写，事件原因、经过、结果的具体展开。除此之外，也要删除和文章主题不相关的信息，保证文章内容是完整、前后统一的。完整统一是衡量一篇文章是否优秀的重要标准，文章的内容如果不完整、不统一，那么文章不能称为是优秀的文章。在日常的英语写作训练过程中，教师需要对学生进行文章完整统一性方面的训练。比如，如果学生的写作内容中有多余的段落，那么应该为学生做出删减的批改。

④写作技巧。写作技巧的使用有助于提高文章的整体水平，使用了高超的写作技巧能够提升文章质量。在英语写作教学过程中，教师应该注重学生写作技巧的训练，针对不同的阶段传授不同的写作技巧。在准备阶段，应该培训学生明确主旨和思想，能够找出和写作主旨相关的写作信息，对文章的整体结构有一定把握，合理安排各种素材；在写作前，可以列出具体的文章结构，明确观点；写完作文后，能够对作文进行整体修改，给文章加工润色。换言之，写作技巧的使用有助于提高文章的整体质量。

（2）句式。句式对于英语写作而言也是至关重要的。英语语言系统当中存在很多种句式，比如，疑问句、强调句、倒装句等，每种句式的表现形式不同，因此，如果在文章中能够使用多种表达句式，那么能够提高文章的整体水平。在日常的英语写作教学过程当中，教师应该训练学生使用不同的句式写英语作文，提高学生英语作文的出彩程度。

（3）选词。选词对英语写作也有重要影响。词汇有表层意义，也有深层意义，选择词语需要对词汇有深刻的了解，如果选择不当将会影响到文章的整体效果。因此，教师在英语写作教学的过程中，也应该注重词汇的讲解和选择，词汇的选择代表了学生个人的写作风格和写作爱好。在选词时，应该注意区分词的褒义和贬义、词的概括和具体、词的正式和非正式等。

（4）拼写和符号。词语的拼写和标点符号的使用对英语文章写作有一定程度的影响，正确书写英语单词有助于文章整体的美观性。英语单词的拼写和符号的选择使用属于英语学习的基础知识，在英语写作的过程中属于细节问题，但是如果不仔细拼写、不认真选择英语符号，那么也会对文章产生不好的影响。

3. 写作教学改革的更新方法

（1）过程教学法。过程教学法结合了很多理论，如认识论、语言理论、教学论、信息论等。过程教学法，顾名思义是重视教学的过程，注重教学氛围的塑造，追求的是在教学过程中实现教师和学生之间的有效互动。过程教学法认为，营造教学氛围有以下优点：学生可以通过交流分享信息；有效地交流可以促进学生思维的发展，有利于学生的个性化发展；氛围有助于学生认识写作过程；和同学的交流有助于发现别的同学的优点，也有助于改进自己文章的不足。

过程教学法包含的教学环节主要有以下方面：

①写前准备。学生需要根据教师的指导审阅题目，然后进行小组讨论，共同收集需要的素材，并整理出内容提纲。

②撰写初稿。初稿的撰写可以由学生独立完成，学生也可以使用更适合自己的个性化方式。

③修改。一般会当堂进行修改，修改主要使用的方式是学生之间的相互修改，教师也会选一些学生的写作内容进行点评。

④撰写第二稿。第二次撰写是对初稿进行精细加工，主要是为了解决初稿当中存在的问题，让稿子更加优秀。

⑤教师批改和讲评。这个环节教师要对每位学生的写作作品进行错误检查，并给出批改意见。这一过程主要是为了让学生意识到自己的写作存在哪些不足，激发学生更好、更完善地创作。

（2）策略教学法。英语写作可以使用写作策略，策略的应用有助于创作出更优秀的作品。具体来讲，经常运用的写作策略有以下方面。

①选题构思策略。在真正开始作品的写作前需要确定题目，确定撰写提纲。一般情况下，使用的构思策略有三个：首先，自由写作式，这种形式的构思指的是大脑根据文章题目进行自由思考，学生将自己想到的所有观点记录下来，从中选出最适合的几个观点运用到作文创作中，自由写作的构思模式最大的特点是思路不会受到限制，在思考过程当中自然而然形成写作框架；其次，思绪成串式，这种方式是指作者以主题为核心，在主题周围画出一个圆圈，然后联想主题相关词汇，最终将和主题有关的所有关联词汇总到一起，明确写作思路；最后，五官启发式，这种方式指的是利用视觉、触觉、听觉以及其他方面的感觉进行主题相关内容的思考，当然并不是说这种创作方法要将所有的感官都运用到，创作者可以根据实际情况有选择地运用自己的感官。

②开篇策略。文章的开头直接决定了阅读者的阅读兴趣，如果文章的开头足够吸引人、足够精彩，那么阅读者就会被内容吸引，会产生想要继续阅读的欲望，因此，

在开篇部分应该使用一定策略，让内容更加精彩。

③段落展开策略。一般情况下，使用的段落展开策略主要有四个：首先，根据时间展开段落，这种方法主要是用在记叙文中；其次，根据空间展开段落，这种方法主要用于景物介绍或地方介绍；再次，根据过程展开段落，这种方法一般适合于记述一件事情发展的文章；最后，根据分类展开段落，这种方法主要用于说明文档中，会根据特点的不同将说明对象按照不同的类别进行相关的说明。

④结尾策略。结尾和开头都至关重要，一个好的结尾可以为整个文章的论述增添色彩。结尾方式主要有三种：首先，总结式结尾，顾名思义就是对之前文章内容的论述进行总结和概括，再次紧扣主题；其次，展望式结尾，是指在结尾部分对未来进行一定展望，表明对未来发展的期待；最后，建议式结尾，建议主要针对之前文章中的问题提出相关的建议。

（3）网络辅助写作教学法。随着互联网的普及、计算机技术的应用，英语教学当中的很多教学难点都得到了解决。互联网和计算机为英语教学提供了丰富的教学资源，教学时间也更加灵活。通过计算机和互联网，学生接触到的英语更加地道，能够了解到的英语文化也更加多元。资源的丰富有助于激发学生的学习兴趣，为学生发展写作提供更多选择。

网络的发展为英语写作提供了课堂之外的练习方式，教师可以通过计算机和互联网为学生布置写作作业，帮助学生收集写作资源，为学生提供真实的写作情境。而且网络和计算机的应用也有助于教师针对学生的写作做出及时的反馈和评价，对于提升英语能力至关重要。

4. 写作教学改革中元认知策略的运用

（1）高职英语写作元认知的要素与发展。高职院校英语写作元认知主要包括元认知的知识、体验和监控三个方面。目前，对元认知知识的研究比较多，之所以主要研究元认知知识，是因为元认知知识占据着元认知的基础性地位，且测量方便。

元认知知识主要包括三个组成部分，即个人变量、任务变量和策略变量。三个变量之间相互联系、相互影响，但又彼此独立。目前，主要针对ESL学生以及以英语为母语的学生进行了用于写作元认知的相关研究。英语写作元认知的研究对我国学生写作也有很大的意义，但与此同时，我国非英语专业学生和ESL学生及母语是英语的学生之间存在差别，差别主要体现在：我国的学生没有纯粹的英语语言环境；语言环境的缺乏导致语言的输入数量明显不足；我国学生学习英语有应试考试的目的，动力明显不足；我国学生能够应用英语的场合有限，缺乏语言交际锻炼。我国英语环境以及其他方面的不足还有待进一步研究，探讨出适合我国学生英语写作的元认知规律。

目前，英语写作元认知要素的研究主要针对元认知的知识和监控，还没有涉及元认知体验研究。元认知体验是元认知理论不可或缺的一部分，将来元认知的研究不可避免地要研究元认知体验，只有这样才能保证元认知的研究是完整的。

①高职英语写作元认知知识。

第一，高职英语写作元认知知识的构成。英语写作元认知知识的个人变量是指个体对自身写作水平的认知，换而言之，指学生对自身写作能力和特点的掌握程度。从内容上看，具体指学生对自身写作优缺点以及相关原因的了解，此种了解基于元认知调控。任务变量指学生在完成任务过程中所涉及相关信息的认知，主要包括对任务性质的认知和对任务目标的认知等，具体而言，指学生对写作文章相关信息的了解和掌握，如了解优秀文章的标准和特点、了解写作文章的目标等。其中，充分了解作文目标是学生设定作文目标的前提条件，而设定作文目标对学生取得良好写作成绩产生积极的影响。设定作文目标是指学生在完成作文任务的过程中应该掌握的策略性信息，如提纲策略的使用方法和前提条件等。然而，需要特殊注意的是，元认知结构中的策略变量仅限于主观层面，其实践效果如何需要从执行控制层面加以了解。

第二，高职英语写作元认知知识实证研究的不足。高职英语写作与认知知识在实证研究中忽视了测量工具的效度。效度的忽视主要体现在内容和结构上，这就导致研究存在内容和结构两个方面的问题。首先，高职英语写作元认知知识的实证研究忽略了结构的完整性，英语写作元认知知识包含了个人变量、策略变量以及任务变量。但是，实际的实证研究过程中并没有遵照元认知知识所包含的三个变量，这就导致结果有所偏颇。对结构的忽视主要是测量工具和方法使用不当。其次，高职英语写作元认知知识实证研究过程中，知识的测量内容包含了充分调控，对于认知研究使用的是开放式问卷，问卷中涉及的研究内容存在效度问题，导致元认知的研究存在问题。

目前，我国对高职英语写作元认知的知识发展水平方面的研究有所缺乏，我国开展的元认知知识研究主要针对元认知知识和写作作文成绩之间的关系，对于元认知知识与学生年级、学生个性之间的关系研究匮乏。学生随着年纪的发展变化以及学生个性改变，对认知知识都有影响，因此，未来的元认知知识研究应该注重这方面的探索。

②高职英语写作元认知体验。高职英语写作元认知的相关研究当中几乎没有研究元认知体验，具体而言，元认知体验是英语写作认知活动当中的情绪体验，体验可以随时发生，持续的时间不确定，体验的内容可以简单、可以复杂。元认知体验对元认知知识会产生一定影响，主要体现在三个方面：首先，体现在元认知知识的

目标上，如果元认知体验是挫败的，那么就会导致元认知任务目标完成效果不好；其次，元认知体验可以修正元认知知识当中的个人变量与策略变量；最后，元认知体验可以加速形成元认知知识和策略。

③高职英语写作元认知调控。高职英语写作元认知调控指的是在英语写作的过程当中，学生及时地调控自己的写作进度，向着写作目标不断地前进，也就是对写作过程的执行控制，因此，高职英语写作元认知调控也被称为元认知执行控制。元认知调控是一个动态化的过程，如何开展元认知调控会影响到任务目标的完成质量和完成速度。元认知调控还被称作自我调控、自我监控，无论是自我监控还是自我调控，都是对认知过程所开展的进度调整，针对需要完成的任务和活动不断地调整自身的计划向目标靠拢。所以说元认知调控、自我监控以及自我调控三个概念都是同一个过程。

第一，英语写作元认知调控的流程。元认知调控具体的执行流程是制订计划、执行计划、对结果进行检查、使用相关补救措施。这个流程体现计划、监督及调节之间的无限循环，直到最终获得理想的结果，调控才会结束。

第二，提高元认知等级。高级水平英语精通者的元认知等级明显高于中等水平的英语精通者。其中，策略变量作为最活跃的因素，关于其有效性和适用性的研究始终处于待饱和状态，即其他变量都达到中等水平之后，仅仅策略变量仍然存有研究空间。由此可知，通过对学生进行策略变量的训练，有利于提高他们的英语综合水平。

（2）高职英语写作元认知的影响因素。高职英语的写作成绩对英语写作元认知水平具有直接影响。虽然学生在学习第二语言的过程中并不具备成熟的元认知体系，但学生在学习第一语言的过程中已经形成相应的写作元认知模型，此种模型有利于学生有效掌握第二语言。现阶段，有关母语元认知模型对学生学习第二语言所产生作用的研究还相对匮乏，因此，此方面研究内容将是英语写作元认知发展领域的重点研究方向。

（3）高职英语写作元认知水平与写作成绩的联系。学生的高职英语写作成绩与其写作元认知水平之间具有显著的正相关关系，英语写作成绩高的学生在写作元认知上的等级也高；而英语写作成绩低的学生在写作元认知上的等级也低。另外，学生元认知模型中的个人成分和写作成绩也具有显著的正相关关系，即学生的个人变量得分高，其写作水平也高；反之，个人变量得分低，其写作水平也低。写作成绩高的学生能够明确地认识到自身的写作能力和特点；而写作成绩低的学生对自身的写作水平缺乏明确的认知，仅仅关注自身的缺点，从而忽视已经取得的显著成果。

从任务变量的角度看，写作成绩高的学生认为，一篇优秀的文章需要具备的特点是流畅性和清楚性，并且在写作过程中要做到换位思考，从读者的角度进行思考和写作。写作成绩低的学生认为，优秀文章的标准就是语法正确即可，换言之，只要语法无误，读者就能够明白。写作成绩低的学生没有从读者的角度思考问题，更没有意识到写作的目的是信息交流。

（4）高职英语写作元认知的训练。在提高英语写作元认知水平的过程中，学生需要自己制定进展目标，再通过执行和控制来调节目标进行实施情况。由于元认知体验和监控不仅需要在经验中发生，而且还需要在经验中验证，因此，对于学生的写作元认知发展而言，其相关训练至关重要。英语写作元认知训练存在一个基本视点，即强调经验性原则。在写作元认知训练过程中，学生需要有意识地积累写作经验，形成固定的写作元认知模型，逐渐了解和掌握元认知各维度对写作成绩的影响。这一点对教学者也提出要求，要求教学者设计可以让学生进行自我评价、自我检查以及自我监控的教学活动，加强学生对写作认知模型的认知感，从而提高学生的英语写作元认知水平。

（5）高职英语写作元认知测量工具。在研究英语写作元认知的过程中，人们不能直观地掌握其发展水平，需要应用相应的测量工具，其原因在于英语写作元认知属于中介变量。现阶段，常见的测量工具主要包括写作自传和认知风格问卷。其中，写作自传是用于测量写作元认知个人变量情况的工具，不仅能够帮助学生及时监控自身的元认知发展情况，制定有利于提高自身写作水平的客观评价标准，还能够为教师掌握学生元认知基线提供参考依据。认知风格问卷是用于测量写作元认知任务变量情况的工具，能够帮助学生集中注意力于写作目标和运用策略，即明确具体的学习任务以及掌握相关策略性知识。

五、高职英语文化教学的改革

（一）高职英语文化教学改革的目标

（1）二级目标分析。二级目标主要涉及的教学目标数量是7个，根据类别，可以分成两大类：首先，是学习英语文化的相关知识；其次，是培养实际交际活动中英语知识的运用能力。

（2）五级目标分析。五级目标分析中涉及14个教学目标，根据类别不同，可以分成三大类：首先，学习英语文化的相关知识，这些目标区分了不同知识的了解程度，第九目标的程度是了解，其余目标的程度是初步了解；其次，培养实际交际活动当中英语知识的运用能力；最后，培养学生对我国文化的深入理解。

（3）八级目标分析。八级目标分析中涉及10个教学目标，根据类别不同，可以分成三大类：首先，学习英语文化的相关知识，其中第四个目标的了解程度是初步了解，其余的是了解；其次，注重培养学生理解文化的相关能力；最后，让学生形成国际视野。

英语新课程标准中已经明确地将教学目标分级，而且具体内容描述得比较详细，可以按照它的分析进行操作。它除了要求学生可以运用英语知识进行交际之外，还指出应加强中国文化和英语文化对比，让学生更加了解本国文化。

（二）高职英语文化教学改革的原则

语言的学习必定会涉及文化学习，在英语教学当中进行文化教学的时候，需要遵守以下三个原则。

首先，循序渐进原则。在文化教学时，应该结合学生的年纪及学生当前的认知能力，慢慢地推入。在学生年纪比较小，进行初步文化教学时，主要让学生了解本国文化和外国文化存在哪些相同之处及不同之处即可，而且文化知识注重和学生生活实际有关的知识，可以激发学生的学习热情；如果到达了较高的学习阶段，那么学生了解的外国文化知识范围也应该逐步扩大，学生的视野也应该逐步拓宽，让学生形成更高的中外文化鉴赏能力。

其次，质量合适原则。该原则是指教学内容的质量及教学内容的数量应该合适，要求教师要选择和学生语言内容紧密程度非常高的教学内容，要和学生日常交流活动中接触到的话题有较高相关性。

最后，手段多样原则。现代信息技术、互联网在教学中的应用为教师提供了更加丰富的教学手段，教师除了讲学外，还可以为学生提供听觉、视觉以及触觉方面的学习渠道，如电影、访谈、杂志、文学作品、图片、歌曲等。这些资源都可以应用到教师的教学中，这些资源的使用可以满足学生学习风格方面的个性需求。

第二节 高职英语多媒体与分层教学模式改革

一、高职英语多媒体教学模式改革

（一）多媒体教学模式的特性

多媒体综合了多种信息媒体，结合了视频技术和计算机技术，多媒体包含众多内容，如动画、文字、音频、图像和视频等。简而言之，多媒体技术就是通过计算机对文字、图像和声音等各种媒体信息进行综合处理的系统技术。多媒体技术的中心是计算机,可以利用计算机整合语言、图像处理技术和视听技术,并通过转换、压缩和解压音、视频信号的模数来存储、变换、加工和检索不同的媒体信息。多媒体教学就是在教学中引入这一高端技术的现代教育教学模式,它将最新的教育理念、先进的教学方法和工具带给教育,并改变了学生吸收知识的途径,在教育改革的号召下,多媒体教学将科学性、学术性、创新性和艺术性完美地融合起来。但传统教育并不能被多媒体教育所代替,多媒体教育仅仅是作为一种辅助和延伸而存在,提高教学效率是其目的。多媒体教学模式的特性主要涉及以下方面:

(1)交互性。将计算机引入教学,实现人机交互。这种互动性带来了信息传播和接收者的信息实时传播。

(2)集成性。多媒体集合了图像、动画、声音和文字等特性,能够在课堂上全方位刺激学生的感官。教师备课只要足够充分,就能够丰富自己的课堂,以生动的方式进行教学,使学生学得轻松、快乐。语言知识输入的质和量在外语教学中能够决定外语教学的效果,这是理论和实践同时证明的结果。

(3)形象、直观性。多媒体有较高的智能性,可以改善教师的教学环境,使教师能够在教学中通过多媒体更加直观、形象地展示教学内容,使教学人性化。

(4)高效性。课堂融入了许多优秀的多媒体教学课件,学生能够通过课件更好地理解、掌握知识,提升课堂中重难点问题的解决效率,学生的学习兴趣和信息获取的能力也得到了提高。

(5)移植性。我们还可以连接多媒体和多种不同的设备,将数据和技术信息进行转换。在多媒体的数字处理技术下数据能够快速地传送,使信息在传送过程中的失真问题得以避免。

(6)超时空性。多种媒体辅助教学甚至能够打破空间和时间的局限,因此,有些学生在特殊情况下无法正常接受教育或者没能理解课堂知识,可以自行学习。学生在这种情况下,可以以自身的现有水平为基础来对所需教学软件进行挑选。这样缺课带来的知识空缺得以被弥补,学生的学习效率也会得到提高。

(二)多媒体英语教学模式的原则

1.情景与交际性原则

提升学习者的英语交际能力,是英语学习的根本目的。英语学习的目的不仅仅是学习者语言知识的积累,还是语言交际能力的提升。但语境往往限制着交际能力的培养,因此,教师要在教学过程中为学生提供一定的语境,学生只有在身临其境的时候才能够反复练习、使用所学的语言知识和技能,进而更好地掌握知识和技能。

在英语情景教学中,教师会通过英语教科书的教学大纲和教材在教学过程中利用或创造一些场景或情景，使学生的学习更加形象、直观且生动，提高课堂知识的掌握效率。这种教学模式是以发展英语技能为目标的，在一定程度上，这种模式能够让学生对教师教授的知识进行快速准确的理解、感知和掌握，活跃课堂气氛。在这种模式下，学生的语言实践机会得以增加，学习效果得到提升。因此，教师应当尽可能通过互联网和多媒体计算机进行英语教学，发挥它们的作用，为学生创造语言情境，提高学生的交际能力和跨文化意识。

2. 情感与合作学习原则

英语学习中的情感因素，包括学习者的态度、注意力和动机。消极情绪会带来语言输入的负面结果，积极的情绪会促进语言的输入。在学习外语时，应用多媒体辅助教学，能够避免传统教学的枯燥等问题，增加形象且有趣的内容，提升学生的学习兴趣，增加其学习的专注度。需要注意的是，英语学习的重要途径还包括学生间的合作和师生间的交流。如果教师在多媒体教学中忽视了与学生的情感交流，那么学生的学习兴趣也会降低。在互联网技术和多媒体不断发展的背景下，已经实现了跨区域和时空的合作，出现了许多交互性外语多媒体教学软件和课件，学生也因此获得了良好且合理的合作学习环境，能够更便捷顺畅地进行成员间的讨论交流，从而在人际交往的过程中提高自己的语言交际能力。

（三）多媒体英语教学模式的作用

（1）用正确的教育理论来指导。教师应当在多媒体外语教学的过程中坚持正确的指导思想，了解正确的外语教学理论，以教育部颁布的《英语课程标准》为指南，在外语教学中，充分发挥信息技术的优势，避免错误使用多媒体而导致预期的教学目标受到影响。教师应当不断吸收学习相关的教育理论，使教学实践受到正确教学思想的指导。

（2）加强对适应信息技术环境的新型教师的培养。外语教师在多媒体外语教学飞速发展的环境下面临更多的要求。这些要求不单单是计算机的使用技能，还要以不同学生的学习目标和特点为基础，对教学软件进行设计和制作。所以必须要培养外语教师的规范化和科学化的信息技术能力。目前，学校应当对相关专业的信息技术课程加以重视，培养新型外语教师，对他们的信息技术应用能力进行提升。多媒体外语教学能够在一定程度上提高外语教师的素质。从宏观上来看，多媒体外语教学不仅作为一项物质条件提升了外语教师的教学效率，还能增加他们的知识储备。因此，专一多能的复合型教师是多媒体英语教学的需求对象，也是未来英语教学的发展走向。

（3）对教师、多媒体和学习者之间的关系进行协调。多媒体教学在时代的飞速发展下已经作为一项重要组成部分存在于信息技术环境下的外语教学中，没有了多媒体，外语教学就会退回传统模式，从而也会消除之前提到的英语学习的认知行为。而且，多媒体是否协调与学习环境中其他组件之间的关系会在一定程度上影响其作用的发挥。如果多媒体教学的过程缺乏教师的指导和学习者的配合，那么单一的多媒体教学环境就会变成"机器教学"，很难实现教学目标。

要想真正实现多媒体对教学的辅助意义和价值，需要做到以下内容：①教师需要明确自己在多媒体教学过程中的定位，做好指导者，帮助学生找到合适的学习合作伙伴和合适的学习方法，正确应用多媒体与网络资源；②学习者应当根据自己的学习情况，在学习过程中选择合适的学习软件和内容等，并能够对获取到的知识和信息进行加工整理。

（四）多媒体在英语教学模式中的改革应用

1. 教师运用多媒体激发学生学习兴趣

与传统课堂不同的是，多媒体兼具了图像、文字、音响和视频等多种形式，能够让学生感受到直观材料的多类型和多功能作用。它突破了传统教学的缺点，其包括的教学技术也非常先进。学生被教学中有趣的动画、新颖的内容、动听的音乐以及鲜明的色彩所吸引，使其更加沉浸于课堂教学氛围中。人们对任何事物或者活动的心理倾向都会受到兴趣的引导，因此，这也是一种积极向上的心理状态。

（1）激发学生"听记"的兴趣。兴趣是提升学习效率的一个重要办法，深刻而永久的记忆是建立在兴趣之上的。国内的英语教学对学生记忆能力的培养比较重视。单词记忆是英语教学中非常关键和基础的，传统教学中一般是通过教师在黑板上板书单词或者利用图片带读来进行单词记忆，这两种方式都比较枯燥乏味，无法有效地刺激学生的感官。从对人的刺激强度的角度而言，动画效果最佳，图片次之，文字最弱，可见，传统的教学方法根本无法调动学生的兴趣和热情，因此，也无法达到预期的效果，不能对学生的记忆潜力进行充分挖掘。而利用多媒体进行英语教学，不仅巧妙地结合了电脑的光、色、声、影，还积极地调动了学生的感官体验，丰富的内容、活泼的形象以及绚丽的色彩取代了传统的图片和文字。

（2）激发学生"仿说"的兴趣。对话是英语学习的另一基本功。但是害羞、胆小、担心说错往往阻碍了学生开口说英语。多媒体可以轻松解决这一难题，多媒体能创设一个说话情境，贴近学生的日常生活，激发他们说话的兴趣。

总而言之，多媒体集声音、图像和动画于一体，具有非常好的视听效果，可以充分体现教学的直观性和生动性。利用多媒体，可以让英语教学的听、说、读、写训练过程得到优化，并使语言训练的效率得以提升，让学生的学习氛围更轻松、愉悦，促进其英语的习得，并有利于其全面发展。

2. 多媒体教学辅助学生实现难点突破

多媒体教学是一个高效的教学方法，在教学难点的突破上产生了较好的辅助作用，有利于课堂效率的提升。教师在课前将课件做好，可以更高效地利用课堂时间，并促进教材和媒体的结合，使得模仿、问答练习、角色扮演以及跟读等各种练习得以顺利开展，加强了学生的思维练习和认知发展。

在英语课堂教学中利用多媒体教学有利于激发学生学习的积极性，并对学生的自主观察和探究产生引导作用，提升课堂教学的效率，媒体课件动态演示的利用也有利于生动、形象地展现书本上的单词、词组和句型等，让学生更好地获取知识。教师制作的课件能够为学生营造轻松愉悦的课堂氛围，教师通过鼠标操作就能在课堂上为学生提供各种图片和声音，让学生通过动态的方式获得知识。同时多媒体还能将同一类型的多个题目归纳在一起，让学生对其规律进行自主总结，这也是探究式学习的一种重要途径。

另外，教师还应该进行一些教学内容的补充，帮助学生进行知识体系的构建，让学生有机会表达自己，从而提升学生的学习自信。这可使学生更好地理解和记忆知识，让学生更快速地掌握知识，培养学生学习的主动性，让学生的知识面更好地拓展；同时还能节省教师的板书时间，提高课堂教学效率，促进学生知识的掌握。当然，多媒体教学除了以上优势外，还有着教学进程上的很多优势，需要教师进行深入的挖掘，将电教媒体的优势充分发挥出来，不断提高教学效率。

人的记忆获取有很多种渠道，视觉和听觉两种感觉所获得的记忆内容保持比率和保持时间是最为显著的，因此，教学中要充分发挥学生的这两种感官，达到最大化的教学效果。而多媒体教学则充分重视了这两种感官的激发，有利于吸引学生的注意力。

二、高职英语分层教学模式改革

（一）高职英语分层教学改革的必要性

目前，我国高职教育的问题主要表现为以人才培养为中心的高职教育质量不高，这在高职英语教学上表现尤为突出。高职教学质量不高的主要原因之一是多样化的生源。目前，我国高职院校的学生有参加高考进校的，还有通过单独考试进校的，他们的英语基础和能力水平存在很大的差异。招生层次决定了培养类型，这些有着英语水平差异的学生在英语应用能力培养类型方面就会有不同的选择。另外，不同专业、不同岗位对英语应用能力的需求也存在类别的差异性。而这些差异在多数高职院校的英语教学中没有得到重视,这种现象挫败了学生学习英语的积极性,严重影响人才培养质量。因此,高职英语教学要理性面对学生的个体差异,满足学生个性化的需求,进行分类、分层次的教学改革,提高英语教学质量。

(二)高职英语分层教学改革的要点分析

1. 正确把握学生英语的真实水平

在高职英语课程的分级过程中,我们需要根据学生的真实英语水平进行隐性或显性的分级,因此,对学生真实英语水平的掌握至关重要。一些学生可能会因为跟某个英语程度不同的学生关系好而选择去某一级别,还有的学生可能因为考试时的异常发挥导致分级考试成绩失真,这就需要任课教师和班主任以及其他教师协同合作,通过面谈和座谈的方式,从学生自身和其身边同学多方面了解,以把握学生的真实英语水平。此外,关于学生的发展去向和爱好特长等,也需要任课教师和学生协同调研、访谈、配合来最终确定。

2. 把握不同专业学生对英语的重点要求

针对人数最多的直接就业类型的学生,需要了解不同专业学生今后就业岗位对英语的实际需求。这样,一方面便于确立合理的教学内容;另一方面,能够正确把握不同单位和岗位对于毕业生英语的准入要求和实际工作要求,从而为英语课程的教学提供指南。

3. 呈现分类课程设置的梯度性

学生在校期间,不同学期有不同类别和性质的课程存在,一些课程可能会延续一个学期以上,这就需要分类课程在不同时段呈现出一定的梯度性,内容呈现简单到复杂的特征。要求学生只有在修完了简单课程的基础上,才能继续修学更难的课程。这样,在给学生压力的同时,也给了他们不断挑战自我的动力。

4. 保障分类课程的师资需求

适应不同学生需求的分类课程,需要配备足够的师资和合适的教学材料。这一方面需要学校的大力支持,预先通过引进和培养的方式储备必要的师资力量,同时配置必要的教学设备;另一方面需要不同院系、部门和教师之间的合作以确立合理的教学材料。从师资、教材和设备等方面,保障分类课程的顺利开展。

第三节 高职英语实训教学模式的改革分析

本节以高职学校应用英语专业为例,分析高职英语实训教学模式改革。

一、高职英语实训教学模式的地位与改革作用

首先,高职英语实训在教学中的地位。高职院校应用英语专业的教学体系主要有英语语言基础和各种实践技能。实训教学是培养技能的主要途径,体现出学生对英语的应用能力,从中也反映出英语语言基础教学的总体情况。因此,实训教学在高职英语专业教学中具有非常重要的地位。

其次,高职英语实训教学对推动国家和社会发展的重要性。经济全球化的深入发展,对语言人才提出了更高要求,尤其是从事对外贸易的人员,他们不仅需要语言交流能力强,而且要能流利进行商业实务操作。因此,实训教学越来越重要,高职学校应该采取措施不断完善实训教学。

最后,实训教学对学生成长及未来的就业产生重大影响。高职学校学生的综合素质和未来在就业市场上的竞争力都取决于实训教学。因此,实训教学也是学生在校学习的重要内容。实训教学加深了学生对职业的认识和了解,提高学生解决实际问题的能力,帮助其将来步入工作岗位后能更快适应岗位工作。

二、高职英语实训教学模式的特点与改革策略

(一)高职英语实训教学模式的特点

应用英语专业的教学体系以英语语言为载体,与对外管理、商务、贸易、旅游等专业相结合,主要目标是服务地区经济社会发展,实现跨文化交流,培养适应商务活动的语言人才。一方面,高职院校的应用英语专业要求学生具备运用英语交流的能力,同时还要有商务操作能力,可以说是一种融合了多个学科的职业教育;另一方面,高职应用英语教学更强调新知识和技术的学习,模拟真实的工作场景,重点培养学生的实践能力,以便于学生将来能够更快适应工作岗位。

与国内同类专业的实训教学相比,高职英语实训教学主要有以下几个特点:一是整合校内资源,通过外贸教学软件模拟真实的工作场景,开展实训教学环节;二是学校与企业开展合作,共同建设校外实训基地,让学生有更多实践机会,开展分散训练;三是课程和学历证书相结合,鼓励学生参加职业资格证书考试。目前,已经有一些高职院校实行"1+X证书"制度,并在实践中取得了很多成果。

总之，高职院校的英语专业实训教学要综合考虑社会对人才的需求，在此方向指导下，培养学生在工作中解决实际问题的能力，并不断创新实训教学的模式和方法，建立相关评价机制。

（二）高职英语实训教学模式的改革策略

1. 高职英语实训教学模式面临的问题

（1）高职应用英语专业的学生就业面比较广，没有清晰定位，对岗位的胜任能力和综合能力无法满足现阶段发展的需求。而随着经济全球化和产业升级的发展，对职业人才的综合素质要求越来越高。

（2）高职应用英语专业课程设置针对性有待提高，教学内容应该与时俱进，不断创新教学理念、方法等，此外，考核评价的模式比较单一，应该更多样化。

（3）工学结合难以实施，学校的实践训练主要培养单项技能，还没有形成完整的实践教学体系，而校外的实习岗位比较分散，无法为学生提供真实的英语语言环境。学生更难接触到外企相关工作，对整个业务流程不清楚。

（4）缺乏知识和能力综合实力强的专业教师，教师经验不足，没有国际视野。

2. 高职英语实训课程改革的任务分析

应该以相关岗位职业素质教育为中心来设置课程，重点培养学生的英语交流能力，提高学生商务操作能力。开展多种多样的主题实践活动，模拟真实的商务英语工作环境，一方面要培养学生适应岗位工作的英语沟通能力和商务技能操作能力，另一方面也要培养学生对信息的收集和处理能力，学会在实际工作中解决各种问题，增强团队合作意识，加强宣传能力等。只有综合能力强，才能适应未来职业发展的需求，将来更好地适应工作岗位。教学目标主要有以下几个方面：

（1）学生需要掌握的知识有商务英语基础词汇和商务知识，对商务操作的规则有更多了解，进而在商务英语表达方面更加准确得体。

（2）能力方面需要具备英语应用能力和沟通能力，学习商务礼仪，增强团队合作意识，在社会活动中游刃有余。

（3）素质方面，学生要不断提高英语技能，对工作岗位有基本认识，提高商务操作技能；学会与他人进行合作，并有竞争意识；提高职业素养和职业能力。

3. 高职英语实训教学模式改革的主要内容

完善的技能实践教学体系主要有以下内容：培养学生汉语和英语交流的能力，重视英语听、说、读、写等基本技能的训练；开设商务礼仪相关课程，根据实际情况开展英语实践活动，培养学生的沟通能力，在将来的工作中能够胜任商务操作工作，能够对外交流和谈判；提高学生职业素养和职业能力，利用好现有资源开展顶岗实习。英语教学实训模式改革主要包括以下几个方面：

（1）涉外接待：接见外宾时，能够准确介绍双方人员的姓名、职务等，掌握日常问候语，熟悉接听电话、接机、订酒店等工作的语言表达，掌握常用的词汇和句型，学习接待礼仪和跨文化交流方式。

（2）涉外参观：对企业的组织结构、经营方向和业务要熟悉，并能清晰准确表述，能够流利地用英语介绍公司的产品，提高表达能力，在对外介绍企业时，能够如数家珍。

（3）涉外洽谈：熟悉企业会议、宴会、参观等活动流程，学习相关礼仪知识，及时掌握会议的组织情况、宴会和参观的程序，熟悉会议相关流程，学习宴会和参观时的表达方式。

（4）产品介绍：了解并熟悉企业介绍会的议程安排，做好市场分析，清楚项目的总体情况；熟悉公司主要经营的产品、销售渠道、价格等；了解产品销售的过程及注意事项；在介绍产品类型、功能、特点时要流利，对客户提出的问题要能对答如流。

（5）涉外谈判：在对外谈判时，要先制订好谈判计划，了解谈判的具体流程；在对外谈判时，掌握报价和还价策略。

在具体实施过程中，主要有设置模拟公司、分配好各自扮演的商务角色、模拟工作场景并排练、实训现场比赛、自我评价五个环节。在这些环节中，学生可以自由组队，分配团队中的角色，规划好场景模拟活动，然后根据所学知识模拟和设置真实的商务工作场景，接着进行商务工作情景演练。以上内容可以帮助学生明确就业方向，考察自身岗位胜任能力，知道自己的不足之处。在模拟的真实工作环境下，学生可以在实践中用到自己所学的专业知识，不断巩固自身所学，更可以清楚地看到自己的不足，以便采取方法弥补，有针对性地加强。而且，以上环节都在英语环境中进行，因此，可以锻炼学生的英语语言表达能力，很大程度改善了以往实训教学中缺乏相应语言环境而导致岗位分散的问题，让学生了解外企的工作流程。

现场汇演主要是现场进行演示，由评委打分，选出表现最好的小组。在这一环节中，教师主要起指导作用，给出相关的建议，由教师组成的评委小组根据小组表现进行打分，并给出评价。

4.高职英语实训教学模式改革的评定与考核

高职院校教学的重点就是使学生具备就业能力，因此，在制定评价体系时，需要结合岗位工作相关任务，打破评价体系单一化的局限，使之更多元化。评价内容方面，对能力的评价最主要，评价形式主要有学生自我评价、互相评价和教师评价三种。评价时，教师要关注学生不同阶段知识和能力的掌握情况。在给学生的演示打分方面，评分板块应该分为语言素养、商务礼仪、场景布置、团队合作和创新五个方面，这样评价更全面，可以考查学生的综合能力。通常情况下，教师是不参与评分的，主要由学生参与，学生可以自己给自己打分，也可以相互评价；兼职教师也会参加考评，评价学生的计划、方案及实训演示过程中的综合表现，并给出相应建议。这些兼职教师实践经验丰富，通过他们的评价，可以让学生认识到自己的不足，评价主要包括学生准备的公司产品的相关介绍是否具有吸引力，谈判过程中的表现，谈判技能策略等是否合格。此外，让学生参与评价可以让评价的结果更加公平公正。

总而言之，让学生和老师都参与评定考核，可以让实训教学的内容更有针对性，评价方式更加多元化。相信未来实训考核的模式会更多样化，更科学合理，不断完善。另外，教师在对学生进行评价时，也可以完善自身知识体系，提高专业技能，更新行业发展的最新动态，开阔自己的视野，与国际接轨。

5. 高职英语实训教学模式改革的成效

高职英语实训教学模式实施改革以来，弥补了以往实训课程的不足，不断创新实践形式，激发了学生参与实训的积极性。在教师的指导和帮助下，学生可以更清晰地了解将来职业中需要用到的知识和技能。虽然改革实践取得了不错的成绩，但是仍有一些细节需要注意，比如，设计场景和选择教学材料时都要与时俱进，不断提高实训教学效果。总体来说，高职应用英语专业实训在课程设置、教学形式方面应该充分考虑企业对人才的需求，不断创新实训模式，让学生积极参与实训，激发他们学习的积极性。[①]

---

① 吴静. 高职英语专业校本实训课程开发研究 [J]. 教育探索，2014（9）：40-42.

第三章 高职英语课堂中的有效教学优化

近年来,社会对高职院校培养人才质量越发重视,高职的教学改革在蓬勃开展中,高职英语教学如何提高课堂教学的有效性,获得理想的教学效果,是许多高职英语教师不懈探索的问题。本章重点围绕高职英语课堂中的有效教学方法、高职英语课堂有效教学的优化、高职英语教学中有效教学的运用、教学实践中有效教学的经验启示展开论述。

第一节 高职英语课堂中的有效教学方法

有效教学特指教师通过教学过程的规律性,成功引起、维持和促进学生的学习,相对有效地达到预期教学结果的教学。所谓"有效",主要是指通过教师在一段时间的教学之后,学生获得具体的进步或发展。高职英语课堂中的有效教学方法主要从以下方面进行探讨。

一、加强高职英语课堂的因材施教

(一)采用分层教学

高职的学生来自不同的学校,层次不同,英语水平也千差万别,因此,高职院校在英语教学方面应该采取分层教学方法。分层教学的方法适用于英语水平层次不同的学生,对不同情况的学生采取不同的教学方法。如果一个班级中学生英语水平相差十分明显,就应该分班教学。总之,分层教学时要注意以下几个方面。[①]

一是要对班级学生的具体情况有清晰的了解。分层教学的第一步就是要明确班级学生的英语水平和现阶段学习情况,这样才能因材施教。分层教学还可以参考学生入学成绩、入学测试和学生课堂的表现。

---

① 张爱玲.高职英语教学的反思及未来趋势研究[M].青岛:中国海洋大学出版社,2018:60-92.

二是对学生进行分层教学时，参考依据不只有学生的英语成绩，还有学生不同方面的具体情况、存在的问题等。此外，学生身心发展特点、兴趣爱好、个性、优缺点等都可以作为分层教学的依据，据此将学生分成不同班级。划分的层次也不只有 A、B 两级，可以更细化、具体化。但是，这无疑会增加教师工作的负担，在管理和教学时任务量更大。

三是要结合具体情况分析，找到症结所在，对症下药。实施分层教学的主要目的是根据不同学生的情况进行具体分析，有针对性地教学。不同班级学生的具体情况不同，要明确学生的不足，分班时可以把某项技能水平较低的学生分在一个班级，专门训练学生的这项技能，加强训练。

四是不同班级之间采取流动制度。经过一段时间学习后，将有明显进步或退步的学生调到 A、B、C 任意班级中，这样可以避免学生满足于现状，增强学生竞争意识，激发他们学习的积极性，帮助学生提高不同方面的能力。

（二）灵活选用教材

目前，高职英语教学使用的教材五花八门，有很多问题。但是，高职教育的灵活性是一个十分明显的特征，因此，在选择和使用教材方面比较灵活。高职英语教材的使用和建设有以下几点需要注意：

第一，要根据高职学生的实际情况，选择实用性较强、符合高职教育特色的最新教材。教材的内容要符合高职学生未来工作的实际情况，实用性强，并且能够满足高职学生将来就业时工作岗位的需求。教材中词汇、语法等基础知识内容不应太多，而应注重培养学生英语综合能力，重视听、说、读、写能力的训练，提高学生语言综合运用能力。

第二，坚持内容适度原则，选择合适的教学内容。高职院校公共英语教学的基础是注重实用性，内容够用就行。因此，高职院校在选择教材时要注意，在英语教学中精心挑选合适的教学内容，不教授无用的知识，提高英语教学的效率。

第三，选择编写科学合理的教材。高职英语的教学内容要符合语言学和教学的基本规律，遵循教学和语言学习的规则。科学合理的教材的主要特点：一是内容新，采用科学合理的编写方式，形式独特；二是生动有趣，立体感强；三是知识范围广，在素材方面要涉及生活、科技、经济、文化等诸多领域，与实际生活和行业发展相联系；四是教材内容要能够实际操作，当然还要看高职院校学生的英语水平，教材内容实践性强，模拟真实的场景，才能帮助学生更好地掌握知识和技能。

第四，要不断完善校本教材的建设和使用，这对高职英语提高教学效果具有重要作用。目前，我国高职教育快速发展，出现了很多具有高职教育特点的新教材。

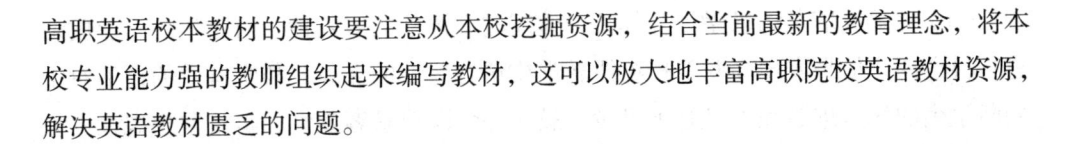

高职英语校本教材的建设要注意从本校挖掘资源，结合当前最新的教育理念，将本校专业能力强的教师组织起来编写教材，这可以极大地丰富高职院校英语教材资源，解决英语教材匮乏的问题。

（三）优化教学设备

借助多媒体教学，提高高职院校英语教学效果和质量。英语学习对环境的要求比较高，需要进行互动，在良好的语言环境中学习，学生能更快速地掌握语言，在实践中运用语言，达到熟练的程度。同时，也要更新教学设备，采用先进的教学手段提高英语教学的水平，收到更好的教学效果。比如，可以在课堂使用多媒体技术，将教学内容以声音、图像的方式呈现出来，借助多媒体教学软件、教学仪器、英语训练实验室等，丰富高职英语教学形式，使课堂教学更生动有趣，营造适合英语学习的氛围，从而提高英语教学的效果。

二、提升高职英语课堂中的有效教学效果

教学改革中，教学方法的改革是关键的一步。教师在课堂教学中要引导学生掌握学习方法，这才是有效的教学方法。因此，教师要根据学生的实际情况以及在学习方面的需求，鼓励学生自主学习，从而提高教学效果和质量。

（1）尊重学生主体地位，让学生积极参与到课堂教学中，让课堂教学效果更好。学生是学习的主体，学生真正参与到课堂教学，说明他们开始真正主动学习了，这样的学习和教学都是有效果的。因此，高职英语课堂教学中，教师要有学生主体意识，给学生创造更多实践机会，让学生有主动参与课堂教学的意识，提高他们学习的积极性。

（2）要不断提高高职英语课堂教师的教学能力和水平，采取有效教学策略。英语教学的效果很大程度上取决于教师的教学能力和教学水平。高职院校公共英语教学中教师是"教"的主体，教师教学能力高，教学质量才能有保障，学生英语学习才能更快地进步。英语教师不仅要能够向学生传授知识和技能，培养学生的语言能力，还要能够组织学生学习和运用外语，这些都是英语教师的教学能力。可以从两个方面提高高职英语教师的教学能力：

首先，高职英语教师要不断提高传授知识的能力以及帮助学生掌握技能运用的能力。教师的任务就是传道、授业和解惑，因此教师教授知识的水平要高，在课堂上多引导和启发学生，让学生有针对性地进行练习，及时发现错误并改正。

其次，高职英语教师教学中的组织能力要不断提升。一位优秀的英语教师首先要有强大的组织能力，引导学生积极参与课堂学习，对课堂有较高的把控能力。

（3）完善高职英语教学评估体系，体现教学评估的有效性。对学生的学业成绩进行科学的评估是实现高职院校英语教学质量有效性的保障，科学有效的评估对于判断学生的学习进展和不足必不可少。教学评估既追求客观性，也注重主观性。教学评估要进行数据的分析，并将分析所得数据反馈于教学，起到指导教学的作用。接着进入新一轮的教学评估，形成良性循环。科学有效的教学评估通常应注意准确如实地反映学生的实际情况并分析结果，真正体现评估的意义。及时反馈评估结果，对学生的"学"和教师的"教"均起到有效的指导性作用，而且要保障评估的系统性与连续性。

有效的教学评估可以分为校内考核和校外评估两种类型。校内的教学考核主要包括惯常的教学考查、各种教学测验，如期中、期末考试。校内考核是主要的教学评估形式。要实现高职英语有效教学，教师们在教学中就要采用多元化考查学生学习效果的形式，科学地、有效地、有针对性地考核学生英语学习的成果，并且及时对考核情况进行分析和反馈，指导教与学。

三、提高英语课堂的有效知识量

提高教学的有效知识量是优化教学的一个表现，是提高教学有效性的关键。高职英语教学效果取决于教学给学生带来的有效知识量，提高高职英语教学质量的实质就是提高高职英语教学的有效知识量。要提高高职英语的有效知识量，高职英语教师应该注意以下方面：

第一，英语学习包括基础知识和应用，高职英语教师既要重视基础知识的教授，又要注重培养学生英语运用能力。高职英语教学的目标是要培养服务于生产的应用型人才，比如，生产技术人员、管理人员和操作人员等，在工作中能够熟练地运用英语交流，能看得懂设备、仪器的操作说明，用英语与他人沟通，因此，英语基础知识非常重要。与此同时，英语教学要注重实用性，内容要适度和适量，培养学生运用英语交流的能力；平时的学习中注重英语知识技能的训练，让学生在对外交流时能够灵活自如，具备较强的英语语言能力。教学中，二者应该双管齐下，教师要保证教授知识的数量适度，不断提高质量。

第二，要重视听说，强化英语交际应用能力。大多数高职学生要达到"自如地应用英语进行交流和获得英语实际应用能力"的标准，首先就要提升英语的听说能力。因此，对于英语基础普遍较差的高职学生而言，要在大学学习期间形成英语的全面能力是不现实的。如果把听、说、读、写、译几方面同时推进，到最后哪个方面都很难学得很好，不但会影响英语实际应用能力的形成或提升，还会让学生缺乏成就感，抑制学生的学习兴趣。另外，不管是日常生活还是职场上，学生最容易使

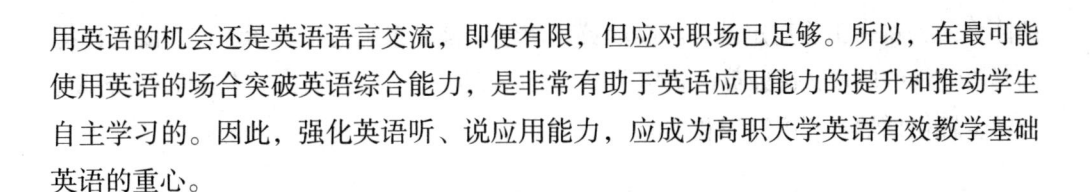

用英语的机会还是英语语言交流，即便有限，但应对职场已足够。所以，在最可能使用英语的场合突破英语综合能力，是非常有助于英语应用能力的提升和推动学生自主学习的。因此，强化英语听、说应用能力，应成为高职大学英语有效教学基础英语的重心。

四、科学运用多种先进的教学方法

（一）差异教学法

课堂教学要尊重不同学生的个性特点，满足学生个性化需求，根据学生的知识水平、认知结构、特点、兴趣、态度等方面开展差异化教学，让学生在自身知识水平的基础上进一步发展，提高课堂教学的效果，保证学生学有所获。差异化教学的重要方法是分层次、循序渐进地教学，在教学中，应该加以运用，以保证课堂教学效果。

通过分析高职学生的入学成绩可知，学生英语水平参差不齐，如果采用统一的教学方法，一定会有些学生落后于整体的教学进度，从而放弃学习，这会产生不良后果。为了避免这种情况，应该根据不同学生的英语水平，采取分层教学的方法。这种教学方法可以让不同层次的学生都能发挥能动性，参与课堂教学；让不同层次的学生都能取得进步，学习有收获。因此，学生入学后，应该由学校安排时间对学生的英语水平进行测试，根据高考和入学测试的情况，将学生分为高、中、低三个层次，而且要让学生有自主选择的机会，自行拓展。

（二）情景教学法

英语中的情境教学法是指教师在课堂教学中为学生创造良好的语言环境，将视、听、说融为一体，场景创设要带有一定感情色彩，生动具体，有目的地引入教学内容，让学生产生情感态度的共鸣，帮助学生更好地理解教学内容，获得知识和技能，促进学生心理机能发展。

要实现以上目标，情景教学法是一种非常适合的教学方法。情景教学法使教学更生动有趣，与现实生活更贴近，容易引起学生共鸣，通过课堂活动或实践训练呈现教学内容。比如，高职旅游英语，可以创造各种现实相似的模拟场景，让学生扮演不同角色，演示不同工作内容，如在旅行社办公室接待客户、接听电话、讲解行程内容、签署合同、办理出入关手续或出入境申请等。这样的教学方法会让学生对英语学习更感兴趣，激发他们学习的积极性，也可以使课堂氛围更好。让学生在训练中使用英语，一方面可以复习巩固所学知识，另一方面可以锻炼用英语实践交流的能力，为将来工作奠定基础。高职英语教学应该多采用情景教学法，它既可以提高英语教学的质量，保证英语教学效果，又可以为学生的学习创造轻松愉快的环境，让学生轻松地学习英语知识和技能。

五、以社会需求为导向，丰富教学内容

（1）体现高职英语教学内容的职业导向性。高职英语应该同时开设基础英语（basic english）和职业英语（vocational english），在教学中二者并重。高职英语教学必须要具有职业性，与学生未来从事的职业相联系，教授与学生未来工作相关的内容和技能，以工作任务为中心进行拓展，注重教授内容的实用性，提高学生的职业能力，为将来步入工作岗位做准备。

（2）高职英语教学中，人文教育必不可少。为了满足社会的需求，高职英语教学侧重于基础英语教授，培养学生语言运用能力，而忽略了对学生人文知识素养的培养。高职英语学习过程主要有两个：第一，学生学习并运用英语语言，掌握相关英语基础知识和英语技能；第二，了解英语国家的文化和风俗习惯等，培养学生人文素养，开阔视野。教育心理学提出，教授语言的教学不能算是教育。文化需要语言来传播，语言中蕴含着丰富的文化，体现了一个国家和民族的价值观。因此，高职英语教学不仅要让学生掌握英语知识和技能，更重要的是提高学生的人文素养，加强英语中文化的学习，拓展学生的认识视野。知识技能的学习和文化素养的学习相结合，才能培养出综合素质全面发展的人才。

第二节 高职英语课堂有效教学的优化

一、高职英语课堂有效教学策略优化的方式

根据高职学生的学情分析来看，需要提高他们的词汇量，并在此基础上通过教学策略的优化来促进阅读、语法和听说能力。高职学生课堂学习最大的问题是英语基础差、课堂参与度不高。因此，英语教师的课堂教学策略应想办法使学生动起来，充分调动学生的主观学习能动性。高职英语课堂有效教学策略优化的方式分为以下几种。[①]

---

① 谢静. 高职英语课堂有效教学策略优化的实践研究——以 N 市某护理学院为例 [D]. 广西：广西师范大学，2019：21-26.

（一）导入策略优化

许多高职学生的专注力比较弱，而且对英语学习的兴趣不甚浓厚，因此，一节课的导入环节显得尤为重要。课堂导入是为学生学习新的英语语言项目、新的词汇、新的阅读或听力内容做鼓动、引子和铺垫。它有两个基本功能：宏观学习过程的整合功能；调整学习状态的功能。

传统英语课堂导入方式：目前，大部分英语教师在进行新内容的教学之前，使用视频或英文歌曲导入，引起学生对本堂课的注意力。但许多教师利用视频进行导入的方式仅止于让学生欣赏视频与歌曲，引导学生思考的做法较少。因此，根据布鲁纳的"发现法"理论指导，教师应利用学生的内在动机，促使学生参与思考，在传统的视频导入、歌曲导入等方法的基础上，尝试增加一些能启发学生、引起学生思考的任务。

（1）视频导入的优化：采用问题导向法，布置与视频相关的思考题。视频具有直观性的特点，动态的画面与声音相结合，能有效地抓住学生的目光，让学生在轻松愉悦的气氛中开始一堂课的学习。然而，有些教师播放的视频与教学目标不相干，或是播放视频之后不提出问题激发学生思考。为优化视频导入策略，在实践研究中，教师选择了与教学内容紧密相关的英文视频，以锻炼学生的听力。在播放学生感兴趣的视频的同时，为了让学生明确观看视频的目的，观看前先根据视频内容给学生提出2~3个问题，提醒学生在观看视频的过程中要进行思考，并且做笔记。视频播放完毕后，学生进行问题的讨论、整理问题的答案，教师对学生的回答给予指导，并就视频内容进行讲解，引出该堂课的教学主题。

（2）英文歌曲导入的优化：发布歌曲材料，利用听写填空训练听力。英文歌曲是特别能够吸引学生注意力的导入方式。许多教师认为，仅仅播放歌曲让学生欣赏就能够吸引学生的注意了。实际上，选择歌曲时也需要保证歌词内容与教学内容的联系，才能实现播放歌曲的意义。因此，在教学实践中，教师将打印好的歌词分发给学生，并且删除涉及教学内容的相关词汇，让学生边听歌边尝试填写。当然，许多学生并未能够正确地填写出来，但仍然鼓励学生仔细聆听歌曲中的发音，根据发音尝试拼写词汇。该方式既能够考验学生的英文听力能力，也能够考验学生通过听取歌曲，将发音与字母拼写联系起来的能力。

（二）词汇教学策略优化

（1）猜词策略的优化。采用语境猜词法，到目前为止，词汇学习中最有用的策略是从语境中猜测词汇。每个词汇在语篇中都有它存在的意义，通过上下文建立起来的线索，往往可以推出某一词汇的含义。在实践研究过程中，进行新课文的教学时，教师没有一开始就进行专项的词汇教学，而是先请学生自行阅读课文，并要求学生在遇到生词时，尝试通过上下文猜测它的含义。但是实践过程中发现，由于高职学生的词汇量有限，猜词过程中，如果让他们独立思考，那么猜词的正确率很低。故随后调整了猜词的形式，实行以小组合作的方式，让5~6名学生一起讨论推测词汇的含义。小组讨论中，要求组内成员各自给出自己猜出的答案以及猜测原因，然后再核对正确含义。教师在巡堂过程中发现，猜词的正确率有了明显提高。

（2）联想记忆策略的优化：采用联想记忆法帮助学生记住单词。联想记忆法包括记同音词、同类词、近义词、反义词等，但可能是大多数高职学生的英语接受能力有限，在教学实践中，发现中英发音联系记忆法可能是最有效的。教师先用中文发音的方式将单词的语音和词义联系起来，帮助学生记住单词，如Ambition（雄心）用"俺必胜"来记忆，与发音相似，体现了它的中文意思。与此同时，教师还会反复用正确的发音示范修正学生的中式发音，强调学生一定要正确发音。虽然目前绝大多数英语教学研究者认为此法会对学生的英语发音有负面影响，但是，我们的教学对象是英语基础薄弱，但又有一定判断能力的高职生，他们能够鉴别中式发音和正确发音。实践表明，绝大多数学生是有能力在借助中式发音记忆方式的前提下，正确读出它的英文发音的。当然，中英发音联系记忆法也不适合所有词汇，只适合中式发音与单词含义有联系的词汇，因此，在教学准备时，教师还是有选择地采用了不同的联想记忆策略。

（3）重复记忆策略的优化：采用语境重复法。重复地朗读词汇表的单词，是大多数英语教师会采用的教学方式，其目的也是在于帮助学生重复记忆、加深印象。这种孤立词汇的方式虽然能够让学生记住一些词汇，但很难帮助学生领会词汇的用法。根据交际法教学理论，教师将生词与实际语境结合，在教学实践时，将词汇编入一段简短的对话中，并使该词汇反复出现，做到既有重复，又有语境。

（三）语法教学策略优化

高职学生在上大学之前，已经学完了主要的英语语法规则。但是大多数学生对语法的理解和应用能力仍然不尽如人意，尤其体现在写作上。因此，在高职阶段的英语课堂中，还是应该继续对一些常见的、重要的语法规则加以强化巩固。语法教学可分为显性与隐性语法教学：教师直接告诉学生语法规则，是显性教学；采用策略让学生在应用中习得语法规则，属于隐性语法教学。

目前大多数英语教师采用传统的显性语法教学，能快速让学生知道语法规则，但学生未必能掌握语法的实际应用方法。因此，在优化语法教学策略的研究中，采用了以下隐性语法教学策略，力求使学生在应用中掌握语法知识。该策略也契合了"学习金字塔"的"实践"理念，旨在通过语法的应用训练策略，提高学生的学习留存率。

（1）连锁练习策略（chain）：教师在讲解完某个语法结构之后，向学生 A 提一个问句，句式中包含了刚刚学习的语法，学生 A 所应答的句式也需要包含该语法。然后，学生 A 向学生 B 用同样的语法提一个问句，学生 B 的回答也必须要含有该项语法，如此一环接一环地连锁练习，在 5~6 名学生中间实施该活动。教师在活动之前就提出要求，每一位学生说出的句子都不能与之前的重复。连锁策略不但实现了语法项目的重复训练，还促使学生必须动脑思考，而在思考的过程中与聆听他人回答的过程中，他已能逐渐掌握这个语法的形式和应用规则。因此，实践中可以看到，连锁练习越是往后，学生的表达越准确。

（2）情境结合策略。结合交际法教学理论，利用情境开展语法教学，能够将语法形象、生动地展示出来。利用当时的情境或是创设新的情境，将语法知识融入进去，实现语法的应用。

（3）编写故事策略。讲解完一个语法之后，要求学生编写一小段对话或者故事，并在其中尽可能多地应用该语法进行叙述。这个方法要求学生将语法特征通过句子、篇章体现出来，能够促进学生真正理解语法形式和语法意义。教学实践中，教师在布置任务时先给出了 2~3 个例句作为示范，帮助学生更准确地使用该项语法。

（四）课文教学策略优化

目前大多数英语教师采用的是传统的语法翻译法进行课文教学。教师念一句课文，再翻译为中文。讲授课文的过程中或讲完课文之后，再着重讲解相关的语法和语言知识点。然而，直接翻译讲解不利于激发学生进行主动思考。考虑到经历过高考的高职学生是有一定的词汇基础和英语阅读能力的，因此根据建构主义理论，教师应当确信学生能够通过自己的能力解决问题且具备建构知识的能力，而不是一味地灌输知识和直接翻译。

（1）结合"自上而下阅读法"与"自下而上阅读法"展开阅读教学。实际上，传统的"语法翻译法"就是"自下而上阅读"的体现，是指逐字逐句地阅读理解词汇、句子的意思，再慢慢整合理解全篇文章的意思，是精读课文的方式，是目前大多数教师采用的教学方式。

在教学实践中，第一步先采用泛读式的"自上而下阅读"，根据课文内容提出问题，要求学生通过快速阅读的方式，找到问题的答案。为了帮助学生找到阅读的方向，有效地快速阅读，教师还利用思维导图、绘制时间线、厘清人物关系等方式给予学生适当的提示，事先教会学生如何定位主题句、关键句，以建构课文的框架。一般而言，英语文章的议论文、说明文等的关键段落在第一段和最后一段，每一段的关键句在第一句或是最后一句。就故事性的文章而言，会指导学生先定位出场人物，然后通过关键词确定时间、地点、矛盾冲突的情节等。在得到教师的提示和指导之后，学生很快就知道如何"自上而下"地阅读一篇文章了。与此同时，教师还将主要段落的一些信息点用意思相同、表述方式不同的句子展示在 PPT 上，请学生找出这些句子在课文当中的来源，训练学生匹配信息的能力。学生理解了篇章的整体大意之后，第二步再采用精读式的语法教学法，"自下而上"地解读文中的重点、难点，指导学生学习词汇和语法句型。教师在英语课堂中指导学生将"自下而上阅读"和"自上而下阅读"两种策略相互结合，实现语言知识和世界知识之间的有效交互，实际上是综合实现了从表层阅读到深层阅读的体验，既保证了阅读的连贯性，又确保学生能够学习到精确的语言知识。研究后期，发现学生阅读课文的速度有了明显提高。

（2）采用小组合作学习法。许多教师为了活跃课堂气氛，在进行课文教学时都会布置学生进行一些小组合作活动。但目前来看，许多教师组织小组讨论，对于分组的细则、讨论的方式并没有提出明确的要求，任务要求和活动目的都不够具体。此外，在研究过程中，首先，教师在实施小组讨论前就设计好了如何分组。根据学生的水平，建立组间同质、组内异质小组，基本确保每组都有英语能力较强、中等、较弱的学生。每组所设人数较少，研究实践中一般设置 3~4 人，因为在人数少的组里，个人很难隐藏自己，避免害羞内向的学生把工作任务推给别人。其次，根据不同课文内容，有针对性地设计 2~3 个问题或任务供学生讨论，帮助学生理解课文。教师也提醒英语能力较好的学生要多帮助同组内英语能力较弱的学生，实现简单的"生生教学"。同时，学生讨论过程中，教师一直保持巡堂聆听，不断鼓励沉默的学生发言，并给予适度的指导。讨论结束后，教师请小组代表进行讨论结果的展示，以检验学生对问题和课文的理解程度，并及时给予反馈意见。例如，在学习一篇小故事的时候，要求学生与组内成员一起讨论，找出文中出场的人物，以及每个人物为推动故事情节发展所发生的行为，并派代表在黑板上书写答案。通过观察小组讨论，发现学生的参与度很高，任务也完成得较好。

（五）听说教学策略优化

口语能力是语言教学中经过输入训练后所展示出来的输出能力，是"语言输入质量的有效检验"，它既需要学习者具有丰富的词汇量，也要求学习者有扎实的语法功底，是语言能力的综合体现。然而，口语能力对于高职学生来说是一个弱项。

在高职英语听说课上，许多教师的习惯做法是让学生做听力理解和填空，而口语训练所占课堂比例较少。在以往的听说教学中，开展较多的为听说基础能力的训练。基础能力的训练方式包括听音频、练朗读、纠发音，以实现语言重复输入。为了优化教学效果，实践中增加了配音训练，促使学生进行反复练习，同时增加一些趣味性。此外，在学生口语基础能力训练的基础上，还强化了听说应用能力的培养。

（1）增加配音训练以及训练次数，加强学生听说基础能力。配音训练可将语言重复练习的作用发挥到极致。教师截取英语电影、电视剧中的片段，将片段中出现的台词印发给学生，印发的资料注明生词的发音以及重点句型和表达，以增加学生的词汇量。在配音活动开展前，先让学生进行反复模仿练习，既要求语音尽量准确，还要求接近原音的语言速度和情感。开展配音活动时，教师播放视频并消除原声，小组轮流进行配音表演。尽管在语音、流畅度上显示出一些瑕疵，但不少小组能够做到声情并茂，更难能可贵的是还有语调的起伏变化。说明学生课前确实进行了模仿练习，也看得出在朝着标准发音努力。每周4节听说课，至少利用1节课进行配音训练及展示。

（2）听说应用能力训练通过看图说话、看视频说话和情境表演等策略进行强化具体如下：

第一，看图说话：由学生用英文来描述图片。鉴于高职学生的词汇量以及表达能力，仍然采用小组合作方式开展看图说话的活动。教师预先提供关键词以及句型表达供学生参考。组内讨论的过程中，也要求学生使用英语进行讨论。教师巡堂发现，不同的学生对同一幅图片会产生不同的理解，学生在组内交流不同的意见，实现了思维的碰撞。

第二，看视频说话：不同于"看图说话"，视频是动态的，其中的人物、场景更替变化，要求学生充分调动大脑中的英语知识，难度更高，更考验学生的表达与反应能力，因此，也采用了小组合作讨论的方式。教师在讨论前就为学生提供了一些难词和句型表达，帮助学生做好充分的准备，鼓励学生大胆表达。组内共同尝试根据视频的变化进行即时描述，发现问题立刻交流解决，最后也由小组代表进行展示，教师聆听反馈意见。

第三，情境表演：情境表演是交际法教学理论的充分体现。情境表演没有现成文本，而是教师提供主题，由学生自行编写剧本和台词，背诵下来并进行戏剧表演的展示。情境表演也是以小组为单位进行，成员的分工交给学生自行安排，例如，编剧、撰写台词、导演等。这不仅对学生的英语语言能力提出了较高的要求，还能培养学生的合作能力和创造力。

当然，课堂教学的各种策略并不是相对独立的，无论在课堂的哪个环节，策略的选择并非总是只有一种，因此，在教学实践研究中，往往是结合两种或多种导入策略开展教学。例如，在导入环节、课文教学和听说教学中都实施了情境教学策略；而提问和反馈策略总是贯穿于教学的各个环节之中。总之，根据高职学生的英语学习特点，优化的教学策略始终以学生为中心，紧扣教学目的，结合高职学生的专业知识开展有效教学。

二、高职英语课堂有效教学策略优化的实践

（一）教师的授课方式改善学生英语课堂学习行为

首先，在实验班的教学策略优化实践中，始终本着启发学生、促进学生思考的目的来优化教学策略。建构主义理论强调，教师应通过相应的手段帮助学生在其已有的知识结构基础上主动地理解新知识，构建新的认知。无论是播放视频，还是阅读课文，教师都会先提出相关的问题供学生思考，促使学生有目的地看视频、读课文。其次，优化的教学策略特别重视英语知识的应用。在词汇教学、语法教学、口语教学过程中，采用不同的方式将英语知识融入特定的情境中，帮助学生了解到如何在实际情景中使用英语，并进行实际操练。最后，优化的策略强调学生的合作沟通。根据建构主义理论，社会性的互动可以促进学习。因此，经常在高职英语课堂上开展小组讨论是必要的。但高职学生在学习初始阶段，不大适应小组讨论的学习方式，讨论过程中有不少学生总是保持沉默。鉴于此，教师通过改善分组的合理性、给予相应提示、不断鼓励的互动等方式来优化教学策略，激发了大部分学生讨论的积极性。一旦从小组讨论中获得了进步，学生便会更乐于参与讨论，那么不仅使英语能力能够得到提高，还能锻炼合作能力。研究过程中观察到，在小组合作讨论或回答问题环节，越到学习后期，学生的积极性就越高。优化策略后，原本总是等待教师公布答案的学生开始动脑筋思考了；一部分原本沉默寡言的学生也开始参与小组讨论了。学生的课堂学习行为发生了积极的变化，整个英语课堂的学习气氛都变得活跃起来。

（二）英语课堂教学质量与教学效果得到学生认可

根据《英语课教学评价表》调查结果显示，实验班的教学评价明显高于对照班。首先，在实验班的课堂教学过程中，教师尽可能保持50%以上的英语使用频率。根据克拉申的输入假说理论，学习者的学习条件是"可理解的语言输入"，因此无论是教学内容的选择还是授课所使用的英语难度，都是在保证学生能够看懂、听懂教学内容的前提下，适当地为学生展示书面及口头的语言示范。适当的英语授课不会让学生产生厌烦情绪，能在锻炼学生听力理解能力的基础上，让学生感受语言的实际应用。因此，实验班并未因为教师较多地使用英语授课而感到枯燥厌烦。除此之外，教师在设计教学内容时，适当地将教学内容与护理专业联系起来，让学生认识到英语知识与护理工作有一定的相关性。因此，在"教学内容设置"的维度上，实验班的得分较高。除此之外，教师在课堂上经过策略优化，采用了不同的教学方法，改变了"以教师为中心"的教学模式，跳出了"教教材"和"满堂灌"的传统方式，使教学变得生动灵活，知识变得容易理解，提高了学生对教师教学的满意度，学生对教师的授课认可度较高。因此，在"授课质量"的维度上，实验班给出了较高的分数。分析实验班的结构式访谈发现，学生能够感受到英语能力有所提高，原本听不懂的教学内容，逐渐能够听懂了。而且实验班的进步体现在第二次英语测试的答题能力上，比第一次测试有了明显的进步。总体而言，学生认为，英语课堂的教学效果还是比较好的，因此，在"教学效果"维度上，实验班给出的分数也比较高。

（三）学生掌握快速阅读英语文章的方法技巧

实验班快速阅读理解的第二次测试结果比第一次测试明显提高，说明有效教学策略的优化实践中，精读结合泛读，即"自上而下阅读"方式的优化策略起到了显著的作用。在传统的课文教学中，英语基础一般的高职生在逐词逐句的阅读中，对课文的理解是碎片式的、不连贯的，无法从整体上理解文章，学习效率不高。在课文教学策略的优化过程中，教师在传统的语法翻译法的教学方式基础上，增加了由篇章到词汇、"自上而下"的阅读训练方式，主要是以绘制思维导图、时间线路图或人物关系图等方式体现，训练学生快速定位主题句、关键句，以建构课文的框架。例如，在进行说明文课文教学的时候，教师布置学生根据课文所说明的问题，以小组为单位，在较短的时间内设计一份思维导图。这就需要学生先大致阅读课文，抓住大意，再通过与小组成员讨论、分析，才能最终形成一份思维导图。不同的小组所形成的思维导图不尽相同，但都能反映出学生对课文的理解程度和思维方式。学生在设计思维导图的过程中，需要与同组同学讨论课文内容，梳理课文框架，并且利用图表绘制出课文的构架，还必须得用语言解释图表。由于时间限制，学生不可能细细琢磨每个词汇、句子的意思，但最终都不但能够快速地抓住文章大意，还能够有逻辑地表述出来，说明学生的整体篇章阅读能力、表达能力都能获得了有效地提高。除了利用绘图等方式帮助学生掌握快速阅读的技巧之外，教师还会根据文章的体裁，利用设置问题、表格或绘制时间轴等办法，促使学生先查找关键句和关键词，从整体上把握文章大意，最后再去琢磨更细的知识点。此外，信息匹配的训练对提高答题准确率也起到了重要作用。实际上，"自上而下"的泛读并非一种难以掌握的高深技巧，经过英语课堂上的反复操练，学生很快掌握了快速阅读的技巧。两次的英语测试中，快速阅读题的词汇量在1000词左右，题目要求考生将题干与相应文段进行匹配。虽然词汇数量大，但文章整体难度并不大。学生采用了快速阅读的方式，先阅读题干，再根据题干线索查找对应段落，很快就能够定位到正确答案。因此，在第二次的英语测试的快速阅读理解题型中，实验班学生获得了较明显的进步。

（四）学生掌握本学期所学词汇与语法知识

首先，在词汇教学的过程中，总是能采用猜词法、联想记忆法和重复记忆的策略，帮助学生记住词汇并巩固记忆。猜词法能够促使学生根据上下文推测单词的意义，更有利于学生掌握词汇的用法，加深印象。联想记忆法则是能够帮助学生快速记住词汇的含义和拼写。在实验班采用重复记忆的策略，让生词在对话或文段中反复出现，既能够让学生熟悉词汇，又能让学生懂得词汇的运用。其次，两次测试的词汇题60%以上都是来自本学期所学习过的5篇课文，语法题也主要是出自课文练习。但在第一次测试之前，学生并不知道题目的出处。经过第一次测试的经验，大部分学生意识到应该加强课文和习题的学习和巩固。因此，第一次测试之后的课堂上，教师讲解课文时，两个班的学生都能做到更认真、详细地记笔记；讲解习题时，都能更为认真思考和聆听教师讲解；课后也积极地复习课文和背诵词汇。在进行第二次测试之前，两个班都做了充分的复习准备。然而，除了"词汇与语法"题型之外，两次测试的其他题型均不在课本范围内，更具有广泛性和灵活性，学生仅靠熟悉课本内容是无法在其他题型上取得显著进步的。

第三节　高职英语教学中有效教学的运用

一、高职英语有效教学运用的特征与要求

（一）高职英语有效教学运用的特征

一个事物区别于另外一个事物所特有的地方就是其特征。有效教学的特征就是区别于低效或无效教学的地方。有效教学研究领域的研究者们，对其特征进行了非常典型、具有代表性的归纳总结。

在高职教育中，高职英语课程是极为重要的一部分，但其在教学对象、目标和内容的特征等方面区别于其他英语课程，其有效教学也与其他英语课程不同。它独

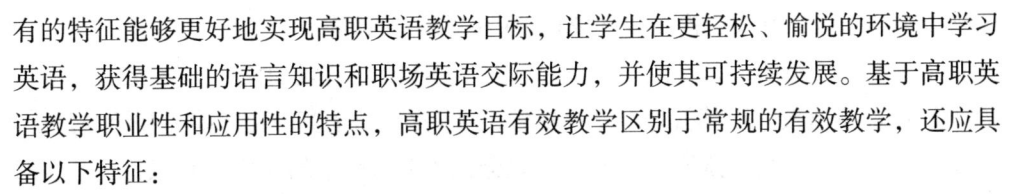

有的特征能够更好地实现高职英语教学目标，让学生在更轻松、愉悦的环境中学习英语，获得基础的语言知识和职场英语交际能力，并使其可持续发展。基于高职英语教学职业性和应用性的特点，高职英语有效教学区别于常规的有效教学，还应具备以下特征：

（1）教学目标合理。教师的有效教学需要合理的教学目标指导。目标的制定既要结合社会需求，也要考虑学生的实际情况，明白以学生现有的英语能力为基础，通过高职英语的学习，学生的英语水平和技能应该取得哪些进步和发展。如果制定的教学目标太高，学生通过努力达不到，就不能称为有效教学。为生产一线提供应用型人才是高职英语教学的目标，包括生产技术员、设备操作员、现场管理员等。也就是说，通过高职英语的学习，使学生参加工作后，能够掌握基本涉外交际语言和应用技能，比如，能够基本看懂生产使用的先进设备、机械等的操作说明，也能进行简单信函、通知、备忘、合同等的书写，并具备一定英语交流能力。

（2）教学内容合适。高职教育的教学目标是为生产一线培养应用型人才，结合"实用为主，够用为度"的英语教学理念，英语教学的首要目标是培养和发展学生的英语交际能力。只有兼具实用性、交际性和知识性的教学内容，才能促进实现这一目标。第一，教学内容的实用性，也就是说教学内容能够用于以后工作，比如问候、介绍、感谢、道歉等听说方面的内容，或简单的信函、传真、产品说明、合同、简历等写作方面的内容。第二，教学内容的交际性，通过创设情境，并结合生活中的有趣话题，提高学生的语言交际能力。第三，教学内容的知识性，在高职学习阶段，英语的社会背景、民俗文化等学生理解很少，需要通过英语教材了解相关知识，从而提高学生认识社会的能力，激发学习兴趣和学习热情，从而使学生的综合文化素质得到提升，能够更好地适应今后的工作需求。

（3）教学方法恰当。高职英语的教育目标决定了采用的教学方法。在《高职高专教育英语课程教学基本要求》中，强调高职教学内容的使用性和针对性，也就是以英语的应用为主，英语教学的目标是培养学生的实际英语运用能力。基于这一教学目标，然后结合每个学生的不同情况，通过科学的教学方法，调动起学生的学习积极性，从而高效地完成教学任务。因此，提升学生实际运用英语的能力，需要摒弃以讲授为主的传统教学方法，通过设置一定交际环境和任务，提高学生正确使用英语的能力，这种情景教学法或任务型教学法也是主要的实现高职英语有效教学的方法。

（二）高职英语有效教学运用的要求

基于高职英语有效教学的特征，提出了几点教学要求：与高职英语的教学规律相吻合、达到教学效果、提高教学效率、产出教学效益等。

（1）与高职英语的教学规律相吻合。高职学校的教育理念是"工学结合，能力为本"，高职英语教学以其教育理念为指导，为了提高学生英语交际能力和综合素质，需要将英语学习和职业技能的培养进行融合，体现出教学的应用性和职业性，从而提高学生的就业能力。所以，只有将这些规律融入高职英语教学中来，才能确保教学目标和教学计划的可行性，然后结合教学方法、手段和策略的科学有效运用，有效提高教学效率，并得到预期的教学效果，实现教学的效益，使学生从各个方面取得进步和可持续发展。

（2）达到教学效果。高职英语教学的结果就是其教学效果，也是指学生在教学活动中实际获得的进步和发展。教学的表现形式并不是指教学结果的好坏，也不以教学投入的精力、物力和时间来判定。教学效果的表现，是学生进行了一定时段的英语学习后，在基础知识、听说能力、学习方法和兴趣以及文化意识等方面，是否取得了一定进步和发展。唯一衡量教学是否有效的指标也是学生是否获得进步和发展。提高英语教学有效性的方法就是加强关注教学效果，以及学生是否取得进步。

（3）提高教学效率。高职英语教学效率是指通过更少的教学投入（包括时间、精力、努力等）和科学的教学行为来增加教学效果，换句话说，高效的英语学习就是使高职学生在教学活动中获得最大限度的综合语言运用能力。比如，在《职业综合英语》第一册中，对写作教学提出了一定要求，学生在本册需要掌握以下内容的写作：英语信封、英文简历、公司简介、会议议程、感谢信、邀请函、备忘录、投诉信，那么本学期是否是有效学习的标准就是在这学期教学活动结束后，学生是否真正掌握并能运用到实际工作中。基于高职学生的英语学习时间相对不足，保障学生在有限时间里学到更多语言知识，最大限度地提高高职学生的英语应用能力的基本方法，就是提高教学效率。也就是说，教师在教学过程中，需要通过科学有效的教学方法，减少无关教学内容活动，高效利用有限的学习时间。

（4）产出教学效益。高职英语教学效益主要是指，在英语教学活动中，教学目标和教学效果相对吻合，教育要求既满足学生个人也满足社会需求，同时使学生获得可持续发展。这具体表现为：学生获得较为丰富的英语基础语言知识；学生在英语的听、说、读、写方面符合大纲要求；能够学以致用，并参与相关岗位的涉外活动；具有简单的书写能力和口语能力；树立了一定跨文化意识；提高学生的自主学习能力。

高职英语的教学效益是衡量教学目标是否达成，是否实现教学价值的重要标准，只有这样才能不断满足社会对高职人才的需求，培养出更多符合生产一线需求的应用型人才。

二、高职英语教学中有效教学运用的环节

（一）课前导入环节

导入是英语教学的第一个环节，大多数教师把更多的精力和时间用于如何进行知识的讲解，却往往忽视了教学的第一个环节——导入环节的准备与设计。一般而言，一堂课有三个阶段：导入、正课和总结。

课堂导入环节可以引起学生的注意力，好的导入甚至可以激发学生对英语学习的兴趣，为接下来的课堂讲解环节做好准备，从而提高英语课堂有效教学的效果。

（二）课堂讲解环节

1. 课堂讲解环节中的语篇分析

语篇分析（discourse analysis）是指以语篇为基本单位，从语篇的整体出发，对文章进行分析、理解和评价。其包括语篇的主题分析（theme analysis）、结构分析（structure analysis）以及文体分析（style analysis）。

在高职英语教学课堂讲解环节中，要突出语篇教学。句子水平上的教学只能培养语言能力，要培养交际能力，必须把教学水平提高到语篇水平。语篇分析对于学生了解文章内容、作者写作方法以及以英语为母语时的思维习惯很有帮助。长期以来，语篇分析广泛应用于英语专业的语言教学，但在高职英语教学中未受到足够的重视。事实上，不少从事高职英语教学的教师花费了大量的时间和精力讲解词汇、语法结构，教学的效果却仍然不尽如人意，学生对整篇文章的理解是支离破碎的，自然也就没有欣赏文章趣味和优美之心，课堂的趣味性也会随之淡然。

2. 课堂讲解环节中的提问

在课堂教学中，教师们已经习惯运用的启发式教学方法就是提问，提问已经成为课堂教学中必不可少的一部分。

为了提高高职英语课堂教学提问环节的质量，主要有以下建议：

第一，加强教师专业素质的发展，尤其是对教育心理学的了解。教师要在问题提出之后给学生足够的思考空间。

第二，正确定位师生角色。作为教师，应该掌握课堂教学"微技能"，善于活跃气氛，营建愉悦的氛围，培养学生积极的情感，使学生在轻松的课堂气氛中作答，也只有在这种轻松的课堂气氛中，学生才能有相对出色的表现。教师要理解一个完整意义上的人的需要，要让学生体验归属感。要以平等民主的师生关系来接受学生、理解学生和尊重学生。要理解语言和非语言交流在课堂上的重要性，知道有效的语

言、非语言以及媒体的交流技巧，培养学生的交往能力，从而弘扬人的主体性，唤醒学生的主体意识，实现有效教学的目标，即促进人的发展。

第三，多给学生一些话语权。教师要允许学生对能自圆其说的答案进行讨论。这样可以增加高职英语课堂的学术讨论气氛，使更多的学生参与进来，既可以强化对所学知识的印象，又可以增加学生对学习英语的兴趣。

此外，就高职英语课堂讲解环节中的有效提问，并且在高职英语精读课堂更有效地使用提问的教学方式：一是多问关于文章深层理解的展示性问题；二是将一部分展示性问题转化为参考性问题；三是多问一些将课文与学生生活联系起来的参考性问题；四是问题的答案应该是多元化和开放式的。

（三）课堂组织学生操练环节

在交际语言观的角度，学生的内在是影响学生获得和发展交际能力的主要因素。课堂操练（活动）环节的核心是学生，教师只是学习的帮助者，而不是之前所认为的"知识传播者"，但教师依旧有着非常重要的作用，比如：在知识结构和心理因素上给学生提供支持和帮助；对学生的活动进行观察和分析；对每个学生的优劣势进行了解和分析；及时发现并弥补教学中的不足等。相比于传统教学活动，交际性的课堂教学操练活动更具有效性，但对教师的能力也提出了更高要求，主要是教师的观察能力、分析能力，同时，临时整合教学内容的能力和组织课堂教学的能力也非常重要，尤其是在人数较多的班级，需要教师有更高的组织能力。

1. 小组互动教学

小组互动是有效教学模式的主要表现形式，同时在外语课堂操练活动中，也是一种常见形式。其对教师的要求是，调动起学生的学习积极性，并以学生为中心，组织生动活泼的操练活动，对学生进行引导并提供帮助，同时发现和弥补课堂上的不足。作为一门实践课程，高职英语需要学生在个人实践过程中培养学习兴趣，提高语言技能，而小组互动恰好为学生提供了语言实践机会，缓解学生在语言操练中的紧张感和焦虑，从而更积极有效地学习外语。

小组互动的形式是拟定完成某种任务。在完成任务的过程中，学生之间进行互动，共建意义，学习语言。一方面，在教学模式上以任务为依托、小组互动为载体，使学生获得了语言实践的参与机会和时间；另一方面，小组互动的放松氛围，能够更好地调动学生主动学习，并确立起以学生为主体的有效教学模式。

2. 学生操练形式

（1）课文复述。在学生学完每篇课文后，尤其是学生兴趣比较强烈的文章后，让他们用自己的话描述课文的内容或某部分内容，并谈谈自己的观点。

（2）专题辩论。结合学生感兴趣的课文内容，开展正反方辩论，从而激发学生的参与积极性，使其踊跃发言。

（3）角色扮演。让学生分别扮演课文中的不同角色，进行对话。

此外，还可以在授课时通过设计各种类型的任务让学生来完成，使他们能够沉浸于所学外语的实际应用之中。比如，在阅读课上可以让学生弄懂说明书上的一个操作程序，在听力课上可以要求学生听懂天气预报，在口语课上可以让学生问清某条路线，在写作课上可以让学生订一张机票，等等。

以《21世纪大学实用英语》中的第二单元课文"Mistaken Identity"为例。这篇课文在故事中有四个角色：Mark Twain、His Companion、Conductor、Young Porter。在这个故事中他们分别有不同的行为和语言表现。所以，学完这篇文章之后，安排学生课后四个人一组（自由组合）准备分角色扮演，呈现故事中的几个情节。在课堂上，几组学生表演得都很出色，看得出他们都是充分准备了的。另外，在几组学生上讲台分角色表演时，为了防止"观众"分神、说话，为"观众"安排任务，即从台上表演者的语言来辨认他们分别是故事中的哪一位角色，这样全班学生就都参与到这次角色表演的活动中来了。所以，这次分角色表演的尝试性活动很成功，加深了学生对课文内容的理解，达到了有效教学的效果。

总而言之，在英语课堂操练活动中，采取灵活多样的活动形式关键在于教师能否掌握和正确运用它们的具体模式和方法，因此，这对教师提出了很高的要求。它要求教师彻底改变以教师为课堂中心的观念，树立以学生为中心的观念。教师不再仅站在讲台上做知识的传授者，而要走下讲台，做课堂操练活动的设计者、组织者和参与者。

第四节　教学实践中有效教学的经验启示

针对目前我国高职英语教学中存在的问题，通过对高职英语有效教学的实践探索，提出以下对高职英语有效教学的经验总结，以期能让各位高职英语教师的教学有所参考，进而对我国高职英语有效教学的改革进程起到推动的作用。教学实践中有效教学的经验启示主要涉及以下方面。[1]

---

[1] 张爱玲. 高职英语教学的反思及未来趋势研究[M]. 青岛：中国海洋大学出版社，2018：60-92.

一、注重英语教学方法与内容，培养学生学习兴趣

培养学生学习兴趣与高职英语课堂教学内容和高职英语教师的教学方法有直接关系，要注意以下方面：第一，教学方法要变化多样，教师语言要生动幽默，善于启发诱导，从而激发学生的学习兴趣；第二，通过各种生动活泼的形式引导学生接触英语，逐渐培养对英语学习的兴趣；第三，强化兴趣刺激物，为学生创造成功的条件，使他们在满足中激发学习兴趣，如试卷难度要适中，使学生感到英语不难学；第四，进行学习英语目的性教育，远大的目标能够促进有趣向乐趣和志趣转化；第五，建立融洽、轻松、愉快的学习气氛，创设语言和问题情境等，以激励学习兴趣；第六，经常介绍所学外语国家的文化背景知识，能唤起学生的学习热情与兴趣。

二、善于分析学生学习低落的原因，激发学生积极性

部分学生英语学得不理想，其根本原因就是缺乏强烈的英语学习动机，加上没有掌握二语习得的正确方法，确切地说，是没有真正适合自己的学习方法。此外，造成学生英语学习动机低落的原因主要有：不感兴趣，或者其他课程的学习负担很重，难以兼顾；英语基础差，对自己没有信心，"知难而退"；教师教不得法，英语教学条件差；学生学不得法，总感觉自己的英语学习是"事倍功半"；学生认为英语与自己的专业或工作没有多大关系；缺乏远大理想，性格内向。

三、完善教学评价机制

高职英语的教学不仅要注重学生语言知识与技能的培养，还要注重学生口头交际能力的培养。想要真实反映学生的语言能力，不可能依靠单一的测试和评价方法来考核，也不可能单纯通过纸笔作答来实现。目前，学院虽然采用了形成性评价与终结性评价相结合的考核方式，但终究没有落到实处，不能全面客观地反映学生的真实水平。

总而言之，在高职英语教学中，教师要根据高职学生的具体实际，在课堂上努力营造出一种教学氛围。在这种氛围中，教师和学生始终保持良好的"教"与"学"的心态。教师认真有效地教，学生积极主动地学，学得到，用得上，彼此形成一种良性互动。这种氛围和心态始终贯穿高职课堂教学，能使高职英语课堂教学成效最大化和最佳化，从而自然达到高职英语有效教学的良性效果。

第四章　高职英语教学的移动课堂构建

21 世纪以来，互联网技术得到了迅速发展，为大学英语教育的改革发展提供了契机。现今，移动课堂早已出现在高校英语教学中，探究如何利用互联网时代的大数据资源，开展和应用移动课堂教学新模式，合理化利用教学资源，为大学英语教育创新提供助力，从而促进大学英语教学质量提升，帮助学生们提高英语学习效率。本章重点分析高职英语课堂的移动教学、高职英语移动课堂的任务型教学、高职移动课堂英语学习环境构建。

第一节　高职英语课堂的移动教学分析

一、移动学习的理论认知

移动学习是利用移动设备的支持并借助通信技术作为传输手段的交互性学习方式，它具有移动性、及时性、跨时空性、交互性、自主性的特征。所谓移动性是指学习不受固定场所的限制；及时性是指学生在需要时即可学习；跨时空性是指教师和学生可以不在同一时空范围内；交互性是指学习者与教师之间的交流极其便利；自主性是指学习者可以以自身为中心、根据自己的兴趣爱好自主选择学习内容。

（一）移动学习的特征

由于移动学习是数字化学习的扩展和延伸，使得移动学习具备数字化学习的很多典型特征。这部分将重点分析移动学习具有哪些与数字化学习不同的特点。移动学习可以视为利用移动设备，构建合理的移动学习环境，并进行相关学习活动。因此，可以从移动设备、移动学习环境、移动学习活动这三方面来分析移动学习的特征。[1]

1.移动设备方面的特征

（1）体积小。当前移动学习主要采用普通手机、智能手机、iPad 等终端设备，

---

[1] 张爱玲.高职英语教学的反思及未来趋势研究[M].青岛：中国海洋大学出版社，2018：170-180.

也有学者将笔记本电脑归纳为移动设备。其特点是体积比较小、适于随身携带。

（2）重量轻。体积的大小是衡量终端设备是否是移动学习终端的一个典型特征，此外，重量也是很重要的一个衡量指标。如果一个设备虽然体积比较小，但是平均密度很大，导致非常沉重，那么鲜有用户愿意随身携带。

（3）移动性好。通过以上两点的归纳，可以得到移动学习设备的一个显著特征，就是便于携带，便于移动，便于学习者根据个人需要随时、随地发挥作用。

（4）数字处理能力完备。关于移动设备的很多早期论文及专著中，大家都会去分析手机、iPad、智能手机等的区别和联系，但是随着设备的迅速发展以及技术的普及，现在的移动终端具备了越来越多的数字处理功能，如文档操作、多媒体处理、短信收发、音视频播放等。

（5）信息交互方便。在信息高度发展的今天，移动设备在逐渐走向兼容，通过USB、红外、蓝牙、有线网络、无线网络等途径，都能很容易地达到信息更新和共享，也能很好地与人们的其他信息处理工具（如台式机等）进行数据交换。

（6）社会属性显著。除了这些移动终端设备本身的属性外，人们也给终端设备贴上了很多社会性标签。在各种辅助人们生活、学习、工作的设备中，移动设备已经成为人们不可或缺的一部分，这就使得移动学习设备本身具备了很好的"融入性"，人们不必为了适应这种新的学习方式而选择额外的学习设备。此外，移动设备对人们具有无可替代的作用，还表现在它具有强有力的个性化特征，每一个人的移动设备都是专属的，包含了使用者的很多个性化信息。

2. 移动学习环境方面的特征

移动学习基于具有体积小、重量轻等硬件特征的移动设备，其所构建的移动学习环境与传统的数字化学习环境相比，发生了很大的变化。这些变化可以总结为以下方面：

（1）学习内容粒度细化。由于移动设备体积小，因此界面也比PC机小很多，不适合长时间连续学习。再加上人们选择利用移动设备进行移动学习的持续时间也不会很长，就必须将少量内容或者主题组织好，一次学习完成一个相对独立的知识单元。

（2）操作界面简洁清晰。由于屏幕尺寸、分辨率、处理速度等方面的限制，为了在进行移动学习的短时间内达到不分散学习者的注意力、减少操作的目的，应该使界面简洁，便于学习者逻辑清晰地选择学习内容和路径。

（3）学习媒体限制的多样化。在网络学习的情况下，学习媒体的格式、长度、大小等都要受到网络的限制，在移动学习中这种限制会更加多样化。同时，为了适应不同类型的操作系统，学习媒体的格式更是要注意的。

3.移动学习活动方面的特征

移动学习具有很强的社会属性标签,因此,具有不同于数字化学习的以下典型特征:

(1)泛在。由于移动设备具有轻巧、便携的特点,学习者能够在任何时间、任何地点,根据需要,随时进入学习状态。

(2)跟踪。由于移动设备具有典型的个人化拥有的特点,可以更加方便地了解学习者的操作习惯、兴趣爱好、学习规律等,为学习者提供更加个性化、更满意的推送服务。

(3)交互方式多样。利用移动终端,人们的交互方式除了社会网络外,还增加了短信、彩信、通话、视频等,这些都可以与数字化学习方式很好地融合,非常方便、有效。

(4)随时在线。以往任何一种学习设备都不会像移动设备这样随时在身边,加上目前多数移动设备具有很好的网络通信功能,无论对于自主学习还是协作学习,都能最大可能地保证随时在线。

(5)自主性强。在移动学习的支撑下,学习者会对自己有明确的定位,能更好地去实现自我管理和监督,也会根据自己的实际需要选择适合的学习内容。

(6)情境性。一方面,移动技术使得移动学习能随时发生,促使移动学习具有很强的情境性;另一方面,恰恰是移动学习发生情境的多样化,使得很多学习者选择在多种情景下加强学习的效果。

(二)移动学习的相关理论

移动学习是在互联网时代的大背景下信息技术不断发展的产物,但是作为一种理论,移动学习的发展也离不开教育理论的支持,如何在教育领域中应用网络技术、如何利用网络技术解决学习困难等问题的解决,都要植根于教育理论基础的土壤。一般地,非正式学习理论、情境认知与学习理论、境脉学习理论、活动学习理论和经验学习理论为移动学习的系统设计和开发提供了有益启示和深厚的理论基础。

1.非正式学习理论

非正式学习理论的对立面是正式学习理论,它是相对于正式学习提出的一种理论,二者相比较,非正式学习具有隐含性、泛在性的特点。该理论强调知识不仅可以从课堂和教师那里学到,而且可以通过各种非正式渠道获得。在主张非正式学习理论的学者看来,人际交往的本质就是学习,正因如此,学习存在于生活中的每时每刻,甚至与朋友闲逛、聊天,与同事交流、合作都是学习,因此,诸如此类都可以看作非正式学习的渠道和机会。此外,非正式学习理论为移动学习提供了稳定的理论依据，根据非正式学习理论，设计移动学习时要根据学习者的需要，创设一种可以与同伴交流协作的环境，并鼓励学习者在这种环境当中讨论交流，从而达到获得知识的目的。

2. 情境认知与学习理论

情境认知与学习理论的繁荣时期是20世纪90年代以后，因此，在20世纪90年代，这种理论是主流。情境认知与学习理论的特征极其鲜明，它强调学习的有意义性，主张学习必须是有意义的，并注重把知识向生活情境转化，强调知识对生活的作用。显然，该理论将知识看作用于生活的工具，同时把知识看作基于生活情境的一种活动，而不是一个抽象的学习对象，这就使学习活动化，从而远离了抽象和枯燥。该理论还强调外部学习环境对于学习的重要意义，环境的优劣对学习的效果产生着重要的影响，它认为当最后的知识依赖于环境的时候才是真正有意义的，才会发生真正的有意义学习，因此，学习的意义大小取决于环境，取决于学到的知识能否作用于环境。这启示教育工作者在教学时必须提供逼真的情景。比如，"抛锚式"教学、支架式教学都属于情境认知与学习理论所提倡的教学模式。显然，这样的理论为移动学习提供了启示，同时移动学习所拥有的技术条件为情境认知与学习理论提供了物质基础，二者相辅相成、互相支持，移动技术的发展使得情境的创建变得简单和更加具体生动，这将极大提高学习活动的质量，使学习变得活泼起来。因此，移动学习系统设计的过程应多考虑为学习者提供逼真的学习环境，这样的环境有利于让学习者把情境与知识相结合，从而提高学习者解决问题的能力以及知识迁移的能力。

3. 境脉学习理论

境脉（context）这一概念最初用于语言分析，意指决定单词或段落意义的特定语言环境。近年来，这一概念已在诸如编程语言、操作系统、人工智能、移动计算、普适计算等许多应用领域中得到了重视和运用。境脉是一个极具指向性、整合性与动态性的概念。境脉学习理论认为，学习者自身带有一个完整的内部世界，这个内部世界包括学习者自身原有的记忆、经验、动机和反应，这个内部世界在学习者处理新的信息和知识时起着重要的作用。当外界的有意义信息与其内部世界发生有意义的联系，此时便发生了学习。在计算机网络快速发展和普及的今天，移动学习作为一种全新的学习方式得到快速推广。境脉学习理论将人、知识、技术媒体三者有机结合起来，人在学习的过程中借助技术媒体在环境中搜寻与内部世界相关联的知识，并与已有的认知结构发生联系从而将知识内化。因此，境脉学习理论可以促进移动学习的开发者全面、清晰地把握各种要素，从而提高移动学习系统为学习者带来的学习效率。

4. 活动学习理论

活动理论是活动学习理论的来源，活动学习理论强调获得知识的途径，这一途径以活动为中心，或者可以表述为以问题为中心，以团队为依托，主动学习分享经验，从而使问题得到解决。活动学习理论认为，人们的活动不是无目的的、随意的或被动的，而是有意图的、积极的、自觉的实践活动。活动讲求的是效果，而这种活动的效果取决于对问题的界定、对活动的组织以及团队成员之间的分工与协作，因此，组织活动成为高效活动的关键点。移动学习从中得到的启示是要注意活动的设计，使活动变得有意义，为学习者的学习提供可靠的帮助，这也是判断一个学习活动能否成功的关键因素。

5. 经验学习理论

经验学习理论强调的是对经验的反思，因此注重在实践活动中形成经验和反思观察的重要性。这启示我们在学习的实践活动中，要以大量的知识为背景，否则学习就变成了胡乱学习，学习的依据也就无从谈起，实践也变成了盲目的蛮干，因此在实践活动中以知识为背景便成了学习的关键。在移动学习中，利用移动学习技术，可以帮助学习者在实践活动的过程当中方便地获得知识，而且这种知识的质量是其他学习形式不可替代的，可以把这些知识作为学习的背景。因此，移动学习将极大提高学习者学习的积极性和能动性，达到最优的学习效果。

二、基于微信公众平台的高职英语课堂移动教学策略

以微信公众平台为基础进行英语课堂移动教学，主要依赖于以下三个方面的支持：首先，微信公众平台可以满足英语课堂要求的课堂互动方面的要求，通过微信公众平台，线上课堂及线下课堂可以串联起来，实现英语一体化课堂教学。其次，利用微信公众平台，学生可以在课堂之外将老师留的英语作业上传到微信客户端，也可以在微信客户端向老师提出自己学习中的疑问。而且利用微信公众平台进行英语课堂教学可以在整个教学过程当中实时互动，教师可以通过平台查看学生的上课状况，管理整个课堂，也可以更好地掌控课堂节奏。与此同时，教师还可以通过计算机连接微信教学管理平台，将平台界面通过投影仪投放到大屏幕上，直观地查看学生的学习状态，大屏幕也可以直观地展示教师和学生之间的互动。最后，微信公众平台使用多个用户的开发模式，也就是说，平台支持多个用户同时在线使用平台。教师只需要注册一个属于自己的公众账号，即可进行英语互动教学；教师还可以自己定义教学菜单，自主管理教学界面，可以灵活安排各项英语学习内容。平台各项功能非常容易掌握，不需要教师具备过多的计算机基础知识，在学生注册账号后，教师只需要将和学生有关的数据录入平台中即可实现和学生之间的实时互动。

（一）基于微信公众平台的移动课堂实时教学

基于微信公众平台的移动课堂的实时教学设计主要包括课内实时和课外实时两个方面。

1. 课内实时教学设计

平台教学功能主要涉及分组讨论、作业管理、学生管理、信息管理、学习资料管理、个人设置等，这些功能中分组讨论是英语课堂实时互动的一种主要方式，教师需要提前将学生分成不同小组，然后展开小组活动。平台可以实时显示小组活动的结果，小组成员可以将结果实时地分享到平台上。利用分组讨论功能，教师可以实时获得学生们在课堂讨论的结果。教师也可以展开互动性更强的测试、竞赛等活动，举办这些活动可以让学生的注意力更加集中，获得更好的教学效果。

第一，课内实时教学模式。这种模式可以分成两种类型：一种是全班活动模式；另一种是小组活动模式。无论是哪种模式，教师都可以自由确定活动主题，自由分组。教师设置完毕后，微信公众平台会将师生群体固定，然后师生群体可以将自己的作品发送到微信平台，平台支持文字形式、语音形式、图片形式、视频形式的作品，每次发送的信息数量没有限制，所有作品和信息都可以在教室的投影大屏幕中显示出来。

第二，课内实时教学标准和教学评价。因为微信公众平台可以为教师提供实时性的功能设置，所以可以通过实时教学标准及实时评价来更好地开展课堂活动。

首先，时间标准设定。开展英语课堂活动时，教师设置活动主题后，会在后面同时设置活动开始时间及活动结束时间，学生应该在规定时间内进行相应的活动行为。一旦到达截止时间，活动模式将会关闭，学生没有办法继续发送活动作品。

其次，计分标准设定。计分方式更加灵活，教师可以在活动结束后查看活动中的历史记录，根据学生发送的内容数量进行计分，如果不同小组学生发送的数目一样，那么可以根据发送时间进行计分，系统对信息的记录精确到秒，因此以时间划分可以非常清楚地计算分数。除此之外，如果同一小组内的学生发送的内容是雷同的，那么需要扣分，这一规则主要目的是鼓励所有学生参与到沟通中，积极地表达自己的所有看法。此外，互动要求所有的学生以集体的方式参与到活动中，因此，最终分数需要将信息发送数量和人数相乘，这样获得的结果代表整个小组最终的分数。

2. 课外实时教学设计

（1）课外实时教学模式。

①课前导入。在课前导入部分可以提交的资料有课前作业、课前学习需要使用

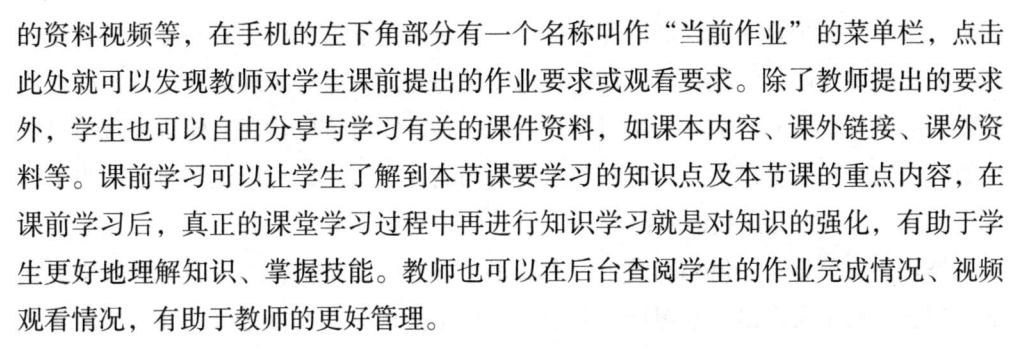

的资料视频等，在手机的左下角部分有一个名称叫作"当前作业"的菜单栏，点击此处就可以发现教师对学生课前提出的作业要求或观看要求。除了教师提出的要求外，学生也可以自由分享与学习有关的课件资料，如课本内容、课外链接、课外资料等。课前学习可以让学生了解到本节课要学习的知识点及本节课的重点内容，在课前学习后，真正的课堂学习过程中再进行知识学习就是对知识的强化，有助于学生更好地理解知识、掌握技能。教师也可以在后台查阅学生的作业完成情况、视频观看情况，有助于教师的更好管理。

②课后作品实时提交。利用平台，除了可以在课内进行课堂活动成果实时有效展示之外，还可以在课后进行这样有效的实时展示。例如，课后学生以小组为单位，完成基于本班的问卷调研，做一份与课堂内容相关的问卷调查报告发送到平台。要求在实时模式下面发送，即规定一个时间段，如第二天下午3～4点发送成果，时间到即关闭讨论模式。这样可以保证学生课后的学习状态，学生在课后的学习讨论等活动也可以通过这种方式展开。教师只需要通过手机或电脑开通平台实时模式，在规定时间内要求学生完成活动成果并发送，同时，要求学生发送现场小组活动的照片等佐证材料，就可以监控学生课外活动的情况等。

③课后作品展示。手机微信平台为学生和教师提供了一个良好的对信息及时反馈的学习平台，学生可以在平台中提交课后作业，教师也可以及时对作业进行相应评价，并提出改进建议。学生在改进后再将作品上交到平台中，这个作品就是学生小组活动最终的成品。平台的便利还体现在可以将教师做出的评价和意见记录下来，有助于学生再次温习和观看。

（2）课外实时教学标准与评价。

第一，课前导入和课堂跟踪。在课堂之外，利用平台发送内容时，需要教师对发送内容做出相关的规定。教师应对课外预留的训练或测试设置相关要求，然后小组或个人按照教师的要求提交作品。教师需要对学生的课外学习进行跟踪，实时评价，实现线上和线下教学的有机结合。

第二，实时提交课后作品。教师需要按照作品提交的顺序及作品达到的实际效果对作品进行评价，并将评价反馈给学生。

第三，课后作品的展示。将作品展现在平台当中之后，平台可以记录作品的点击率以及其他同学对作品的留言，教师可以针对留言情况对作品做出进一步评价，与此同时，教师应该将学生的留言情况、探讨情况纳入学生的平时成绩。

（二）基于微信公众平台的课堂实时教学效果

建构主义学习理论指出，学生需要在有利于知识内容吸收的环境中进行知识的建构，基于微信公众平台开展的课堂实时教学可以为学生提供更容易理解的教学情境，在实时课堂中，学生可以借助于讨论交流等方式，更好地理解知识，更好地进行意义的建构。所有情境中，实时是最好的一种，实时可以让意义建构呈现出最好的效果，实时情境可以为意义建构提供更有力的促进因素，可以让学习者在当下即刻完成知识建构，完成技能掌握。

连通主义是诞生于网络时代的一种新型学习观念，微信公众平台这种教学方式非常符合连通主义提出的学习模式要求。连通主义认为学习是进行内外连接的认知过程，利用数字时代的技术，学习者可以更好地进行内外知识的连接。基于微信公众平台进行的英语课堂实时教学充分展现了建构主义以及连通主义二者之间的辩证关系。

1. 课内实时学习展示效果的测评机制

第一，可视化教学。利用微信公众平台教师可以将平台上收到的活动结果直接投影到投影屏幕上，这使得课堂教学更加直观，也就是说，通过可视化教学，课堂当中"看"所占的比重加大了，学生可以利用更多的方式从教师那里获得知识。之前的传统课堂基本使用的是听的方式，但是利用微信公众平台之后，看的方式开始为学生的学习提供服务，学生可以更加直观地学习知识。尤其是对于英语课堂来讲，教师可以直接在投影屏幕上向学生展示活动结果，逐个地进行答案的纠正，帮助学生改正活动结果当中存在的语法错误或者是词汇错误。教师还可以对所有的活动结果进行逐条评价，这种评价方式更加直观，可以更好地促进学生的学习。

第二，媒体化和主体化。课堂中无论是内容的展示还是内容的输入都更加丰富多样，不再单纯限制于教师的话语及文字信息的输入，课堂中学生可以接触到图片形式的知识、声音形式的知识，学生可以根据每个活动的具体情况选择结果的输入形式，比如文字输入，或拍成图片以图片的形式发送结果，或语音形式、视频形式等发送结果，这些形式的选择有利于培养学生的主体意识。

第三，课堂节奏更加紧凑。通过观看课堂的记录视频可以发现，在课堂中学生基本处于忙碌状态，这是因为教师为他们的活动完成设置了时间限制，而且如果可以在第一时间展示结果，那么获得的分数也会更高，这也是课堂的实时性带来的连锁反应，实时性设置明显加快了课堂节奏。

2. 课外实时学习展示效果的测评机制

第一，课外实时和往复性学习。无论是知识的学习还是技能的掌握都需要重复进行，只有不断练习，才可以掌握。平台的存在为学生的课内学习、课外学习提供了帮助，学生可以随时随地在自己和平台之间建立知识连接，也可以连接他人推送的知识，和他人建立连接关系。

学生的学习重点发生了转变，学习开始注重个人学习网络的构建，学生花费更多的时间创建个人和知识之间的节点，构建自己的知识网络。学生在课外创作的学习作品可以实时展现在平台中，这极大激发了学生的积极性，学生更愿意开展课外活动，尤其是课外的小组间活动。平台为学生提供的作品展示可以让学生更好地回顾之前的学习，重复练习知识和技能，重复的练习也可以保证学生和知识之间的节点始终保持有效连接，节点的连接可以保证学生进行有效连通学习。

第二，在行动导向教学法的指导下，学生有了更强的学习主动性。基于微信公共平台，学生可以明确查找到课前任务，可以在课堂中进行更多交流和探讨，在结束之后，学生还要进行作品的提交、作品的评价。通过平台，学生可以自主进行很多活动，明确知道自己应该进行哪些学习行为，这极大地激发了学生的学习积极性。

第二节 高职英语移动课堂的任务型教学

一、高职英语移动课堂的任务型教学设计

（一）任务设计的基本原则

英语教学中的课堂任务主要是发展学生的语言能力，促进学习者的语言发展，提高他们的目的语言在实际生活中的综合运用能力。不仅如此，任务还要满足学生增进学习情感、端正学习态度的要求，通过任务型教学树立学生的自信心，激发他们的学习动机，培养他们的学习策略、批判性思维和跨文化沟通能力。要实现如此多的目标，就需要教师在设计课堂任务方面进行大量的思考和研究。任务设计的过程中，要遵循一些基本原则，只有在这些原则的指导下，教师的教学任务才能够吸引学生，才能够顺利在课堂实施并取得满意的效果。

1. 真实性原则

真实是指在真正的交际活动过程中运用语言，也就是说，教师应该为学生设置非常明确的语言任务，为学生提供真实的语言信息，但是，任务的完成情境可以是真实的也可以是虚拟的，学生无论在自然的情境还是虚拟情境中，只要可以真正运用语言即可。教师在设置英语教学任务时，应该结合学生真实的生活情境，最好联系学生日常生活当中涉及的活动内容，即真实性原则要求任务的设置是真实的。以往传统教学中的听写句子、根据文章回答问题、把主动语态变成被动语态、词形转换、补全句子、替换练习、仿写句子等训练，在真实生活中都不会出现，无法给学生提

供真实的语言交流机会。①

任务型教学模式是语言和内容的有机结合体。任务型语言教学强调任务的真实性，课堂上设计的任务要反映现实生活，使语言教学有的放矢，在任务的完成过程中学生能够最大限度地运用英语完成交际。任务型教学模式使教学过程从学生的实际需求出发，突出特定情境中口语或书面语的使用。任务型教学模式通过角色扮演、模拟对话、讨论、分组辩论等活动，引导学生尽量用语言传递信息和表达思想，在真实的交际情境中运用学习内容，更快、更好地获取以内容为依托的语言知识。

2. "脚手架"原则

"脚手架"原则是指教师在设计教学任务时，应该对学生可能遇到的学习困难，给予适当帮助。学生遇到的困难有语言知识缺乏、技能匮乏、学习策略有误或学习态度不对等，因此，教师应该在教学任务设计中加入能激发学生学习兴趣的知识，激发学生在学习方面的求知欲望，避免学生因为求知欲望不足而无法解决学习过程中遇到的小挫折、小困难。

教师应该注意任务设计的平衡性，应该让任务认知、任务处理难度及语言项目难度维持在一个平衡状态。使用任务型教学法主要是为了达到三个目标，即达到语言的流利性、语言的复杂性及语言的准确性目标。可以把任务完成当成是学习通道，学生可以利用通道掌握语言知识，也就是说，学生可以在任务完成的过程中准确地掌握语言知识，流利地运用语言，甚至是直接习得语言的特定结构。如果要学习的语言项目比较难，那么，教师在设置任务时，应该将任务拆分，不断推进学习难度，在层层递进的过程中，大部分学生可以慢慢接受比较难的学习任务，这有助于顺利完成任务。这种方式不仅可以保证教学目标的实现，还可以在一定程度上降低学生学习知识的难度。

"脚手架"原则要求不同的任务之前应该设置一定关联，而且任务的复杂程度要慢慢升高，通过层层深入完成更高级的任务，打造一个完整的任务链。任务的连接性体现在每节课中的任务是连续的，不同课时之间的任务也是连续的。而且任务的设置应该遵照一定顺序，比如，应该先为学生设置接受型的任务。在学生接受一定量知识后，再为学生设置表达性的任务。再比如，应该先让学生理解知识，然后再设置运用型的任务；应该先让学生进行一定模仿，然后再为学生布置创造性的任务。

3. 合作性原则

人和人之间的交流活动称为交际，在日常生活当中，人们运用语言主要是为了

---

① 史中慧. 任务型教学法与高职英语课堂实践 [M]. 北京：中国财富出版社，2019：55-59.

传递信息、获取信息，因此，教学任务的设置应该涉及信息的获取、处理、分析、整合及传达这些步骤，如果不涉及这些步骤，那么进行的语言学习活动就没有意义。所以，教师在设计教学任务时，应该注重任务体现出的交际性、合作性，应该让学生和同伴进行交流或小组式学习，这些群体性的学习可以让学生在合作的过程中运用语言，进行语言信息的获取和传达。例如，在学习英语词汇时，教师可以对学生提问，让学生联想和性格有关的单词。当学生找到一些自己认为有用的单词后，可以让他们与同伴进行比对并讨论，进而形成新的词汇列表。经过讨论和交流，学生往往会整理出很长的关于描绘人物性格的词汇列表。

4. 趣味性原则

语言学习想要获得更好的效果，那么需要学习者对语言学习过程有兴趣，只有有了兴趣的引导，学习者才会主动加工语言。为了吸引学生兴趣，可以使用有趣的语言，通过语言之间存在的有趣关联激发学生的兴趣，这样获得的学习效果也更理想。在学习第二语言的过程中，语言运用是否流利和学生个体掌握的语言知识有关，学生掌握的知识数量越多，语言运用得越流利。

现实世界的活动是丰富多彩的，人们日常交际的方式也是多种多样的，这就要求我们在设计任务时考虑采用多种形式的任务，使学生能够有机会全面地综合运用他们所学的语言，通过多样性增加语言任务的趣味性，激发学生的学习热情。在任务型教学的课堂实践中，如果教师经常使用一种任务类型，学生慢慢就会从有新鲜感转化为厌倦、无奈，提不起精神。这时不妨引入其他类型的任务或增加任务的难度和复杂性，这种改变对学生来说既陌生又有挑战性，他们会重新投入更多的精力研究任务、完成任务。

有些任务是由个人完成的，有些任务是由小组合作完成的。课堂上可以通过不断变换方式，两者取长补短，既有小组合作的交流沟通，又通过个人任务提高效率，避免个别学生不积极参与小组活动的问题。任务设计的多样性变化，使学习变得生动有趣，使学生既有独立学习的效率感、成就感，又有小组活动中的团结协作，以此激发学生的学习积极性，增进他们的学习情感，培养他们的批判性思维和创造性思维。

5. 做事情原则

任务型教学模式强调"从做中学""从用中学"，关注学生的动手操作。如果仅仅让学生阅读文章，按照文章的意义进行完形填空，则不能称为任务，因为在这个过程中学生没有做任何具体的事情。这里所做的事情是指制作图表、动手操作绘制流程、进行方案设计、提供解决方案等，当然，口头讨论并做出决策也是做事情。任务的设计必须以学生为中心，以学生为主体，让学生在课堂中积极参与到活动中，通过参与学习语言。学生通过完成与现实生活相关的课堂任务,模拟语言在真实语境中的使用,在"做事情"中体验学习,增加目的语的使用机会,从而提高英语实际运用的水平。

6. 表达意义原则

任务必须以表达意义为中心,而不是以语言形式的练习为中心。比如,把句子中的主动语态变成被动语态,把现在时变成过去时,忽视了语言本身的意义,只进行了语言形式上的转换,学生无法通过这种练习形成语言的表达逻辑和语言的思维逻辑。这种练习完全是一种操练形式,没有参与的意义。这里所说的表达意义是指学生真实意思的表达。

此外,完成任务必然要有一个明确的结果,这个结果可以是口头的也可以是笔头的,比如,学生的图画、设计的表格、写下的文字、列出的清单、制作的课件/幻灯片做出的决定、呈现出的小组展示。任务的结果是检验学生是否完成任务的重要依据,也是衡量学生完成任务好坏的评价依据。只有过程没有结果的任务型教学是不完整的,也是不规范的,在课堂实践中无法顺利推行。不对任务结果做要求,学生很容易敷衍了事。尤其对于高职学生来说,必须以结果作为考核的重要标准,以推动任务型教学的顺利开展。

在设计课堂任务的时候,教师要注重这些原则,使之成为把握教学设计的标尺。因为只有遵循这些原则,才能在课堂实践中运用任务型教学法并使其发挥应有的作用,教学才能够实现"以学生为中心""从做中学"的理想状态。但更为重要的是,教师要了解学生的学习状态、学习特点和实际水平,只有在此基础上,这些原则才能真正发挥作用。

(二)任务前阶段的课程设计

任务型教学法的目的是通过任务为语言学习和技能发展创造机会。如何设计任务和组织课程是任务型教学的关键问题。任务是由三个阶段组成的,因此每个任务前设计、任务中设计和任务后设计都至关重要。在每个阶段,教师分别扮演着不同的角色。

根据任务的基本框架,一个完整的任务包括任务前阶段、任务中阶段和任务后阶段。不同的阶段需要安排不同的活动来帮助学生顺利完成任务,具体任务设计:任务前阶段主要是对任务进行介绍和前期准备;任务中阶段侧重于学生动手能力的培养,通过计划、讨论实施并完成任务,练习以口头报告或书面表达的方式体现出来;任务后阶段强调教师对学生的任务完成情况进行评价,对语言点进行分析讲解,根据情况提供相应的练习等。

1. 激活已有背景知识和语言知识

　　学生能否成功完成任务，不仅取决于语言的因素，还与内容理解上的因素有关，因此，任务前准备活动的重要作用就是帮助学生减轻认知上的压力，引导他们提取已有的知识，帮助他们在旧有的知识和新增的信息之间建立桥梁，使他们扩大知识网。任务前阶段有许多活动，如头脑风暴和思维导图。这一阶段主要是激活学生头脑中关于语言学习相关的背景知识与信息，为他们提供完成任务所需要的语言知识和文化背景，让学生熟悉必要的话题，帮助他们重构这些知识，减轻他们完成任务时的认知和语言压力，这对于任务完成非常关键。

　　认知因素和语言因素是教学任务中两个值得考虑的因素，这里的认知是指对单元话题相关背景知识以及所完成任务的了解和认识。学习者往往因为注意力有限，优先考虑认知因素，而不是语言因素。因此，对于学生熟悉的话题，教师需要激活他们的背景知识和知识结构，把任务中所涉及的话题和学生生活背景中所熟知的内容联系起来，帮助他们将新的信息和过去已有的知识建立联系，促使他们熟悉话题，使思维活跃而发散，愿意参与任务。教师可以通过提供示范或相关的视频资料，让学生观察任务的完成过程。比如，讲到商标的时候，可以让学生回忆一下他们记忆中最熟悉的商标广告，通过一段广告的视频播放激发学生对商标的认识。

　　激活语言是任务前阶段的重要环节，可以给学习者输入新的语言和语法，帮助他们重构语言系统。这种活动在某种程度上可以激活和调动已有的资源，使学生把新的信息与过往的信息联系在一起。

2. 任务前阶段的示范

　　在任务前阶段提供合适的模型非常重要。这个阶段不一定要求全体学生参与表达性任务，可以只让学生观察这个任务是如何完成的，要求学生思考示范的例子做得好在哪里。通常而言，并不是所有学生在听指令时都集中注意力，他们对任务不清楚，不知道教师希望他们做什么，也不知道如何呈现结果。在这种情况下，提供示范的模式可以帮助学习者减少认知负荷，提供参考模板和正确的标准导向。通过模板的学习，学生非常清楚他们将要做什么和如何做，在模型的指导下，学生可以更有效地开展工作。

　　此外，教师还可以通过给出一些例子，让学生知道他们在任务中使用的目标语言是什么。比如，让学生以小组为单位模拟商务会议，可以事先给学生观看一段关于正式商务会议的视频，在视频播放的过程中适当插入讲解，引导学生观察在整个会议过程中会议主持人用怎样的语言进行会议主持以及发言人如何发言。在示范的同时，教师还应该向学生介绍各人物之间的关系，以及会议所要达到的目标、语言表达过程中的注意事项。遇到学生不懂的单词，教师可以提醒学生注意，并在必要时加以解释，对于其中所反映的文化或使用的俚语表达进行解释说明。

3. 任务前阶段的词汇学习

语言学习的一个重要条件是复现率，词汇学习可以增加重构语言系统的潜在机会，语言不是一次学习就可以掌握的，特别是复杂的语法。教师在设计任务时要考虑重复学生已经学习但还未掌握的语言，减轻学生处理信息过程中的负担，帮助学生将所学词汇纳入大脑的记忆体系，以便随时提取。因此，任务前的词汇学习活动可以使学习者有机会调整和重新组织自己的语言系统，使它更加完善。由此，学生可以运用这些新词与原有词汇的结合，在任务型语言教学活动中创造性地使用语言。

关于词汇活动的设计，教师可以使用 PPT（幻灯片），借助图片和单词讲解相结合的方式帮助学生记忆单词。例如，在讲解 Architecture（建筑）这一单词时，教师可以提供我国一些著名的建筑图片，如天安门、鸟巢等，帮助学生建立词语和意义之间的联系。研究表明，人们记忆单词的最好办法是将单词的发音与单词影像化和具体化。语义相结合，也就是说学生口头使用某个词时可以想象这个词的形象以及使用情境，或将其与现实情况或自己的生活经验相联系，这样学生容易理解单词的意思，并且能够长久记忆。

4. 任务前阶段的语法结构呈现

提起任务型教学，我们总是把课堂教学和生活中的实际任务联系起来，实际上，在真实的课堂教学中我们是不能完全摒弃过去的传统教学方式的。另外，任务型教学也并不排斥模仿和重复。尤其在课堂教学中，总要有一些比较机械性的训练，通过反复练习，使学生加深对语法现象的记忆。因此，许多倡导任务型教学的学者明确提出句型操练是必要的。

任务前活动之一就是让学生熟悉基本的句型结构、固定表达格式等，人们也称这类活动为使能性任务。使能性任务包括呈现新的语言点，如功能词汇、语音、语法和句型结构等。有了任务中的语言操练活动的铺垫，学生才能够顺利完成任务。使能性任务为任务完成中的沟通与交流提供必要的语言支持。

在英语的训练中，充分输入是非常必要的。如果教师只为学生提供了任务要求而忽略了语言本身，就会导致学生为了完成任务只使用头脑记忆中原来的语言知识进行沟通，新的语言知识并不能通过任务的完成自动教授给学生。

一般而言，新语言结构的练习可以分为两个阶段：一是机械性练习，二是有意义的练习。机械性练习主要是针对学生对于新的语法现象不熟悉的特点，通过反复练习，吸引学生模仿，使其准确地掌握新的语言点。有意义的训练介于机械性训练和交际任务，起到桥梁的作用，它使学生通过机械性练习掌握了固定的表达方式和新的语言模式后向表意的方向发展。因为机械性练习着眼于语言结构的训练，其表达的含义与现实生活相去甚远，所以这种语言是"死的"。要把这种语言"变活"，我们就需要通过意义来给它注入灵魂。有意义的练习结合机械性练习，能够使学生为后面的交际任务打好坚实的基础，从而顺利完成任务。

因为任务前活动会对学生完成任务的效果产生影响，所以在课堂教学的具体过程中教师必须注意以下方面：第一，任务指示语要清楚，向学生明确任务要求。有些任务要求不够明确、不够清晰，导致学生听不懂他们要完成的任务或者对于任务的理解产生歧义。第二，给学生充分的时间。根据任务的难易程度来分配时间，如果任务比较简单，那么可以尽量少用一些时间，如果任务比较复杂，需要多人协作共同完成，则务必要给足时间供学生完成任务的计划、沟通和实施。这种时间安排技巧是教师根据自己的经验、任务的难易程度及学生的特点摸索出来的。

（三）任务中阶段课程设计

任务型语言教学中的任务和传统教学的练习是有区别的，任务型语言教学的活动通常是一个任务的不同阶段，它们彼此关联、互相衔接，围绕一个最终目标，而传统教学的练习只是孤立地进行语言项目训练。任务型语言教学中的任务能充分调动学生的学习积极性，体现"从做中学"的特点，即通过做事情来学习语言，而不是直截了当地向学生讲述语言知识和语法规则。在设计任务时要考虑以下三个方面的因素。

（1）是否要求学生在时间压力下完成任务。可以选择让学生在自己的时间内完成任务，也可以设置时间限制。这个选项很重要，因为它会影响学生所使用的语言的性质。如果教师想要强调任务表现的准确性，就要允许学生在自己的时间内完成任务；如果想要鼓励学生流利使用语言，则常常需要设定一个时间限制。一般而言，课上任务需要设定时间限制，因为课堂时间有限，如果不设置时间限制，学生就会拖沓，课堂进度无法正常进行，课堂节奏也会受到严重影响。对于准确度较高或耗时较长的任务，可以将之作为课后作业，不设定严格的时间限制，一周之内完成即可。例如，在下面的任务中，学生需要进行关于最有效环保措施的调查，根据调查结果给市长写一封关于如何开展环境保护的建议信。由于课堂时间有限，课上可要求学生完成调查问卷的设计和访谈。对于语言准确度要求较高的建议信，则可以在课后完成，保证学生有充足的时间做准备，这样可以使语言的准确度得到加强。

（2）任务执行过程中是否给学生提供必要的支持。根据任务的难易程度，具体问题具体分析。对于一些难度较高的任务，学生在完成过程中略显力不从心，提问较多时，教师可以统一提供适当支持。例如，为了帮助学生正确使用单词，在听力课上播放听力任务前，教师给学生提供一份听力材料中的关键词列表，甚至一些基本句型，并将其写在黑板上进行讲解，不仅能为学生适当减轻听力难度，还为他们的展示发言提供可用的词汇和句子参考。

（3）对有困难的学生要给予必要的帮助。学生的基础和领悟程度以及他们的课堂参与度都是不同的。有一些学生非常积极而且有良好的基础，因此他们乐于参加活动并在活动中展现自己，获得成就感。也有一些学生基础较差或对任务完成没有思路或对要求掌握不够清楚，如果教师不给予帮助，他们就会一片茫然，浪费课堂时间而一无所获。在课堂展示的过程中，他们也必将没有信心，课程的参与度以及学习的兴趣都将大打折扣。因此，教师必须在巡视的过程中给予这些同学充分的帮助和指导，使他们能够明确任务的目的以及任务的完成方法。此外，在与教师的沟通过程中，他们也可以学到一些完成任务的思路以及语言表达。

（四）任务后阶段的课程设计

任务后阶段是任务型教学法的收尾。这一阶段有三个主要的教学目标：为重复执行任务提供机会；鼓励学生对如何执行任务进行思考；鼓励学生注意形式，特别是那些在学生完成任务时被证明是有问题的形式。

当学习者重复一项任务时，他们的语言产出会在很多方面得到提高：语言复杂程度增加；命题表达得更清晰；语言表达得更流畅。因此，在此阶段，教师可以给学生提供重复的机会。学生可以对第一次完成任务的展示进行自我反思，得到修改意见；在其他同学的展示中，他们会学习到更多原来不曾掌握的语言表达方式，有助于更好地完成任务。当然，在重复任务的时候要具体情况具体分析，可以适当调整要求，以免学生产生厌倦情绪。例如，把原来要求口头展示的报告改为书面作文。一旦任务完成，可以要求学生转向关注语言形式，教师应该设法纠正在任务完成中学生的语法错误。因此，此阶段可能涉及以下两种语法活动。

（1）纠正学习者的错误。例如，在任务设计的最后一部分，教师一边听报告一边在黑板上记下一些表达式（包括错误的和正确的表达式）。通过记录在任务中使用的语言表达，让学生看到自己的一些错误，这时可以要求学生自己找出错误，纠正句子并做出解释。

（2）专注语法活动。传统的形式练习也是吸引学习者注意有用的表达的好方法。传统的练习类型包括重复、替换、断句和对话。这些活动可以帮助学习者深入学习，体会词语的含义和运用以及相关的句型或语法现象。这个阶段应鼓励学习者注意语言形式，特别是那些有问题的语言形式，这样可以帮助他们巩固在任务阶段需要掌握的语言结构。同时，在这一阶段，教师可以总结学生的表现，尽量给予鼓励，积极发现学生的优点，提出正面表扬，激发他们的学习热情；也可以邀请学生反思和评估他们自己的工作表现。这样的方式，可以发展学生的元认知策略、自我规划、监测和评估体系。此外，让学生评估任务本身也会给教师提供必要的信息反馈。

二、高职英语移动课堂的任务型教学法考核

（一）任务型教学法考核方式的特点

一般而言，所有的学习都是以最终的考核作为检验标准的，只有通过考核才能了解学生学习的质量和知识的掌握程度。目前，传统的英语考核一般采用终结性评价方式，通过同样的评价体系，以标准化测量为主进行考核。所谓终结性评价，是指在活动后为判断其效果而进行的评价。终结性评价一般在一个学年或一个学期结束后进行，这种评价主要关注学习结果，评价学习内容中易于量化的方面，如语法知识。因此，学生最常见的考试就是期中考试和期末考试。一般的期末考试采取主观题和客观题相结合的形式，在严肃的气氛中进行，学生容易因此产生焦虑。但是，英语作为一门语言是通过运用完成意义传递的，传统的以单一性和闭合性为特征的试卷考试并不能够完全反映学生的学习效果和真正的英语水平。而且，这种以终结性评价为主的传统评价机制，也使英语教学受到了标准化考试的局限，学生的成绩也局限于这种评价机制。

从单纯的终结性考试成绩，我们无从得知学生的真正学习状态，这种标准化考试无法满足学生的学习要求，从而打击了学生的学习积极性，不利于培养学生的创新思维，抑制了学生的多样化发展。

任务型教学模式主张学生的课堂参与和主动学习，提倡学生在做中学，这与传统的终结性评价在本质上是格格不入的。因此，与之相适应的，在任务型教学中大多采用形成性评价。

形成性评价是指对学生学习过程当中的情况进行的评价。一般情况下，教师会利用非正式的考试或单元小测的形式来对学生进行形成性评价。这类测验的内容需要涉及本阶段教学中的重要目标，只有这样教师才能通过测验结果获得学生真实的学习进展状况。只有教师获得了学生真实的学习状况，才能对接下来的教学计划适时调整，为学生提供更适合接下来发展的教学方法。

形成性评价和终结性评价不同，它更注重学生日常学习当中的学习表现、学习态度、学习方法、学习成绩，也就是说，评价是基于学生整个学习过程的，是对学生学习过程的持续记录，这种评价可以反映出学生的学习变化。针对学生的学习过程进行评价主要是为了激励学生，让学生形成更高的学习积极性，通过外在手段刺激学生调控自己的学习过程，可以说，形成性评价的存在可以让学生从评价中的被

动者变成评价活动中的主动参与者。

形成性评价存在的目的是让学生的学习过程朝着更好的方向发展，纠正学生学习过程中可能存在的学习态度不正确、学习不积极等问题。通过形成性评价可以发现学生学习活动中存在哪些方面的问题，提醒其并积极改正，保证后续的学习可以始终维持良好的学习状态。

形成性评价能够激发学生的学习动机和兴趣，培养学生的自主学习精神，促进学生综合运用能力的发展，使学生的团队意识增强，培养学生的批判性和创造性思维；对教师而言，能促进教师的自我发展。实施形成性评价对英语教师的教学观念、课堂组织能力提出了更高要求。在形成性评价下，根据学生的反馈，教师要积极调整教学方式，以满足学生的期望，从而推进教学活动更加深入学生的实际需求，适应学生学习的特点，有针对性地开展任务型教学的课堂设计。

形成性评价也存在一些不足之处。首先，由教师负责所有形成性评价，因此可能最终获得的结果中含有教师的一些主观性，也就是说，评价结果可能会因为教师主观意识的存在而受到一定不良影响；其次，形成性评价贯穿于学生整个学习过程，需要测量的因素众多，因此在学生的整个学习过程中，教师都要投入相应的精力，对教师个人的精力消耗比较大。

（二）任务型教学法中形成性考核的作用

形成性评价最关注学生学习过程当中的学习状态，它对学生学习过程当中的方方面面进行综合性评价，既包括学生课堂内部的学习信息，也包括学生课堂之外的学习信息，可以通过这样的评价培养学生形成良好的学习习惯。形成性评价主要考虑的是被评价者存在哪些学习行为，需要重视学生在学习中获得的体验，教师也可以通过形成性评价和学生进行更多交流互动。

为了更好地激发学生兴趣，培养学生形成良好的学习习惯，教师需要在形成性评价中引入多种多样的评价方式，比如，问卷调查、活动记录、课堂观察等。形成性评价体系决定了学生不仅仅是评价客体，也是主体。学生在自我评价时，可以对自我状况有清楚的了解，可以不断改正自己的不足之处。除此之外，形成性评价还涉及"评"，也就是学生和教师要进行相互评价。

形成性评价体系也需要将学生引入评分机制内，让学生成为评价主体。学生成为评价主体有助于其自我反思，改变自己的学习态度、策略、计划，而且学生在自我反思的过程中会设置更明确的目标，形成自我激励，更有助于提升学习效果。

形成性评价应该注重学生人文素养的提升，要注重对学生人文素养的考核，当前学生的发展体现出非常明显的主体性，所以，对学生进行评价时应该减少终结性评价的出现，加入更多形成性评价，激发学生更多的学习热情。

（三）任务型教学法的教学评价方法

传统教学模式下的教学评价形式单一，一般采取期中考试或期末考试的方式进行，题型也以客观题居多；而现代教学评价需要根据学生的需求、实际能力与表现来进行。现代教学评价的特点：要学生能表现、能创造、能用语言来做事情；考核作为日常教学活动的延续，可以对学生每天在课堂上做的活动进行评价；考核既关注结果，也关注过程，涉及更高层次的思维与解决问题的能力；用人工而不是机器评分，在这样的评价活动中，教师的角色与以前有所不同。从以上特点可以看出，现代外语教学评价更注重通过学习者语言能力的表现，即语言运用来对学习者进行评价，同时强调形成性评价与终结性评价并重、测试与教学结合。

现代外语教学评价发生了以下方面的转变：第一，从注重语言的形式转向了重视语言的运用。第二，语言测试题型中主观题的比例增加。语言测试总的趋势是减少客观题（如选择题），因为这种试题难以测出学生真实的语言能力。第三，从间接测试转向直接测试。间接测试方式有单词的选择填空、改错、完形填空等；直接测试方式是口试、作文，完成如信息差及信息转换之类的任务等，增加了更多与实际生活紧密相关的试题。

根据任务型语言教学评价的理念，测试的目的不是考查学生零碎的语言知识，而是考查学生在语篇中运用语法知识的能力；不仅要考查学生的语言知识，还要考查学生策略和文化等方面的综合知识。

（1）任务型语言评价。任务型语言评价的目标在于考查学生综合运用语言的能力，包括某些"间接性"的考试方式，如选择填空等。任务型语言评价并非不重视考查语言的形式，如词汇、语法、结构等，而是通过综合运用语言的方式来考查学习者对语言知识的理解和运用。采用任务型语言评价，所设计的任务要符合课程的目标并贴近学生的实际生活。任务的难度要控制在适当的范围，语言的难度应与教材内容相吻合。任务的内容应对全体学生都是公平和无偏见的，以使学生展现出实际能力。通过考查学习者完成实际语言任务的情况，可以测定他们的综合能力并预测他们今后的能力表现。设计任务型测试题对教师提出了更高的要求，评分体系也更加复杂。但是，采用任务型语言教学评价，可以引导教师和学生重视语言的实际使用，提高学生综合运用语言的能力。

（2）语言能力表现评价。语言能力表现评价是通过让学生完成模拟真实生活情境的任务，展现他们所掌握的知识与技能。语言能力表现评价是一种直接的考查方式，通过听、说、读、写、译等单项或综合的语言技能，将学生掌握的知识和能力表现出来，以考查学生的语言运用能力。它要求学生使用已掌握的知识去完成各种各样的任务。这些任务应该能够表现学生所掌握的知识和运用知识做事的能力。评价活动可以是数据的收集和整理，信息与思想的交流，问题的提出、讨论及解决办法的寻找，等等。语言能力表现评价可以考查学生用语言做事的能力，我们可以模拟生活的真实情况，向学生布置任务，并在学生完成任务的过程中有效地检测学生的真实语言能力、理解能力和创造力，预测他们在真实的语言情境中完成语言任务的情况。

第三节 高职移动课堂英语学习环境构建

移动学习和传统的学习方式相比有两方面的便捷之处：第一，学习时间和地点没有限制。无论在什么时间、什么地点，以什么方式学习什么内容，移动学习都可以满足，这种优势不可比拟，能很好地满足"总在线"学习需求。通过这一点也可以看出，在未来的学习方式中，移动学习会占据非常重要的地位。第二，移动学习将碎片化时间利用起来。移动学习有碎片性特点，学习者通过移动学习可以将碎片时间利用起来，方便学习知识，经过日积月累的学习可以掌握完整的知识块。碎片学习犹如拼图，看似每天的学习零散且杂乱无章，但每天一片的积累，终会拼成一张完整的拼图。还有一点，移动学习可以制定个性化学习。移动学习是双向交流互动的学习方式，对学生的沟通交流能力起到很好的锻炼作用，也能激发学生学习热情，对学生的学习成绩和自信心都有帮助。移动学习的优势众多，高职院校应当主动构建移动英语学习环境。

一、优化校园网络设施，营造移动学习氛围

学习环境对学习者的影响比较显著，特别是在移动英语学习过程中，需要学习环境的大力支持。通过走访学生进行调查，结果表明，学生对移动英语学习的积极性受到网络信号强度及稳定度的影响，网速慢会使学生听觉和视觉产生厌倦，网速快则不会出现这种问题。学校要对网络设施进行配置和优化，提高互联网速度，实现校园 Wi-Fi 全覆盖。

积极营造移动英语学习新环境，满足学生个性化学习需求，为移动英语教学提前打下基础。对学校中的花草树木及景观设施设置专属二维码，通过手机"扫一扫"就能准确查到其英文介绍和相关知识点，这有利于构建移动学习的校园环境，营造

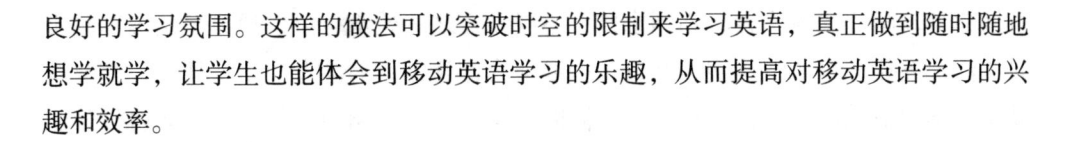

良好的学习氛围。这样的做法可以突破时空的限制来学习英语，真正做到随时随地想学就学，让学生也能体会到移动英语学习的乐趣，从而提高对移动英语学习的兴趣和效率。

二、建立移动学习平台，丰富移动教学资源

根据现有研究，在移动设备上可以开展移动英语学习，但学习内容有限制，学习内容以短小精悍、丰富多样为宜。有研究建议，通过手机微信搭建高校英语教学平台。智能手机在大学生群体中的普及率非常高，几乎是必备通信工具。移动英语学习具有碎片化的特性，学校可以将英语知识进行拆分，进行项目化、模块化设计，方便利用碎片化时间学习。同时，学校可以寻找相关企业进行合作，开发学习平台和学习软件。平台和软件设计尽量简洁明了，方便学习查找；选择学习内容时，要按照微型、实用、系统、趣味的原则进行安排；在设计学习资源时，要尽可能简单化、模块化、场景化；资源呈现方式上要多下功夫，做到轻松有趣，难易程度适中，重点突出，减少文字的使用，多用感官刺激较强的音频、视频等形式，激发学生的学习积极性和对移动学习的兴趣。

三、加强移动学习意识，注重学习策略引导

大学生对新兴事物比较感兴趣，对移动英语学习也是如此，但刚开始对移动英语学习的内涵及特征还不是特别了解，兴趣也就持续时间不长。高职学生在硬件设施和学习需求方面已经符合移动英语学习的条件，也有移动学习的基础，但对移动英语学习缺乏系统性的认知。因此，高职院校的英语教师应发挥作用，一方面宣传移动英语学习，激发学生对移动英语学习的意识；另一方面在日常教学中引入移动英语学习方法，引导学生学会移动学习，使移动英语学习成为课堂的延伸教学内容，将课上课下、线上线下结合，利用网络学习优势，营造良好的英语学习环境，充分挖掘学生能力，注重培养学生学习能力的主动性和协作性，满足个性化学习需求，促进学生学习兴趣的可持续性发展。

四、构建学习者共同体，促进移动学习交流

移动学习有诸多优势，但不能完全取代传统学习方式，有一点是可以明确的，那就是移动学习是学生课堂学习的延伸和补充。移动学习的基础是移动设备和网络的配置完善。构建学生移动学习共同体，学习模式主要有两种。一种是自主探究模式，另一种是协作学习模式，这对学生提高移动学习的积极性和学习效率有明显促进作用。高职学生在英语学习动机、英语基础、英语学习能力等方面比较薄弱，通

过构建移动学习交流平台，不同个体、不同专业之间的学生可以通过微信等工具实时交流，互相分享心得体会，既自主探究又合作互助，共同完成学习任务，充分调动学生学习英语的主动性和积极性，同时锻炼学生自主学习的能力和团队协作的能力，最终实现移动英语学习的目的。

五、创立移动教学模式，提升教师教学能力

如今互联网技术的发展，使信息资源的获取途径增多，传统课堂教学模式亟须改变。有的学生英语基础差，学习兴趣不够浓厚，学习能力也不强，这些学生仅依靠课上学习很难提升英语水平，特别是对于高职学生来说，通过移动英语学习对于提高英语学习能力和学习兴趣非常重要，高职院校需要加快构建移动网络设施，以满足移动英语学习的需要。"课内＋移动学习"是一种新型教学模式，它有助于提高大学英语教学效果。有一点不可忽略，那就是移动英语教学离不开教师对资源的优化设计，教师在移动英语教学中发挥着重要作用，组织、设计、监控等都离不开教师。因此，教师要调整自己的心态，积极适应"互联网＋教育"的教学模式，积极提升互联网信息化教学能力，在实践中研究移动英语学习教学模式，尊重学生个性化需求，提高人才培养质量。

总的来说，移动英语学习是在互联网信息化发展趋势下的外语教学模式，"移动校园"为移动英语学习提供了硬件环境，打破英语学习的时间和空间限制，改变传统的英语学习模式。学生可以随时随地学习，还可以根据自己的个性选择学习内容，能够让他们体会到英语学习的乐趣，激发对英语学习的兴趣和效率。虽然移动英语学习有明显的优势，但不完全摒弃传统英语学习方式，移动英语学习是对传统英语学习的补充和延伸。移动英语学习能开展的前提是学校构建起完善的网络学习环境和学习平台，这样学生才能不受时间和地点约束，利用学习设备随时随地想学就学，让移动英语学习发挥应有作用。随着"互联网＋教育"的深入发展，人们适应社会的能力和素养也在不断变化，高职院校应当尽快为学生提供完善的移动英语学习环境和条件，搭建起科学合理的学习平台。在高职院校任职的英语老师，需要不断更新教学理念，与时俱进，不断提高网络信息技术，认真钻研，为学生制订体系化、智能化的英语学习计划，宣传引导学生参与到移动英语学习中来，营造良好的学习氛围，帮助学生全面提升素质，为社会培养高素质人才。

第五章 高职英语教学的实用技能翻译实践

翻译技巧需从感性认识着手,向理性认识发展,再到准确、完整地表达原文的思想,以求达到一种质的飞跃。实际上,每一次的翻译、创作过程都是在不知不觉地运用翻译、创作的一些基本技巧,这些基本技巧决定了翻译或创作的质量。如创作过程中要正确处理明暗、虚实关系,翻译过程要清楚突出哪些特点,才能细腻、多层次地反映原作的精神风貌、理论精髓。本章内容重点论述关联理论下高职英语翻译技能培养、高职英语教学中的词汇翻译实践、高职英语教学中的句子翻译实践、高职英语教学中的语篇翻译实践。

第一节 关联理论下高职英语翻译技能培养

关联理论的核心就是关联性,因为人类的认知是以关联性为取向的。关联就是一个命题和一系列语境假设之间的关系,只有当某个语境假设产生了语境效果时,这个假设才和命题具有关联性。一般而言,在同等条件下,关联性越强,语境效果越好,听者在处理话语信息的时候付出的努力就越小,反之亦然。

在翻译中,译者总是努力追求达到最佳关联,以使原文作者希望表达的意思能和读者的心里期盼相一致。首先,翻译的过程其实就是一个寻找关联的过程,所以应该用关联理论来指导翻译实践;其次,人类之所以具备交际的能力是因为大脑具有推理的能力。在翻译时,译者一方面要根据说话者的话语内容,结合自身的认知语境,寻找话语和语境假设之间的最佳关联,推断出译文作者的意图;另一方面还需要结合译文读者的认知语境,以确保译文文本是原文文本的最佳呈现。

一、关联理论下高职英语翻译技能分析

(一)构建恰当的英语交际语境

关联理论认为,语境是可以获得的,而且还具有一定的条理性。换言之,在特

定的场合可以获得特有的语境信息。作为翻译人员，要获取听者和说者两方面的语境信息，其中有很多是一样的，不一样的就在于文化。所以，高职英语教师在翻译教学中一定要强调文化对于翻译的重要性，让学生在翻译的时候，一定要参考源语言和目标语言双方的文化背景，从而选择合适的词汇构建和原文类似的交际语境。[①]

（二）注重对英语信息的推理

关联理论认为，翻译本身就属于推理、明示的活动，所以译者一定要对原文本进行揣摩和推理。因此，根据关联理论的原则，在交际中，听话者往往需要的是最佳关联，这也是译者的责任。

（三）符合译文读者的心理预期

在关联理论中，翻译就是语言交际的一种明示和推理过程。作者根据自己想表达的思想选择合适的词汇和表达方式来明示自己的意愿，译者根据自己对词汇、逻辑等信息的了解，以读者的身份获得相关的语境效果，了解作者的明示。同时，译者又以交际者的身份向读者转述作者的思想。读者则通过对译文的推理，寻找出最佳的关联。所以，在翻译过程中，译者的原文交际意图和读者的预期越相近，就越能获得最佳关联。

二、关联理论下高职英语翻译技能的培养策略

（1）译者身份的正确定位。在英语翻译中，一般有作者、翻译人员和读者三个交际主体。关联理论与以前翻译理论最大的不同就在于给了翻译者更多的自由。翻译者不再只是被动地接受信息，而是充分发挥自己的主观能动性，建立源语言信息与目的语之间的最佳关联。所以翻译者的任务是首先根据交际者的话语，结合语境，推断出其真正的意愿，然后再结合读者的预期和听者的语境，选择最佳关联，调整译文。

（2）改变传统的教学模式，提高学生的翻译技能。在传统的高职英语翻译教学中，教师一般是以教材为纲，领着学生翻译，先讲一些翻译的方法或者技巧，然后用实例进行说明，最后让学生翻译，教师指导。这种教学模式无法激发学生的学习兴趣。教师可以采用创设语境的方式。比如，在翻译一篇公司之间的来往信函的时候，可以让学生分成两组，分属两个公司，然后针对某一个问题的解决进行相互致函，每个小组内部，有专门的翻译人员、公司决策小组等。这样就会激发学生的

---

① 潘毓卿. 基于关联理论的高职英语翻译技能培养研究[J]. 内江科技，2019，40（4）：115-116.

学习兴趣、竞争意识、团队精神。

（3）夯实翻译基础知识，重视文化在翻译中的作用。在英语翻译中，翻译者对源语言和目的语语言的知识掌握越多，对两种语言的文化知识越熟悉，所掌握的背景资料越多，翻译质量就越高。因此，在高职英语翻译教学中，一定要注意夯实学生的翻译基础知识，要重视文化在翻译中的重要作用。根据关联理论，在翻译中，翻译者往往会首先激活自己最熟悉的东西，比如，一个词语有很多意思，那么在具体的语境中会选择哪个意思呢，翻译者激活的往往是自己最熟悉，也是最常用的词的意思。所以说，学生对于某个领域的知识越丰富，翻译时激活得越快，准确率也越高。

第二节　高职英语教学中的词汇翻译实践

一、英汉词汇比较

英汉两种语言之间的差异很大，一方面英汉两种语言的渊源不同，另一方面，两者是在不同的社会历史条件下发展而来的，尤其是在词汇意义上的差异明显，比如，词汇的组成、词汇的形态变化、词汇的顺序、词汇的作用、词义的表达等方面都具有差异性，研究两种差异性较大的语言，并将两种语言进行转换非常有意义。[①]

（1）英汉文字的产生。世界文字体系大致有两大类型，即表音文字和表意文字。中国的汉字属于表意文字。表音文字通常由为数不多的符号组成，统称为字母。在表音文字中，一句话里的音位和音节数量有限。通常情况下，表音文字体系中的单个字母表示的是一个音。换句话说，每个字母组成的文字对应的是一个单独的发音。而汉字并不像英语单词，每个音位或音节形成的字母不只对应一个汉字，因为汉字的构造单位是偏旁和笔画。汉字最小的构成单位是笔画，单体字和合体字的构成都是笔画。偏旁的作用是组成合体字，或是作为字的形旁和声旁，分别体现的是表意作用和表声作用。

（2）英汉词形的差别。英语中的各类词汇，比如名称、动词、形容词、副词等，都会伴随着时态、人称等发生词形的变化，通过词形的变化达到句子中不同成分之间不同时态的关系。相比于英语，汉语则不会有相同的变化。

（3）英汉词序的差别。在词语顺序的表达方面，英汉的差异也很大，差别主要

[①] 卢璨璨. 英语翻译教学方法理论研究 [M]. 天津：天津人民出版社，2019：128-174.

是叙事的表达习惯引起的。英语语言的表达，习惯于将物主代词置于名词之前，人称代词则置于主句前面的从句中。不同的是，汉语的表达习惯则是先出名词再出代词。

（4）英汉词义的差别。英语的词义并不是固定不变的，根据不同的语境，词义范围会扩大或缩小，意思也会转褒或转贬，每个单词的词义不固定。

二、词义的引申与褒贬

（一）词义的引申

所谓词义的引申，指的是在一个词所具有的基本词义的基础上进一步引申，选择比较恰当的汉语来表达，使原文的思想表现得更加准确，译文更加流畅。词义引申主要使用词义转译、词义抽象化、词义具体化等方法实现。

（1）词义转译。有些词照搬词典翻译，会使译文晦涩、含混，甚至造成误解。这时就应根据句、文逻辑关系引申转译。

（2）词义抽象化。英语中常常用一个表示具体形象的词来表示一种属性、一个事物或一种概念。翻译这类词时，一般可将其词义作抽象化的引申，译文才能流畅、自然。

（3）词义具体化。英语中许多词义较笼统、抽象，应根据汉语表达习惯，引申为意义较明确、具体的词。这样，译文表达清晰、流畅，更加形象生动。

（二）词义的褒贬

如果想要词义忠实于原文，只查看词典远远不够。对于译者来说，了解原文创作背景、把握文章中心思想和其中的政治观点是重中之重，只有充分了解才能正确地理解原文，由此运用适当的语言手段才能清晰地表达原文的内容。面对原文中含有褒贬义的词，译者在翻译过程中，应充分结合上下文，分辨好词语的褒贬义，恰如其分地翻译出原文的表达意义。

三、英语翻译中词类的转换

在进行英语文章翻译的过程中，忠实于原文的同时还要符合译文的语言表达规范，不仅仅是简单地机械化翻译，逐字直译，对一些此类的表达需要适当进行修改，将原文中的某种词类转译成为另一种词类，也就是所谓的词类转换。英译汉与汉译英都需要进行适当的词类转换，才能保证译文的语句顺畅，适应英语、汉语表达的习惯。以下是进行英译汉、汉译英中最常见的词类转换：

（1）英语名词的转换。英语中名词使用的概率较汉语高，而且词义相当灵活，翻译时要从其基本意义出发，符合汉语习惯，联系上下文加以词类转换等灵活处理。通常英语名词可转译成汉语动词、形容词或副词。

（2）英语形容词的转换。英语形容词可转译成汉语动词、副词或名词。

（3）英语副词的转换。英语副词可转译成汉语名词、形容词或动词。

（4）英语动词的转换。英语动词可转译成汉语名词或副词。

（5）英语介词的转换。英语介词搭配多样，关系复杂，运用广泛，翻译时应根据上下文灵活处理，通常可转译成汉语动词。

四、英语词汇翻译中的增译法与减译法

翻译文章有一个普遍的原则，就是译者在翻译的过程中不能对原文内容随意缩减和增添。但由于英汉语言文字之间存在的差异，在翻译实践时很难做到完全的词句对应。因此，为了确保原文内容准确表达，译者大部分情况下会做出删减和增添，对原文内容部分隐喻的东西作补充，抑或是对表达烦琐的译文内容进行删减，以便于读起来更加符合读者的阅读习惯。

（1）增译法。增译法是指在保证原文中心思想内容完全一致的前提下，对译文中的部分内容做必要的增添，通过添加一些原文中没有的词语，使句子达到顺畅的效果。汉语相对于英语来说更加简练，在英语语言中，会缺少一些汉语中必需的连接词、量词或复数概念等，这就需要译者在英译汉时进行增添，以满足汉语的表达习惯，让读者能够更加清晰地阅读文章。

（2）减译法。减译法又称省略法，是与增词法相对应的翻译方法。一般而言，汉语较英语简练。英译汉时，许多在原文中必不可少的词语如果原原本本地译成汉语，就会成为不必要的冗词，译文会显得十分累赘。因此，减译法在英译汉中使用得非常广泛，其主要目的是删去一些可有可无、不符合译文习惯表达法的词语，如实词中的代词、动词的省略，虚词中的冠词、介词和连词的省略，等等。

第三节　高职英语教学中的句子翻译实践

在英语翻译的过程中，译者会遇到很多困难，其原因在于，英语的文体多种多样，句型句式复杂，长句较多且逻辑性强。不过，英语具有"形合"的语言特点，不管语句的长度有多长，复杂度有多高，总是由一个基础的简单句组成。因此，译者翻译时可以先找到句子的主干，再拆分从句和短句的内容，包括固定搭配和插入语等。最终，再以汉语的表达习惯将整个句子组合起来，形成一句完整的话。

一、英汉句子比较

英汉两种语言属于不同的语言体系，英语属于印欧语系，汉语属于汉藏语系，因此，在句子组成上两者的差异较大。这就需要译者足够了解和掌握两者的差异，找到其中转换的规律，才能不断升华翻译水平和研究水平。

（一）英汉句子种类及类型

英语和汉语在句子种类和类型方面有相同的部分，也有不同的部分。

（1）英语语句的种类和类型。句子的语言单位由词按照语法的规律组成，用来表达一个完整独立的意思。构成篇章的基本单位是句子。按照使用目的，将句子分为陈述句、感叹句、疑问句和祈使句。按照句子结构，则可以分为简单句、并列句及复合句三种。

（2）汉语语句的种类和类型。汉语的句子分为单句和复句。单句根据角度的不同可以分为不同的类型，当从表述内容和句子的语气来划分时，可以分为陈述句、祈使句、感叹句和疑问句四种；当从句子的语法结构来划分时，又可以分为完全句、无主句、独语句和省略句四种。复句是指两个及两个以上简单句因某种联系组合起来的相对复杂的句子。在复合句中，单句也叫分句，分句之间有必然关系，这种关联通过语序和关联词表现出来。

（二）英汉句子的结构类型

在句法结构上，英语和汉语也存在很多的差异，主要包括形合与意合结构、被动结构、变异结构。

（1）形合与意合结构。英汉差异较大，单从句子的结构来说，通常情况下，英语的句子表达相对严谨，汉语则相对简洁明了，主要原因在于英语更加注重语言形式上的衔接，英语的句子组成多半采用"形合法（hypotaxis）"；汉语则更注重行文思想意义的连贯，大多数句子采用"意合法（parataxis）"。通过研究形合和意合，能够更加有效地提高两种语言的翻译质量。

（2）被动结构。主动句和被动句在英语和汉语中都有。主动句和被动句指的是句子中主语和谓语的相互关系的表达形式和手段。在同一语法术语中，两种语言的表达内容并不相同。在英语语句中，被动句是指在句子中主语和谓语动词之间的关系是被动的，表达的是被动做某事，也就是英语中常常出现的"助动词 be+ 及物动词的过去分词"形式。但在汉语中并没有这样的语句形式，因此，也就没有动词的语态之分，只要是表达主语是施动者的就是主动句，相反就是被动句。

二、英汉翻译中的定语从句处理

在英语语法中，将定语从句分为非限制性和限制性定语从句两种，通常情况下，其位置是在所修饰先行词的后面，主要通过区分限制意义的大小来判断是限制性定语从句还是非限制性定语从句。与英语大不相同的是，汉语的定语一般位于修饰词的前面，也没有限制意义大小的区别，因此，在英译汉过程中，限制性和非限制性从句起不到关键作用。在英语语句中，有许多结构复杂的定语从句，而汉语相对简练，修饰语不宜臃肿，因此，在进行翻译时，遵循汉语的表达习惯尤为重要。当英语的定语从句内容过长，不管是限制性定语从句还是非限制性定语从句，在翻译时都不宜将其译成汉语的定语。在英语语句中，单个词做定语时，通常情况下是放在中心词的前面；如果是较长的词或词组，一般位于中心词的后面。通过对英汉语言的差异了解，总结出以下几点适合商务翻译句子的方法。

（1）前置法。前置法是指在英译汉过程中在被修饰的先行词前面加上定语从句，通常情况用"的"进行连接。定语从句的作用就是作定语修饰语，因此，在翻译时，定语从句通常被翻译为带"的"的前置定语，位置是在定语从句中先行词的前面。通过反复实践，前置法的适用范围主要是结构意义较简单的限制性定语从句，较短的非限制性定语从句也可以用前置法。

（2）后置法。与前置法相反，后置法则是在英译汉时将定语从句放在先行词的后面，成为并列分句。英语中的定语从句都相对复杂，用汉语的表达习惯将它放在先行词的前面会显得句子太臃肿，无法表述清楚。因此,把定语从句放在先行词后面，以并列的关系翻译，可以避免内容冗长杂乱，无法清晰翻译。

（3）融合法。融合法是指将句子的主语和从句部分融合，合并成为一个简单句，把从句部分翻译成单句中的谓语。通常情况下，限制性定语从句与主语的关系紧密，因此,融合法的运用多在限制性定语从句中,特别是带有定语从句的"there be"句型。

三、英汉翻译中的状语从句处理

英语的状语从句在句中可以表示时间、地点、原因、条件、让步、方式、比较、目的和结果等意义。表示不同意义的状语从句在句中分别由不同的从属连词引导。英汉语言中状语从句位置不同。英语中状语从句一般处在宾语后的句尾，多为"主+谓+宾+状"的句子结构，但有时也出现在句首。而汉语中状语的位置比较固定，往往位于主谓语中间，构成"主+状+谓+宾"结构；或者为了表示强调，状语也常常位于主语之前。因此，人们在进行英译汉翻译时要遵循汉语的表达习惯，相应进行语序的调整，不能过分受制于原文的语序和结构。

第四节　高职英语教学中的语篇翻译实践

在英语教学中较为常见的是使用句子对语法进行分析，但句子并不能作为实际交往的单位，由句子组建而成的语篇才是语言交流的基本单位。语篇没有固定的长度，长短随需求而定，长如一本小说、短至一个词语都是语篇。在翻译语篇时译者要对语篇有深入了解，才能在翻译时做到心中有数。

一、英汉语篇比较

文化背景对语篇结构有着决定性影响，不同的文化使用的语言不同，语言习惯也有差异，语言习惯就是语篇结构，即组句成篇的方式。句子组成段落，段落组成语篇，语篇结构是一个特定文化长期积淀下来的语言运用方式，体现了自身的文化因素。不管何种文化，语篇结构有何不同，都对其内容和意义的一致性和连贯性有要求，句子和段落要通过有效的手段成为一个整体。[1]

句子能够独立存在，表达出一定含义，但句子组成篇章不是单纯堆叠，而需要在语义上形成一个整体。篇章的段落及句子之间是有联系的，全篇句段具有连续性特征，有首有尾，具有语义逻辑，相互照应。篇章中的段落、句子排列都有相关性，符合逻辑顺序，互有承前启后的作用存在。

（一）英语语篇结构

英语语篇一般较为严密，具有系统性特征，典型的文章结构类型分为引言段、正文和结尾段三个部分，其中每一段负责阐述一个要点，段落之间相互关联，形成一篇系统而严密的完整文章。下面将详细介绍英语语篇的三个部分。

（1）引言段。引言段在语篇中起到引导作用，位于文章的开头。引言段一般较短，占全文比例小，简明扼要地概述文章的主要内容，引导读者继续阅读文章。引言段虽然简短，但会将语篇的内容进行大概的阐述。阐述一般分为概括性和主题两个部分：概括性阐述是为引起读者的兴趣，对文章的主题进行背景介绍，讲述文

---

[1] 卢璨璨.英语翻译教学方法理论研究[M].天津：天津人民出版社，2019：128-174.

章论题是如何产生的，引导读者继续阅读文章的其他部分；主题的阐述则是用精练的语言将文章主题进行概括，展现作者的观点和接下来正文中的论述内容是文章中心思想的体现，一般处于引言段的最后部分。

（2）正文。位于引言段后，是文章的主体部分，在语篇中占据着较大比例，一般包含一个或多个段落。如果说引言是对正文的提炼和概括，那么正文就是对引言的解释和扩展，正文会对引言段阐述的主题进行说明，会以事实为依据用若干细节展开和深化主题。文章的主题一般会衍生出次主题，次主题的数量对应正文中段落的数量，每一个段落对一个次主题进行阐述，逐一论证，从而完成对主题的阐释。主题涵盖每一个次主题，次主题包含了若干数据和细节，次主题之间也有相应的层级和顺序，按照逻辑规则安排，最终完成主题阐释，形成具有逻辑性的正文。

（3）结尾段。是对文章的总结部分，位于文章最后，起到归纳和重申主题的作用，与引言段相呼应。结尾段能够再次重申作者观点，因此，也是升华主题和深化内涵的重要组成部分。

英语语篇先是直接的表达观点，然后再阐述，特征明确。其特点有：先抽象，后具体；先总括观点，而后从细节阐述观点；先综合概述，而后进行有层次的分析。英语语篇注重理性，文章组织结构强。

（二）汉语语篇结构

汉语语篇相较于英语语篇而言，更具灵活性。汉语语篇在英语语篇的思维模式外，还具有自己的特征，论点的提出更为灵活，根据文章的思路在适当的时候适时将论点抛出。汉语语篇中论点可以位于文首、文中和文尾，据此就有了汉语语篇的三种常见模式：文首点题、文中点题、文尾点题。

二、英语翻译中语篇的衔接

衔接是将语段的不同部分连接到一起，一般运用语法或词汇之间的连接来完成语篇的过渡。翻译作品的通顺程度与衔接息息相关，衔接在篇章语言学中是至关重要的，也是翻译的重难点之一。衔接翻译得好，文章就会更加通顺，读者也会更易接受；反之，会造成理解上的困难。通过一定语言手段能使语篇的衔接更为顺畅，语言手段一般有词汇和语法两种。

（1）词汇手段。词汇手段是实现语篇连贯的常见手段，英语中一般通过同现关系和复现关系两种词汇手段，以及逻辑连接法，使语篇的连贯得以实现。

（2）语法手段。语法手段主要是针对句组和句子间的衔接，语法手段在衔接中有几种不同的方式，根据情况从中选择可以完成衔接。第一种：动词形成的变化。

第二种：照应（reference），这种手段通常用于不能对词语进行直接解释时，可以从词语与所指对象的关系中找寻释义，在语篇中形成一种照应，进而完成衔接。第三种：替代（substitution），这种方式是将上文中出现过的某种成分用代替形式表现，能够在衔接的同时避免重复出现。替代与照应不同，是同类关系，替代方式的释义只能从原成分中获取，是一种非常好的衔接方式。第四种：省略（ellipsis），在语篇中有一些成分是可以略去的，这部分成分一般能从语境中获取，因此也能够成为衔接手段。第五种：连接（connection），通常通过连接词实现，除连词外，有连接意义的介词、副词或是短语、分句都可以是连接词。第六种：排比（parallelism），排比作为一种修辞手法，具有整齐划一的语言美感，既和谐均衡，又具有连贯的意义，在语篇中是一种重要的衔接手段。

三、英语翻译中语篇的连贯

作为语义单位，语篇的必要条件就是语义连贯，如此才能称为语篇。语义的连贯是通过逻辑推理达成的，其基础是信息的发出者和接收者对情景的了解在同一水平线上，由此通过词汇和语法等手段完成文脉衔接。衔接与连贯既是统一的两个方面，又各自代表了有形与无形。衔接是从实际的词汇和语法上使篇章成为一个整体，而连贯则是其中的逻辑关系。译者在翻译文章时，要在词句基础上，深入理解文章的内在联系，包括段与段之间，句与段之间，乃至于句子内部的内在联系，在翻译时充分表达其含义。在理解透彻的基础上进行翻译和表达，才能够真正传达出原作表达的内容。

第六章 高职英语教学的多维类型翻译研究

第一节 高职院校商务英语的翻译技巧研究

一、商务英语翻译概述

随着中国改革开放进程的不断加快以及经济全球化的不断发展,中国的综合国力显著增强。相应地,中国与世界各国的交流、商业合作也日益密切。在此过程中,为了保障交流与贸易往来的顺利进行,包括中国在内的世界各国必须重视语言工具的应用。而英语作为国际通用语言,在中国与世界各国的贸易往来中发挥着不可替代的作用。商务英语属于英语的范畴,它不仅具有英语的某些特点,还具有自身的特征。近年来,随着世界贸易往来的逐渐频繁,商务英语翻译也日益受到重视。

商务英语是英语的一个重要分支,用英文可以翻译成 business english。简单而言,商务英语主要指的是用于世界各国的商务活动中的英语。可见,英语一旦与商务活动相联系,那么就会涉及商务英语这一形式。一开始,商务英语的内涵和应用都比较狭窄,只是应用于外贸贸易。正是因为如此,商务英语有了另外一个名称——外贸英语。在全球化进程的推动下,商务英语的内涵逐渐丰富,外延逐渐拓宽,同时其应用也十分广泛,例如,商务英语已经涉及政治、经济、文化、科技、教育等诸多领域。

从商务英语的内涵可以看出,商务英语主要由商务活动和英语两大方面组成。商务英语主要以英语为传播媒介来传播与商务活动相关的内容。因此,商务英语具有普通英语所不具有的特色——商务特色。除此之外,商务英语虽然由商务活动和英语共同组成,但并不是两者的简单叠加,而是商务活动与英语相互作用、相互促进、相互融合的产物。商务英语所发挥的重要作用仅依靠商务活动与英语的简单叠加是远远无法企及的。

不管是商务英语交际还是其他形式的语言交际都离不开一定的语言环境。语言环境是各种形式语言交际的前提。在商务语言环境中,商务话语发挥着至关重要的作用。商务话语,简单理解,就是在商务活动中使用的话语,人们在商务活动中广泛应用语言,于是产生了商务话语。这充分说明,商务活动与语言之间本身就存在着密切的联系。语言的使用在很大程度上影响着商务活动的顺利进行，而商务活动的开展也在一定程度上影响着语言的使用特点。因此，从事商务活动的人必须根据商务活动的特点选择恰当的语言表达。除此之外，还要明确商务英语的实用性、专业性、针对性等特点，并根据这些特点来进行准确的、规范的商务交流与沟通。

对于国际商务活动而言，其涉及范围、内容、领域都比较广泛，再加上其必须符合客观性、现实性的需求，所以商务英语必须具有丰富的专业术语、专业词汇、专业短语等，只有这样才能保证国际商务活动的顺利进行。并且，商务英语中包含的各种语言信息都与商务活动密切相关，因此，从事商务活动的人必须采用准确、得体的商务用语，否则就会阻碍商务活动的开展。另外，在商务活动中，从事商务活动的人仅仅具备商务词汇是远远不够的，要想灵活、自如地应对商务活动中的各种问题，还必须掌握职业套语、专业术语、商务表达、语言转换等知识。

总而言之，商务英语是英语发展的产物，是英语的一种重要变体。同时，商务英语同旅游英语、科技英语、法律英语等都属于专门用途英语的范畴，它们之间还存在一些共同点，其最大的共同之处就是同属于英语的范畴，具有英语基本语言基础和语言学特征。商务英语尽管是英语的产物，但由于自身的商务属性，形成了自身独有的特色——商务特色。另外，商务英语的主要应用环境是商务环境，它是中国与世界各国进行商务交流和商务往来的重要语言工具。商务英语包含的内容非常丰富，既包含一些基础的英语语言知识与理论知识，也包含一些专业的翻译知识，还包含表达方式、人际关系等方面的内容。因此，从商务英语的语言结构来看，商务英语涉及很多的专业术语、专业词汇、职业套语等，同时还有很多的委婉语，这些委婉语在商务活动中可以应用于不同的场合和对象。除此之外，商务英语无论是以口语的形式出现还是以书面语的形式出现，使用者都必须注意商务英语语言的准确性、表达的得体性以及使用场合的合适性。

（一）商务英语的研究范畴

通过对商务英语的概念进行分析，可以知道，商务英语具有十分广泛的内涵和外延，它是商务活动顺利进行的基础，并在国际商务活动交流与合作中发挥着重要的作用。尤其是近年来随着中国综合国力的提升，中国在国际上进行的商务活动越来越多，商务英语越来越受到重视。要想了解商务英语，仅了解它的概念是不够的，还需要了解它的范畴。关于商务英语的范畴，有很多研究者对其进行了深入的研究，其中最有代表性的是英国商务英语专家尼克·布里哲（Nick Brieger）。在他看来，商务英语涉及很多的范畴。语言知识、专业知识、文化知识、交际技能、管理技能等都属于商务英语的范畴。

商务英语最重要的用途就是交际。从事商务活动的人必须具有很强的交际能力，这种能力是建立在优秀的语言能力基础上的，当然，只具有语言能力的人是不能顺利进行交际的。对于交际能力，也有很多研究者对其进行了深入的研究，当然最具有代表性的研究者当数美国社会语言学家海默斯（Dwell Hymes）。在海默斯看来，交际能力涉及的范畴很广泛，它不仅包括交际者理解和掌握了这一语言的形式，还包括交际者懂得在具体场合、面对不同的交际对象应该采取怎样的交际方式和交际语言，即根据不同的场合和对象来使用不同的语言形式进行交际的能力。随着研究者对交际能力研究的不断深入，对交际能力的理解已经趋于一致，即交际能力具体涉及五个方面的能力：听力能力、口语能力、阅读能力、写作能力、社会能力。交际能力强调一定的得体性和达意性。在实践性方面，商务英语注重良好的实践交际能力。

就商务英语研究而言，商务背景也是其研究的重点。在特定的商务活动环境中，商务交际者的交际技能和语言技能都受商务背景内容的影响和制约。商务交际技能，顾名思义就是在商务活动中商务交际者必须具备的一种技能。这种交际技能不仅涉及语言层面，还涉及非语言层面。在具体的商务活动中，因商务活动的独特性质决定了语言的使用并不是随意的，它的使用与商务背景的具体内容以及商务交际者的交际技能有着紧密的关系。同时，在不同的商务活动中，有着不同的商务交际内容，其商务交际词汇也有所不同。众所周知，商务交际词汇在不同的商务背景中、在不同的专业背景中以及在不同的上下文语境中都有着不同的内涵和意义。如果商务交际者不理解专业词汇的具体内涵和意义，不关注词汇所在的上下文语言，那么他很难顺利进行商务交际和商务翻译活动。在交际实践过程中，具体的交际技能决定了交际者将使用怎样的句型结构、说话语调以及说话节奏等。

近年来，随着商务英语的不断发展，商务英语翻译也受到人们的广泛关注。商务英语翻译是一个复杂的工程，译者要想翻译出精品佳作，就必须了解商务英语的语言特点、表达方式、背景知识、专业术语等内容。同时，译者在翻译的过程中，应该准确理解原文，在忠实原文内容的基础上，尽可能地将原文作者的思想、意图以及原文的内容准确地表达出来。商务英语由于其商务特性，有着很多的专业术语、专业词汇。另外，还需要指出的一点是，由于商务英语的特殊性，一些比较简单且被人们所熟悉的词汇、短语，在商务英语中会有特殊的内涵和意义。通常情况下，专业的背景知识信息决定着译者对翻译词汇的选择。译者要想准确地完成翻译任务，就必须掌握两种语言转换的理论知识，以及商务英语所涉及的专业词汇、专业术语、专业表达。译者在进行具体的商务英语翻译时，一定要利用专业知识，然后结合自己的翻译经验对其进行准确翻译。如果在翻译的过程中遇到了一些陌生的商务英语专业词汇、术语或短语，译者必须借助工具或请教他人，一定不能简单地取其表面意思进行翻译。

无论是在商务活动中，还是在商务英语翻译活动中，从事商务活动的人除了具有相应的语言基础外，还应该具有很强的跨文化意识和跨文化交际能力。商务英语翻译的过程不仅重视两种商务语言相互转换的过程，还涉及两种商务语言背后的文化之间的交流。因此，从事商务活动的人必须在理解相关商务语言的基础上，了解和掌握商务交际双方的风俗习惯、思维方式、表达方式等商务文化。只有在重视语言的基础上重视文化的掌握，才能保证商务英语跨文化交际顺利进行。有时，参与商务活动的双方可能是不熟悉的，甚至是互不相识的，面对这种情况，如果不够了解对方的文化背景及其他信息，就极有可能出现交际失误。身处不同文化背景、使用不同语言的交际者需采用能够让来自不同地区、不同文化背景的人接受的行事方式。另外，翻译是一个复杂的过程，也是一项比较困难的任务。究其原因，主要是因为翻译不仅涉及两种不同的语言，还涉及两种或多种不同的文化。译者在翻译过程中不仅要掌握两种语言之间的转换，还要了解交际双方在思维观念、风俗习惯、表达方式等的文化内涵。这是对译者双语功底、双语文化甚至多元文化的综合考查。基于此，译者必须具有扎实的双语知识，还要熟悉交际双方的文化知识及表达，只有这样才能在国际商务活动以及跨文化交流活动中出色地完成翻译任务。

（二）商务英语的语言特点

商务英语源自普通英语，实际上，它是对普通英语的一种延伸，也是普通英语的一种功能变体。因此，商务英语涉及的范围非常广泛，除了基础的英语知识，如语音知识、词汇知识、语法知识、修辞知识、语篇知识、交际知识等，还涉及商务方面的知识，如商务活动表达知识、商务服务知识、商务合作知识、商务金融知识等。除此之外，从技能层面来说，商务英语不仅涉及普通英语的五项基本技能，即听力技能、口语技能、阅读技能、写作技能和翻译技能，还涉及一些具体的实践技能，如跨文化交际、商务合作等，同时还涉及一些先进的技能，包括多媒体技术技能、信息技术技能等。商务英语涉及内容广泛、应用领域众多，可以根据其应用领域的不同，细分为谈判英语、广告英语等多个应用领域。商务英语作为普通英语的变体，不仅涉及很多基础知识，还涉及很多技能。可见，商务英语不仅是一个新的学科，还是一个十分复杂的学科。另外，商务英语还具有跨学科性，因为它与很多学科交叉融合，例如，其与经贸、管理、文化等都有交叉和融合。如前所述，实用性是商务英语最大的特征，商务英语的传播和发展都是以实用性为目的的，进而实现最终的商务交际目标。所以，商务英语有着特殊的语言特点，贴字这些语言特点主要集中体现在词汇、句式、语篇、修辞等方面。下面就针对商务英语的语言特点展开探讨研究。

1. 商务英语的词汇特点

不管是贸易、营销，还是法律、管理，几乎所有领域都与商务英语有着紧密的联系，但与此同时，商务英语也有一定的独立性与自身的独特特征。商务英语是普通英语发生社会性功能变体而产生的，它不是特殊语言的范畴。在商务英语研究中，商务英语词汇是其研究的重要内容。所谓商务英语词汇主要指的是人们在商务活动中普遍使用的、具有一定商务专业性质的、与商务活动相关的英语词汇。在各种商务交流、商务合作活动中，商务英语词汇发挥着不可替代的作用。另外，由于商务英语是专门用途英语的一部分，所以商务英语词汇也属于专门用途英语研究的范畴，它最大的特点是专业性，也就是具有很强的商务性。同时，商务英语词汇涉及的内容比较广泛，涉及的专业词汇和术语也比较广泛。然而，大多数学习者对于商务英语有所误解，都简单地认为，商务英语就是各种商务专有词汇汇集而成的英语。

（1）词汇形式的丰富性。商务英语词汇最为显著的特点就是词汇形式丰富多样。从词汇的表现形式可以将其分为三种类型：公文体形式、广告体形式、论说体形式。[①] 每种形式有着不同的内容，下面分别进行简要论述。

公文体形式在商务活动中主要体现在商务合同、商务信函、商务通知等方面，其具体特点主要是词汇使用集中在书面词汇，且用词比较严谨和规范，相对正式、简洁。

广告体形式的商务英语词汇自然集中出现在广告中，这类商务英语词汇涉及的范围极广，更新速度较快，并且经常出现一词多义的现象。这一词汇形式不像公文体形式那样规范、严谨和正式，而是为了商业广告宣传的需要，具有通俗化和口语化的特点。同时，商务广告体为了吸引观众，还会引进一些新造词和外来词，使商务广告更加生动，更具吸引性。

论说体不像商务广告体那样口语化和通俗化，它使用最多的就是书面词汇，也是因为如此，论说体所使用的词汇比较严谨和正式。同时，论说体这一形式大多出现在商务报告或商务演讲中，内容大多数是推广商品，因此，论说体还具有专业性的特点。

（2）专业缩略语的大量运用。商务英语词汇涉及范围十分广泛，不仅词汇形式多样，还有着丰富多样的专业缩略语。实际上，从商务英语词汇的发展历程来看，在商务英语出现时，商业英语缩略语就已经出现了。例如，电报专用缩略语等。只是随着商务英语的发展以及商务英语词汇研究的不断深入，诸如电报专用缩略语在

---

① 郝晶晶. 商务英语教学理论与改革实践研究 [M]. 成都：电子科技大学出版社，2017：10.

内的旧的商务英语缩略语已经被研究者所淘汰。缩略词不仅在英语中大量存在，在商务英语词汇中也比较常见。专业缩略词的缩略方式也是商务英语词汇研究的重点。通常情况下，一个多音节的商务英语词汇为了表述的便捷性，研究者会将一个或一个以上的音节去掉，之后形成的商务英语词汇的音节就会更简短。此外，商务英语专业缩略词还可以省略前面的音节或后面的音节，通过这些方式而形成的词汇都属于商务英语词汇的缩略词。这些方式在商务英语词汇缩略中比较常用。例如，词汇Intro是Introduction的缩略词，Chute是Parachute的缩略词。还有一种专业缩略词是保留了中间的音节，如Flu是Influenza的缩略词。

近年来，随着经济全球化的发展以及商务活动的日益频繁，从事商务活动的人更加倾向于商务英语词汇的缩略词。这不仅能够适应经济发展和商务快节奏的要求，还能够为商务从业者节省时间和精力，这样他们可以将更多的时间投入商务市场中，这在很大程度上提高了商业活动的效率。目前，在商务活动日益发展的带动下，商务英语词汇的缩略词已经广泛应用于商务运用、商务结算、商务交流、商务支付等领域。

（3）新词汇层出不穷。商务英语除了具有上述两个特点以外，还具有新词汇多样的特点。随着商务活动的持续增加，国际商业的蓬勃发展，一些新科技、新思想、新工艺、新技术等出现在商务活动中。这些新的"东西"的出现必然会带动商务活动中新词汇的发展。因为词汇是这些新的"东西"的基础，也是语言的最基本单位。因此，近年来，商务英语中出现了很多新词汇。

纵观一些新的词汇，例如Cyber Space、Online Publishing、Value Added Service等，可以发现，这些关于商务英语的新词汇大多都是复合词，也被称为合成词，即两个或两个以上的词汇按照一定的规律、语法、顺序等进行组合，最终形成一个新的词汇。实际上，一词多义在某种程度上也增加了新的词汇。比如，Discount在进出口贸易活动中被翻译为"折扣"，在金融领域则用于表示"贴现、贴现率"。

2. 商务英语的句式特点

商务英语属于一种使用文体，因此，商务英语最突出的句式特点就是严密性、准确性和简洁性。如前所述，商务英语是在商务活动中使用的英语，正是因为如此，商务英语这一文体更加注重商务内容的时效性、商务表达的准确性以及商务活动的逻辑性。所以通常情况下，商务英语的结构比其他文体要复杂和规范，同时商务英语的文体比较正式。因此，商务英语广泛应用于商务投标、商务招标、商务合同等领域。另外，商务英语在句式上力求规范、准确、客观和正式，所以经常会以长句的形式出现。尽管如此，商务英语的句式基本固定，语言也比较简明。同时，还需要指出的是，一些普通英语中常见的句式，如虚拟句式、倒装句式等，很少出现在商务英语中。

（1）句式简洁，表达准确。商务英语的句式还体现出简洁性的特点，这些特征常见于商务英语的排比句、简单句以及一些比较简短的复合句中。除了这些句式以外，在商务英语的缩略字母上也能够体现其句式简洁的特点。需要说明的是，商务英语的字母缩写并不是随意的，而是交际双方都认可这种字母缩略，只有这样，才能在商务活动中使用缩略字母。

简洁的句子有助于商务信息的广泛传播，有利于从事商务活动的人理解商务信息，有利于商务活动的顺利开展。

（2）被动句式较常见。众所周知，汉语的日常表达中通常以第一人称为主，第三人称的使用相对较少，因此，被动句式在汉语表达中并不常见。而在商务英语中，为了保证叙述过程的准确性和严密性，通常会使用第三人称进行叙述，因此，被动句式在商务英语中比较常见。[1]这样有利于避免第一人称和第二人称带来的主观臆断现象。

另外，在商务英语中使用被动句式，其强调的重点主要在于"做的内容"和"做的方式"，而不再强调"实施这一动作的人"。可见，被动句式在商务英语中发挥着不可替代的作用，例如，被动句式可以提高商务信息的客观性和准确性，也可以增强商务信息的可信度等。因此，在一些要求比较严肃的商务文体中，被动句式更为常见。

（3）经常使用长句、复合句、并列复合句。如前所述，商务英语的句式简洁而且表达十分准确，这样有利于从事商务活动的人理解和运用商务英语。但是鉴于商务英语的专业性以及严谨性、准确性等特点，商务英语也会经常使用长句、复合句以及并列复合句，尤其是在经贸合同中这些复杂句式比较常见。另外，还需要指出的是，商务英语的句式结构比较复杂，通常需要借助许多短语、从句对句子进行详细说明与限定，这样一来，商务英语的句子就容易显得冗长，有些句子甚至能够单独成段。

3. 商务英语的语篇特点

商务英语在语篇结构方面注重逻辑性，强调语篇内容的连贯性，在通常的表达中首先进行的是综合思维，然后进行的是分析思维。可见，商务英语在语篇表达中具有一定的独特性和共性。同时，语篇特点在很大程度上能够集中体现其词汇特点与句式特点。综合来看，商务英语的语篇结构合理、语言简练、内容具体、论述客观。下面针对商务英语的语篇特点展开具体分析：

---

[1] 姜伟杰. 商务英语教学理论研究 [M]. 长春：吉林大学出版社，2016：12.

（1）标题简洁醒目，多用缩略语。通常情况下，商务英语语篇的标题都比较简洁醒目，透过标题能够准确地表现语篇论述的主要内容。同时，商务英语语篇的标题还要生动形象，这样能够吸引更多的读者，发挥更大的影响力。除此之外，商务英语的标题通常采用简单句式。而这些简单句式又常以陈述式、疑问式等为主。另外，商务英语标题还具有简洁性、突出主题性的特点，因此，有些标题还会加上一些标点符号，以便进一步突出商务英语的标题特点。例如，破折号、冒号等比较常见，而句号一般不会被使用。

（2）语体规范正式。众所周知，商务英语是一种以商务活动为主题的专门用途英语。商务英语的商务特色，决定了商务英语在使用和表达中不能像普通英语那样随意和口语化。换言之，商务英语在具体使用过程中，从事商务活动的人必须在遵循平等合作的基础上，使用规范化、正式化、通用化的商务语体进行沟通和交流。可见，语体的规范、正式也是商务英语语篇的特色。

（3）行文结构要遵循一定的固有模式。商务英语主要用于跨国商务活动，使用语境较为特殊。因此，商务英语在语篇结构上通常使用固有模式，这种语篇特点在商务英语信函中比较常见。接下来探讨两种常用的商务英语行文结构模式：第一，解析型语篇结构模式。解析型语篇结构模式在商务英语语篇中经常使用。解析型语篇结构模式首先就是将整体进行分割，使其整体问题转化为一个个小的问题，然后对这些小的问题进行详细分析。一般而言，在购销合同与个人简历中会大量使用解析型的语篇结构。第二，比较—对比型语篇结构模式。在商务英语语篇中，要想论述商务英语商品、服务等方面的相同点和不同点，可以在商务语篇中采用比较—对比型语篇结构模式。众所周知，比较是对两个方面的相似性进行分析，而对比主要是对两个方面的不同之处进行分析。[①] 比较—对比型语篇结构模式常见于商务英语的信函、商务英语调查报告中。

4. 商务英语的修辞特点

（1）委婉。众所周知，商务英语主要运用于商务活动，而从事商务活动的人来自不同的国家或地区。这些来自不同国家或地区的人主要运用商务英语这一语言进行交际。在交际过程中，难免会出现表达、认知和情感不同的现象。为了使其能够顺利交际，还能够从理智和情感上都接受对方的想法或观点，可以在表达中运用委婉、模糊的话语。

委婉语或模糊语的内涵并不大，而外延却不小，能够使交际双方的观点被对方接受，具有很大的包容性特点。同时，委婉语和模糊语还具有一定的弹性，能够给

---

① 乐国斌. "互联网+"时代商务英语教学模式研究[M]. 长春：东北师范大学出版社，2018：53.

从事商务活动的人留下一定的空间，这样从事商务活动的人就可以在此空间中进行思考和想象。

除此之外，从事商务活动的人在使用委婉或模糊的商务英语进行交际时，还必须遵循礼貌原则。只有这样，从事商务活动的人才能在商务活动中顺利沟通和交流，从而为商务合作奠定基础。

（2）夸张。商务英语不仅经常使用委婉的修辞方法，还会使用夸张的表达方式。夸张在商务英语中起着重要的作用。这里需要强调的一点是，夸张并不是随意的夸大，也不是毫无根据地进行运用，而是从事物的本质入手，从内在层次对其使用夸张的修辞手法。换言之，夸张就是以事物的本质为基础，运用想象的方式，对事物的特征、内在进行扩大，从而达到增强事物表达效果的目的。在商务英语中运用夸张，不仅能够提高商务英语的感染力，还有利于商务活动的顺利进行。

另外，商务英语广告中经常使用夸张手法，主要是起到点石成金的目的。同时，夸张手法因其语言简练、表达准确等特点，在很大程度上促进了商务英语广告的传播。

（3）排比。排比是一种常见的修辞手法。它在汉语、英语表达中都起着至关重要的作用。排比其实就是把结构、意义、语气等相同或相近的词语、句子并列使用的一种手法。[①]

排比的结构是对称的，虽然在表达中并没有明确对不同事物之间的相同点、不同点或内在关系进行说明，但交际双方能够从中了解到不同事物之间的内在关系、异同点等。在商务英语语篇中使用排比结构，可以使文章表达更具节奏感，有助于将重要内容表达得更为清晰。

（三）商务英语翻译的标准

1. "信、达、雅"的翻译标准

"信、达、雅"的翻译标准是由清代翻译家严复提出的，对其的具体解释主要见于《天演论·译例言》中。对"信、达、雅"翻译标准的具体分析如下。

（1）"信"。"信"是这一翻译标准的第一步，其核心就是对原文思想、观点、内容等的忠实。它强调译者对原文的忠实性，即将原文的内涵、内容完整而准确地翻译出来，并强调译者不能对原文的内容进行任务的改动，也不准对原文的内容有任何的遗漏。实际上，译者要想满足"信"，首先要做到的就是对原文进行全面、准确的理解。如果没有做到这一点，就谈不上满足之后的翻译标准了。

---

① 郝晶晶. 商务英语教学理论与改革实践研究 [M]. 成都：电子科技大学出版社，2017：16.

（2）"达"。"达"是这一翻译标准的第二步，是在忠于原文的基础上做到译文的通顺和规范。要想做到"达"，译者就要在翻译中避免出现语言晦涩、结构混乱、语句不通等错误。

（3）"雅"。"信"与"达"是"雅"的基础，也是这一翻译标准的最高要求。"信""达""雅"实现的过程是从易到难的过程。而"雅"主要强调的是流畅，且译文具有一定的文采特点。众所周知，一篇译文的质量与翻译者的翻译水平紧密相关，而译者的翻译水平既包括其英语水平，也包括其汉语水平，更包含其对原文的理解。"雅"是翻译的最高境界，要想实现"雅"，必须做到以下方面：第一，译者必须彻底理解原文的思想、观点和内容，并在此基础上对原文进行翻译。第二，译者在翻译过程中不能将逐个原文词语的翻译拼凑成译文，这样会导致译文的生硬。

上述翻译标准在翻译界产生了很大的影响。同样地，商务英语翻译也受这一翻译标准的影响。在商务英语翻译中，同样需要遵循"信、达、雅"的翻译标准，即商务英语翻译不仅要忠于原则，做到语言的准确和严谨，还要保证商务英语翻译译文的通顺性和易懂性，做到语言的通俗易懂。更为重要的是，还要注意商务英语翻译译文的得体性。商务英语译文应该保持原文的行文风格，尽可能地还原原文，同时译文的语言表达也要与商务文本的语言特色相符。这就是商务英语对"信、达、雅"翻译标准的具体阐述。

2. "直译"与"意译"的标准

直译和意译在商务英语翻译中都比较常用。译者必须坚持该直译的地方必须使用直译的方法，而该意译的地方也必须坚持使用意译的方法。[1]

（1）直译。直译简单理解就是对原文一对一的翻译。译者采用直译法既可以保持原文的具体形式，又可以保持原文的具体内容，这种方法在商务英语翻译中比较常见。

（2）意译。意译，也被称为自由翻译。由于英汉两种语言在很多方面存在差异，当原文的形式和内容存在一定的矛盾，不能兼顾时，译者就不能采用兼顾原文内容和形式的方法——直译法，而需要采用一种注重原文内容，不保留原文形式的方法——意译法。

3. 翻译的"三原则"标准

翻译的"三原则"标准对翻译也产生了深远的影响。这一原则的提出者是英国学者亚历山大·泰特勒（Alexander Fraser Tytler）。关于这一标准的具体论述主要见于《论翻译的原则》中。[2] 翻译的"三原则"标准具体如下：第一个原则是译者必

---

[1] 苑春鸣，姜丽. 商务英语翻译[M]. 北京：外语教学与研究出版社，2013：4.
[2] 苑春鸣，姜丽. 商务英语翻译[M]. 北京：外语教学与研究出版社，2013：5.

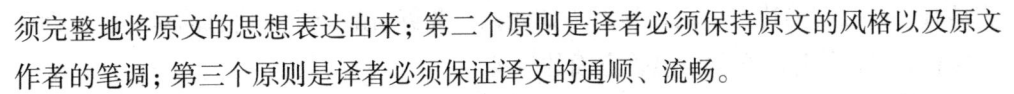

须完整地将原文的思想表达出来；第二个原则是译者必须保持原文的风格以及原文作者的笔调；第三个原则是译者必须保证译文的通顺、流畅。

翻译"三原则"的提出者在提出这一标准时主要倾向于文艺翻译，尤其强调了这一标准适用于诗歌的翻译。实际上，翻译的"三原则"标准适用范围十分广泛，可以在所有文体翻译中使用这一翻译标准。另外，翻译的"三原则"标准强调原文与译文的一致性，其中最重要的就是让译文读者获得与原文读者同样的阅读感受，产生同样的阅读反应，这在商务英语翻译中有着重要作用。比如，译者在翻译商务信函时，既要将信函中的内容信息准确完整地翻译出来，也要尽可能地使收信者产生发信者所期待的反应。

4. "功能对等"的翻译标准

这一翻译标准主要强调的是功能对等性。该翻译标准的突出代表是美国翻译家尤金·奈达（Eugene A.Nida）。"功能对等"的翻译标准在中国翻译界发挥着不可替代的作用。

"功能对等"的翻译标准主要强调原文与译文在诸多方面的对等，如在信息内容、语言风格、文化内涵等方面实现对等。

"功能对等"的翻译标准在国际商务英语翻译中也起着重要的作用，无论是商务英语还是英语的其他文体，都必须保证原文信息与译文信息的对等。

5. "语义翻译"与"交际翻译"标准

这一翻译标准在商务英语翻译中也是十分重要的。其提出者是英国翻译家彼特·纽马克（Peter Newmark），具体见于他所编著的《翻译探索》中。这一翻译标准主要由两个部分组成，即语义翻译和交际翻译。

语义翻译是对直译的总结，是对逐字逐词翻译的归纳，更是集忠实翻译的诸多优势的一种翻译方法。

交际翻译是对归化的总结，是对意译的归纳，更是集地道翻译的诸多优势的一种翻译方法。

"语义翻译"与"交际翻译"标准将语义翻译和交际翻译结合起来，更能达到翻译的良好效果。

综上所述，国外和国内都有自己的翻译标准。从整体上来看，不管是国内还是国外的翻译标准都注重翻译信息的对等性。具体而言，国外翻译标准主要注重文体的内容、文体信息的传递、文体的具体形式等；国内翻译标准主要注重文体的忠实性、文体的等值性、文体的内容、文体的传神性等。可见，国内外翻译标准都注重译文是否能够真实地反映原文的内容、思想等。而商务英语是英语的一种常见变体，涉及内容十分广泛，因此，商务英语翻译标准与普通英语翻译标准是有一定区别的，它具有自身独有的特点。也正是因为如此，商务英语翻译注重信息的对等性，即语义信息、风格信息、文化信息等方面的对等。

（四）商务英语翻译的原则

1. 忠实性原则

忠实性原则在商务英语翻译中占据十分重要的地位，它也是译者在翻译商务英语过程中必须遵守的原则。[①]忠实性原则主要强调的是译者翻译的译文与原作者的原文信息对等。这是由商务英语的性质决定的。同时，译者在翻译商务英语时，必须以忠实性原则为导向，保证译文与原文的信息对等，同时译者不能窜改、歪曲、遗漏原文所表达的思想。

另外，还需要强调的是，忠实性原则强调的不是原文语言表达形式的忠实，而是原文内容的忠实或原文风格的忠实。

2. 准确性原则

准确性原则是译者在翻译商务英语过程中必须遵循的原则。在翻译过程中，译者必须能够用译文的表达方式将原文的内容、思想等信息完整、准确地表达出来。

3. 通顺性原则

无论是商务英语翻译还是其他形式的语言翻译，都必须遵循通顺性原则。通顺性原则主要指的是译者在翻译商务英语时必须使译文的词汇和句子通俗、顺畅，同时符合商务活动的规范和要求。另外，译者在保证译文通顺的基础上，还必须保证用词的准确性，避免用词的生硬化和艰涩化。比如，"I work at the Bank of China."如果译成"我工作在中国银行"，就不符合汉语表达习惯。

二、商务英语翻译技巧及提升策略

（一）商务英语翻译中存在的问题

当前，商务英语翻译正处于完善发展的阶段，不论是商务英语的研究者还是实践翻译者都已经总结积累了一些经验，这有助于商务英语翻译的持续健康发展。但需要注意的是，商务英语翻译还存在一些问题，显示出了一些弊端，这些问题必然会影响我国的国际贸易活动。

1. 词汇问题

词汇问题不仅在普通英语翻译中比较常见，在商务英语翻译中也比较常见。众

[①] 邢丽华，杨智新. 商务英语翻译理论与实践应用探索 [M]. 北京：新华出版社，2015：6.

所周知，商务英语涉及很多的专业术语和专业词汇，这些词汇涉及商务英语的各个领域，因此具有内容丰富、范围广泛的特点。商务英语中的这些专业词汇与普通英语有着很大的区别，如果译者在翻译时按照普通英语词汇进行翻译，或没有结合商务表达习惯，很容易造成词汇翻译错误的问题，从而使译文不能准确地将原文内容表达出来，进而降低了商务英语翻译的规范性和专业性。

另外，在商务英语翻译中，还存在一种词汇问题——词义差别比较大。在翻译这类词汇时，如果译者将其翻译错误，就会影响整个材料的准确性、规范性和专业性。例如，在日常生活或者其他普通语境中，"Shipper"和"Carder"是意思接近的两个词语，但是到了商务英语的语境中，这两个词语就代表了不同的含义，需要进行明确的区分，"Shipper"指货物交出者，"Carder"则指货物运输的中间方。

2. 句式问题

众所周知，西方国家注重抽象思维，而中国主要以形象思维为主。再加上中西方风俗习惯、文化背景等方面的差异，英语和汉语在句式结构上也存在很大差异。

汉语句式以"意"为核心，不注重句子的完整性，更倾向于句子的意会，在表达中最为常用的方法是人称表达法。而英语句式则以"形式"为核心，注重句子的完整性。因此，译者在翻译商务英语的过程中，通常采用被动句式，这样有利于保证商务信息的准确性、正式性。

总而言之，句式问题也是商务英语翻译中一大问题。如果译者不好好解决这一问题，就会在具体翻译中出现句式错位、偏差等问题。

3. 翻译文化负载词存在的问题

由于英汉语言在很多方面存在很大的差异，所以，并不是所有的英语词汇均能在汉语中找到完全对应的词汇。商务英语也不例外。这种现象被称为词语空缺。面对这种情况，译者必须在翻译过程中适当地增加释义，以便让译文读者准确地理解原文所表达的内容信息。

总而言之，在商务英语翻译过程中，译者必须准确把握商务英语的各项特征，了解商务英语的特殊性，考虑商务英语中的词语空缺现象，并结合自身的知识和文化功底，使译文和原文在文化信息上实现对等。

（二）完全对译和部分对译技巧

通常而言，面对一些专业名词、专用术语，译者可以使用完全对译的翻译方法。[1] 如果没有出现一词多义的情况，那么使用这种翻译方法就非常简便。

---

[1] 李俊清. 商务英语翻译实践 [M]. 成都：电子科技大学出版社，2017：20.

如果在翻译过程中出现了一词多义的现象，译者就要借助具体的语境明确该词在当前的语境中代表什么含义，尽量选择与原文含义相接近的译文词语。在不同的语言环境中，Credit 有着完全不同的含义，因此，在商务英语翻译中，译者必须着重考虑语境因素，根据具体的语境选择最为合适的翻译词语，从而达到翻译的准确性。当然，这种情况不只出现在英语中，在汉语中也非常多见。

在商务英语翻译过程中，如果出现了一词多义的现象，译者就必须考虑具体的语境，根据上下文选择最恰当的表达方式，千万不能只翻译表面意思或常见意思。[①]比如，商务英语中常见的发放贷款，可以用英语中的 "to launch a loan" 来表达。而其中的 "launch" 就属于一词多义，"to launch a training class/course" 表示开设训练班，"to launch a satellite" 则表示发射卫星。又如，翻译 "Boss is firm with his men." 时，如果按照 "firm" 的普遍含义译为"坚定"就不够准确，使翻译流于形式，其内在含义应该译为"严格，严厉"，只有这样才能准确表达原文意思。除此之外，在商务英语翻译中还有可能出现一些很难在译语中找到恰当对应的词，这些词原本的含义无法在译文中得到准确体现，需要译者按照具体语境，对该词的含义进行引申延展，从而找到合适的表达。

（三）艺术化处理技巧

翻译是对原文的一种再创造。有时简单的对译就能满足翻译的要求，但这种情况比较少见，即使是简单的对译，译者也要考虑英汉语序的转换。有时，一个英语单词的含义需要译者运用若干个汉语词汇来翻译，因而译者在处理英汉对译的时候要运用一定的翻译技巧，即对译文进行艺术加工。在商务英语的翻译中，译者经常运用的艺术化处理技巧主要包括以下方式。

1. 合句法

所谓合句法就是指译者在翻译的过程中把若干个较短的句子合并成一个长句。众所周知，汉语在表达中重视意合，因而句子比较短；而英语在表达中重视形合，因而其句子都比较长。这就要求译者在把汉语翻译成英语时可以适当地运用合句法，使译文更加符合西方人的表达习惯，换言之，译者可以将原文中的多个简单句或一个复合句用译语语用习惯翻译成一个单句。

2. 分句法

译者在具体的翻译过程中可以对原句结构进行一定的改动，将冗长的英文句子拆分成短句，这就是分句法。这种方法有利于译文读者顺利阅读。

[①] 坎曼丽·麦麦提，彭小燕. 新编商务英语翻译教程 [M]. 成都：电子科技大学出版社，2017: 21.

对英语句子具体的拆分可以选在关系代词、主谓连接处或并列转折处等地方，在这些地方进行拆分不会使句子的本意发生变化。这种翻译方法有助于整体上保留英语原有的语序，符合汉语的语序习惯，可以使译者顺译全句，使译文更加清晰、流畅。

3. 词类转化法

由于英语与汉语是两种完全不同的语言体系，因此，英汉语言存在诸多差异，其中语法结构方面的差异较为明显。在商务英语翻译中，译者要想成功地完成翻译任务，让译文读者在阅读时没有过多的障碍，就必须对原文中的词类进行灵活处理，通过转换词类使译文更加流畅，更具可读性。实际上，词类转换就是对词性进行转换，如将名词转换成代词、形容词、动词，将动词转换成名词、形容词、副词、介词，将形容词转换成副词和短语，等等。下面对商务英语翻译中的词类转换类型进行具体分析。

（1）转化为动词。商务英语翻译过程中可以将一些本身含有动作意味的名词、形容词、副词、介词等转换为动词。

（2）转化为名词。商务英语翻译中可以把一些由名词派生而成的动词、部分形容词及副词转换为名词。

（3）转化为形容词。翻译时把某些形容词派生的名词及副词转换为形容词。

（4）形容词转化为副词。商务英语翻译可以将部分形容词转换为副词。

4. 加词法

加词法是指译者在具体的翻译中根据实际需求适当地添加能够表达原文意思的词语，从而使译文更加准确和通顺。译者可以添加的词语种类很多，如名词、动词等。需要注意的是，加词法只能增加词语，不能随意增加其含义。

除此之外，要想让译文更加生动准确，译者还可以对已经出现过的词语进行重复，适当地概括总结前文，这也是加词法的合理应用。

在汉语的表达中，中国人经常使用没有主语的句子，然而在英语的表达中，西方人则很少使用没有主语的句子。因此，译者在把汉语翻译为英语时，除了英语中极个别的结构可以使用无主句之外，要为大部分的英语译文加上主语，从而方便读者理解。

例如：What is on following the discussion of the prime interest rate?

译文：讨论完优惠利率后，下一项议程是什么？（增译主语）

英语和汉语在词汇方面存在较大差异。具体而言，在英语的表达习惯中，人们善于使用代词，因此，译者在把汉语翻译为英语时要为译文适当添加物主代词，同时也要增添连词。在英语语言的表达中，西方人还大量使用介词和冠词，这也要求译者在翻译时适当添加。

需要注意的是，增译法要合理使用，在保证语法结构完整的同时，还要达到译文的准确明晰。①

5. 减词法

与增词法相对应的是减词法，减词法要求译者在遇到一些无法译出或者没有词意的词时，不必将这些词一一翻译出来，这样有助于提升译文的简洁性。

对仗是汉语中常见的语言表达，这种句式结构有助于增强文章的气势，但是在英语中这种表达方式并不多见。因此，在翻译中可以进行适当省略，这样既符合英语的语用表达习惯，也使译文显得更加简短有力。

如果将这句话翻译成"性质相反的毒药能够互相抵消"，就会使译文过于冗长，不够精练。

在商务英语翻译过程中，译者还可以适当地省略一些没有重要含义的冠词、代词、连词、介词、动词等，这样形成的译文会更加符合译语读者的阅读习惯与思维方式，更显精练准确。

6. 换词法

换词法是指在翻译过程中，译者可以按照具体的语境要求，在保证语义连贯的前提下，更换为恰当的词语进行翻译，这样可以使译文完整地传达原文的意思，避免出现译文离题的情况。

7. 正译法与反译法

不管是在英语中还是在汉语中，人们描述同一个事物、讲述同一种观点时，都可以采用正说与反说两种方式，正译法与反译法就是在此基础上建立的。正译法就是按照与原文相同的语序或表达方式进行翻译；反译法是按照与原文相反的语序或表达方式进行翻译。② 实际上，正译法与反译法的效果一般是相同的，不过在汉译英的过程中，反译法更适合英语的语用习惯与思维方式，会使译文显得更加地道。

在英语表达中有一些词语与句子本身不含否定含义，但其呈现出来的语义是否定的；还有些词句属于否定形式，但表达出来的是肯定的含义。面对这种情况，译者首先要准确理解语句的真正含义，再使用正译法或反译法将原文含义翻译出来。

8. 深化法与浅化法

在商务英语的翻译实践中，有的时候译者不能直接从字面的意思来翻译原文，需要结合上下文以及汉语表达的思想来完成翻译，根据具体的语境与语用习惯进行合理地引申，这就是深化法或浅化法。总体而言，深化法就是从一般中提炼出特殊，

---

① 李俊清. 商务英语翻译实践 [M]. 成都：电子科技大学出版社，2017：26.
② 刘曼华，赵坤. 商务英语翻译 [M]. 北京：中国商务出版社，2014：23.

浅化法就是将特殊总结为一般。

9. 倒译法

在中国人的汉语表达习惯中，人们往往把句子中的定语以及状语等词汇放在被修饰语的前面，然而在西方人的英语表达习惯中，人们往往把句子中的定语以及状语等词汇放在被修饰语的后面，因此译者在翻译时要适当调整语序。通常情况下，倒置法较多地应用于英译汉中。

10. 包孕法

在英语长句的翻译中，译者将英语的后置成分前置，按照汉语语序使修饰成分在译文中形成前置包孕，这就是包孕法。[①] 需要注意的是，译文中的修饰成分不应过多，不然会显得烦琐，还有可能导致汉语句子结构的混乱不清。

11. 重组法

一般情况下，译者在翻译商务英语时通常会遇到各种各样的句式，有时一些句式十分拗口，不符合目的语国家的语言表达习惯，这时就需要译者在彻底理解原文思想以及结构的基础上对原文的句子进行重组，即运用重组法进行翻译。

（四）商务英语翻译直译的误区

在商务英语的翻译中，人们经常使用直译这种翻译的方法，因为这种翻译方法有很多其他翻译方法无法比拟的优势，如译者采用直译的方法翻译原文可以使译文的内容、思想以及语言风格和原文保持高度的一致。然而在具体的翻译实践中，虽然译者会大量采用直译的方式来翻译原文，但这并不是说直译这种方式是任何风格作品的最佳选择。译者在具体的翻译过程中使用直译的翻译方式也会受到很多局限，如译者采用直译有时会导致译文内容缺乏逻辑性，使读者阅读起来很困难。因而译者在具体的翻译实践中要根据具体的情况选择适合的翻译方法，不能随意使用直译法。

1. 否定句型中的直译误区

句型是译者开展翻译工作不可忽略的部分，一些特定的英语否定句通常是不能采用直译法进行翻译的，这时译者要采用其他方法进行翻译。

（1）部分否定句型。下列句型不同于汉语的思维模式，很容易误译。

例1：I do not kno wall of them.

误译：对他们我都不认识。

正译：对他们，我不是个个都认识。

---

① 坎曼丽·麦麦提，彭小燕. 新编商务英语翻译教程 [M]. 成都：电子科技大学出版社，2017：29.

例2：All the answers are not right.

误译：所有答案都不对。

正译：答案并非全对。

（2）单一否定中的部分句型。

例1：It is a long lane that had no turning.

误译：那是一条没有拐弯的长巷。

正译：无论多长的巷也有拐弯的地方（路必有弯，事必有变）。

例2：It is a wise man that never makes mistakes.

误译：一个聪明人从不犯错误。

正译：无论怎样聪明的人也难免犯错误。

2. 长句直译的误区

英语长句中的句子成分往往比较复杂，较难梳理，很难按照汉语语序进行直译，这就需要译者根据英语的语句特点与语序特点，结合上下文进行意译。面对不能直译的长句，译者通常可以围绕以下两个方面考虑应对。[1]

（1）逻辑关系和表达习惯。面对不能直译的长句，译者需要考虑句子的内在逻辑与汉语语用习惯，只有这样才能完成翻译任务。

例1：The chances are that the investors in the new industry would see more return than in those old ones very soon if they invest now.

译文：同老行业相比，投资者如果现在就投资新行业，会有更多的机会很快获利。

实际上，这个长句并不复杂，但还是不能直译，而要厘清句子中的逻辑关系，包括条件关系、比较关系与因果关系等。厘清逻辑关系之后再进行翻译，译文就会更加准确清楚。

例2：Standardizing operations for more deposits according to law; Intensifying internal control for still greater achievements.

译文：依法合规经营增储蓄，强化内部控制创佳绩。

原文出自银行的一句口号，因此在翻译过程中必须考虑其使用语境，采用对偶的翻译形式会更符合语句的使用语境。

（2）直译和意译。在长句翻译中，直译似乎较难发挥作用，但这并不代表长句的翻译要直接摒弃直译。实际上，最好的翻译方法就是直译与意译相结合，各取所长，从而达到良好的翻译效果。

例1：But a broader and more generous, certainly more philosophical, view is held

---

[1] 李俊清. 商务英语翻译实践 [M]. 成都：电子科技大学出版社，2017：32.

by those economists who claim that the evidence of a financial crisis in complete and misleading and that the world economy will developwell in the decade.

译文：有些经济学家的观点更开阔，更富有普遍性和哲理性。他们指出，有关金融危机的证据尚不完全，而且容易引起误解，事实上，世界经济在这十年中将进一步发展。

该句分为主句与从句，译者可以用直译法翻译从句，用意译法翻译主句。

例2：It was that population that gave to the westa name forgetting up astonishing enterprises and rushing them through with amagnificent dash and daring and arecklessness of cost or consequences, which she bears unto this day.

译文：那里的人们富于大无畏的开创精神，建立庞大的企业，敢冒风险，势如破竹，一干到底，不顾及成本与后果，因此为西部赢得了声誉。

这一长句的结构并不复杂，但是如果只使用直译法，就会使译文非常无趣，失去了原文的气势。因此，译者可以采用直译与意译相结合的方法，增加译文的生动性，还原原文的神韵。

3. 修辞句型中的直译误区

汉语写作习惯借助一定的修辞手段来提升文章的质量，在英语中也不例外。作者在运用英语进行写作时往往也会使用大量的修辞手法。如果英语中的这种修辞手法和汉语的比较类似，则译者在翻译时可以使用直译的方式，然而还有一些修辞手段无法在汉语中找到合适的对应修辞，这时译者就不能盲目直译，而是要根据具体情况采用不同的翻译策略。

总而言之，译者在具体的翻译实践中要根据实际情况采用不同的翻译策略，没有万能的翻译策略。此外，直译和意译这两种翻译方法各有利弊，译者在翻译时要准确把握二者的使用范围，从而使翻译的译文更加符合目的语读者的阅读习惯。

（五）商务英语翻译技巧的提升策略

1. 掌握文化背景

由于中西方在地理位置、气候、风土习俗以及发展历史等方面存在比较大的差异，因而中西方的文化也存在较大的差异。这种文化差异也会对英语和汉语这两种语言产生较大的影响，这就要求译者在具体的翻译实践中要了解作者所处的时代背景以及文化体系，从而准确翻译作品，避免由于不了解中西方在某个方面的文化差异而出现错误的翻译，造成文化冲突。世界上有很多个不同的民族，每个民族都有自己的文化体系以及风土人情等，其能够反映本民族居民的生活状态和精神风貌，是本民族智慧的结晶，因而文化对翻译有着非常重要的影响。因此，译者在开展商务英语翻译工作时，一定要十分谨慎仔细，要考虑多方面的因素，不能使译文出现较大的翻译错误，从而造成歧义。例如，英语单词"Dragon"的汉语意思是"龙"，在中国，龙是一种深受中国人喜爱的吉祥物，人们可以在很多场合看到"龙"这种形象，甚至还有很多人的名字里面包含"龙"字，然而在西方国家中，他们却认为"龙"是罪恶的代表，不喜欢"龙"，所以译者在翻译有关"龙"的作品时，一定要正确处理中西方文化中对"龙"的理解差异。

2. 注重专业术语对等

所谓专业术语通常是指应用到很多专业领域或者专业学科中的词汇，这些词汇是固定的搭配而且能够表达准确科学的含义。专业术语有很多其他词汇不具备的特性，如它具有单义性。单义性，顾名思义就是指专业术语的意思应该是准确的，不要引起人们的猜测或者有歧义。由于商务英语的性质使商务英语中有很多专业术语，译者要想准确翻译商务英语，其前提条件就是要准确读懂和理解商务英语中的专业术语，这就要求译者要广泛大量学习和了解其他学科的专业知识等，从而在翻译时能够准确翻译与商务英语相关的专业术语。

商务英语翻译需要遵循一定的参考标准，其中最重要的标准就是翻译的功能对等。所谓功能对等就是指译者在翻译时不要逐字逐句地翻译，要从文章的宏观结构出发来审视商务英语的原文，从而从语篇的角度进行翻译。在具体的翻译实践中，译者必须重视译文中的词语选择，注重词语的文化背景以及逻辑性等，尤其是译者在选择专业词汇时一定要十分谨慎。总之，译者在翻译商务英语时一定要重视词汇的选择，从而使译文更加通顺，符合功能对等原则。

通常情况下，在英语这门语言中有一个十分明显的特点，那就是英语中的每个词语都有好几个不同的含义。换言之，人们把同一个英语词汇放在不同的语境中，它就能够表达不同的含义，这种现象也经常出现在商务英语中。有一些我们日常比较熟悉且使用比较广泛的词汇，把它们应用到商务英语的某一个具体的学科中，这个词汇就具有了其他特殊的含义，且是一种固定的含义，这就是所谓的专业术语。

因此，我们强调专业术语的单一释义特征，也就是说译者在商务英语的翻译中要遵循术语对等的原则。

3. 谨慎增词减词

当我们对商务英语合同进行翻译的时候，因为合同是签订合同的双方以及当事人应该遵守的规定，具有一定的法律效力，所以，翻译人员必须做到使用词语比较谨慎，措辞比较准确贴切。翻译文本要非常准确并且非常完整，这样的合同才是比较合理准确的。在对英文合同的文字进行翻译的时候，翻译人员可以在原文的基础上适当地增加一些隐含的文字，这样能使合同看起来更加完整，结构也更加清晰，读者进行阅读的时候也就更加方便。

除了用词准确之外，还得谨慎选择词语，不同的词语有不同的意思，其使用的语言环境也是不一样的，这些都和文化有着或多或少的联系。从这些足以看出，语言环境不同，词汇的含义就不同。因此，译者必须合理选用翻译词语，从而准确表达其意思。除了这些以外，在使用商务英语进行交流的时候，我们也要注意对比较容易混淆的词语进行准确的区分。因为很多时候，如果翻译时选用的词语不合适，句子就会出现歧义，甚至表达了完全不一样的意思。所以，我们必须区分比较容易混淆的词语，只有这样，才能使商务英语翻译质量得到提高。

在对商务英语进行翻译的时候，我们要掌握一个比较重要的翻译技巧——对词量进行适当地增加或者减少。在进行翻译的时候，翻译人员要依据原文上下文的意思、逻辑关系，以及翻译文本语言上的特点和表达上的习惯，要么增加原文本中并没有的但是有一定意思表示的词语，要么减去原文本中存在的但是并没有实质性的含义的词语。依据上下文，可以先适当地增加动词、形容词等。

在进行翻译的时候，删减词语的翻译方法可以使翻译文本变得简洁明了，这样就不用对原来的文本进行逐字逐句翻译了，也在一定程度上改变了文本累赘和歧义的问题。

除了这些以外，因为英语中的很多词语在汉语中只有一部分能找到相对应的词语，有的甚至找不到相对应的词语，这种情况，在进行翻译的时候，翻译人员要采取相应的措施。

4.语篇文体翻译得体

商务文体的类型是非常多的，并且不一样的类型的翻译特征也是不一样的，如广告类型、公文类型等。文体的类型不一样，其翻译的风格和整体的方向也就不一样，在对商务英语进行翻译的时候，如果我们想使其更为合理，就需要深入了解各种不同的文体，并且在对文体进行了解的基础上，再根据各个不同文体的特点来翻译语言。

例如，契约文体的翻译。通常来说，大部分契约的语言都是很正式的，并且具有文艺性。当我们对契约文体进行翻译的时候，用得比较多的就是法语或者拉丁语言中的比较精确的词语。和其他的文体进行比较，我们就会发现，契约文体翻译使用的词语更为严谨。在对契约文体进行翻译的时候，我们非常注意的一点就是尽可能地不要使用一些弹性比较大的不经常使用的词语。相比较而言，公文文体的翻译就没那么正式了，比较形式化，语言的使用也没那么文艺性，显得严肃庄重了许多。我们在对公文文体进行翻译的时候，使用的词语大多都是比较专业的。在翻译公文文体的时候，翻译人员必须做到尽量使翻译出来的文字非常简单，别人一看到就能完全明白其中的含义，是不需要使用很多修饰性词语的。除了契约文体和公文文体外，还有一种文体和这两种文体都不一样，那就是广告文体。翻译广告文体的时候，翻译人员使用比较多的就是形容词，还有就是形容词的最高级。人们做广告是有目的的，那就是对消费者进行一定的吸引，从而让消费者对产品进行消费，与此同时使越来越多的人知道这个企业的存在。所以，在翻译广告文体的时候，翻译的文本必须具有一定的吸引力，使人们根据广告对产品进行一定了解，进而产生想要去购买产品的想法。在对商务英语进行翻译的时候，翻译人员需要先确定翻译文本是哪一种文体，然后根据文体来断定翻译的方向，只有这样，翻译出来的文本才能更加合理。如果翻译人员对要翻译的文本的文体并不了解，通常就会出现使用错误的情况。

5. 整理"无对应词"的翻译

英语中的很多词语并不是和汉语中的词语完全对应的，有的可能是有一部分相对应的词语，有的可能完全找不到相对应的词语，这就出现了词语空缺的现象。例如，汉语中人们经常使用"鸳鸯"这个词语来比喻夫妻，英语翻译的时候就翻译成了"mandarin duck"，但英语翻译后的词语并不能把汉语中词语的真实含义表达出来。所以，对于一些并没有对应词语的外来语言来说，因为其文化气息比较浓厚，我们在对其进行翻译的时候，需要适当地进行调整。

6. 恰当使用词类转译

在对商务英语进行翻译的时候，我们不能忽视翻译的风格。即便是人类的生存环境和条件等存在一定的差异性，使得文本的文化不能进行有效的翻译，但是，人类生存的主观需要和思考的方式并不是完全不一样的。各个不同的民族之间的差异性是非常多的，翻译人员需要对其进行较为全面的了解，从而不断促成不同文化之间的相对应。在进行翻译的时候，如果翻译人员把原文本中的风格信息忽视了，既会丢失翻译文本的信息，也会使得翻译文本变得并不是很合理。总的来说，国际商务英语涵盖了各种各样的文体的语言形式，翻译人员必须对此加以注意。

在商务英语翻译中，经常会遇到一些词语在词典中的含义和上下文的意思表示并没有联系的情况，假如翻译人员直接把词典中的含义应用到翻译文本中，那么翻译出来的文本就有可能变得比较含糊，再严重一点儿，阅读人员可能会误读文本的含义。所以，翻译人员必须根据自己平时积累的语言知识对上下文进行理解，进而对词语的引申含义进行解读。

所谓的转换指的是商务英语翻译中语言的表达方式和词语性质的变化。因为英语和汉语的表达方式和词语搭配存在很大的差异性，所以，翻译人员在对商务英语进行翻译的时候会出现一定的不对应性，这个时候，就需要进行一定的转换。

三、商务英语翻译技巧的应用研究

（一）商品说明书及其翻译技巧应用

商品说明书在人们日常生活中比较常见，它是商务活动中非常重要的一部分，具有较强的专业性，语言简洁严谨。在商品说明书的翻译中，译者除了要掌握基本的翻译准则与翻译技巧之外，还要了解商品说明书的语用特点，从而使翻译之后的商品说明书继续发挥其传递信息、指导人们使用商品的重要作用。

1. 商品说明书概述

所谓的说明书，指的是把商品的相关知识、使用方法等项目介绍给消费者的文书。

（1）商品说明书的作用。商品说明书是架设在商品和顾客之间的一座桥梁。首先，它是消费者使用产品的指南，消费者借助商品说明书了解商品的性能、用途及相关注意事项，从而更好地实现商品的使用价值。其次，说明书随着产品走入千家万户，使消费者通过它更多地了解生产企业，对产品和企业起到了广告宣传的作用。[1]

（2）商品说明书的内容。所谓商品说明书，指的是对商品的用途、构造以及如何使用等所做的文字说明。顾客在购买商品之后，就可以通过阅读商品说明书明确商品的使用方法。商品说明书一般放在商品的旁边，主要以小册子的形式呈现，其目的在于指导消费者使用商品，并指出商品的养护方法等，以免因为错误操作对商品造成不利影响。

（3）商品说明书的结构。一般而言，商品说明书主要由两大部分组成：一是标题，二是正文。如果说明书的内容比较复杂，那么就可以将其印成折子以及书本等样式，如果印成书本的形式，就可以仿照书的格式，设置目录、前言以及封底等内容。在一些大型的机电产品中，这种说明书的结构是比较常见的。

①封面。在封面上一般会印"说明书"三个字，厂的名称也会同步印在说明书上。一般而言，厂家都会让封面的标题更为鲜明与醒目。

②前言。对于前言，其形式主要是书信式的，并且也比较简短。

③标题。一般而言，广告的标题很重要，但是说明书的标题显然更加重要。对于一位客户来说，不管买了哪些产品，尽管有些说明书并没标题，但是他们也会去认真地阅读，没有标题的情况在英文产品的说明书中比较常见。但是，这并不代表

---

[1] 吴伟凡. 大学应用文写作新教程 [M]. 北京：首都经济贸易大学出版社，2018：240.

说明书的标题不重要，因为标题起着引领与宣传的作用。

④正文。正文是商品说明书的重要组成部分，在正文中就包含着对商品各种性能与各个部件的详细说明。当然，由于每个产品都有其不同的功能与用途，因此不同的商品说明书也是不一样的。

⑤封底。为了方便用户能够及时与厂家取得联系，所以在封底上会注明工厂地址、含国家地区代号的电话号码等。①

（4）商品说明的语言特点。

①商品英语说明书的词汇特征。

第一，运用缩略词。缩略词的出现就是为了方便人们的使用与记忆，在科技领域缩略词的使用更是普遍，因此，商品英语说明书中也包含大量的缩略词，译者需要对这些缩略词有所了解，并熟练运用。

第二，使用专业词。商品说明书本身就具有较强的专业性，因此，商品英语说明书中含有大量的专业词语，而这些专业词语有一部分是从普通词语转化而来的，译者在进行翻译时就需要加以辨别。比如，Base 的本意是"基础"，但是在医学专业可以表示"主药"，在化学专业则可以表示"碱"。换言之，在商品说明书中，一些普通的词汇也可能具有特定的意义。比如，Poor 这个单词在一般的情况下表达的是"贫穷、穷困"的意思，但如果出现在药品说明书中表达的则是"智力低"的意思；在药品说明书中，如果 Health 和 Appetite 放在一起，则能表达出"身体虚弱"的意思。

第三，运用合成词。在商品英语说明书中，还经常出现合成词，大多数是由已有的单词拼接而成的。

②商品英语说明书的句法特征。

第一，多用现在时态。现在时态是商品英语说明书常用的时态，因为说明书主要阐述了商品的品质与功效，这些品质与功效并不是个别的、短暂的，而是普遍的、有较长期限的。

第二，多用条件句。人们在使用商品的过程中必然会遇到各种各样的问题，为了对这些问题与应对方法进行说明，商品说明书就需要使用大量的条件句来假定这些情况，然后再指出应对的方案。

第三，多用被动语态。商品说明书是用来描述产品的，所以要立足事实，以事实为依据，所强调的应该是产品的本质特征，应该使用被动语态。被动语态的表达更加简洁，更符合商品说明书的要求。

---

① 李俊清. 商务英语翻译实践 [M]. 成都：电子科技大学出版社，2017：104.

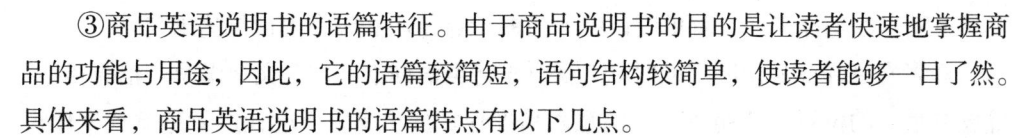

③商品英语说明书的语篇特征。由于商品说明书的目的是让读者快速地掌握商品的功能与用途，因此，它的语篇较简短，语句结构较简单，使读者能够一目了然。具体来看，商品英语说明书的语篇特点有以下几点。

第一，专业性强。专业性是商品说明书的突出特点，但同时商品说明书也要注重其应用性，综合考虑，它应该使用一些稳定性较强的词汇。商品说明书描述的产品对象涉及各行各业，甚至会有一些特定的"行话"。

第二，信息准确。消费者要想了解或者选择一个商品，就必须阅读其说明书，因此，商品说明书需要提供该商品非常详细、准确的信息，为消费者提供参考，同时也要引发消费者的购买兴趣。

第三，语言客观。商品说明书必须全面、客观地介绍该产品，要做到实事求是、表达严谨，因此，商品说明书的语言也要做到客观严谨，从而真实地呈现商品。

第四，通俗易懂。商品说明书面向的是广大的消费者，而这些消费者的文化水平必然存在差异。考虑到这一点，商品说明书的语言要尽量通俗易懂，不能过于晦涩，要满足大多数人的阅读需求。

2. 商品说明书翻译的原则

（1）准确原则与简洁原则。根据产品说明书的特点，译者在翻译的时候应该保证用语的严谨与准确性，多使用一些逻辑性强的语言，并且应该尽量让句子简洁明了。一些产品可能构造比较复杂，所以在撰写产品说明书的时候，应该确保论述的正确性，由于消费者并不是业内人士，对产品不太了解，因此，商品说明书应该尽可能少用复杂语句，多用平实、易理解的语句。

（2）等效原则。由于说明书属于科技应用文的范畴，在翻译的过程中应特别注意它的语用功能。当前，许多商品的英文说明书都存在一些错误，其中语用失误现象非常明显。说明书应该是对外交流的一种重要的手段，如果出现错误，势必会影响海外客户对商品的了解，并且会有损厂家的形象，还会让顾客对产品的质量产生怀疑，这显然是有百害而无一利的。

值得注意的是，中西方文化之间还是存在思维模式差异的，所以在翻译商品说明书的时候应该注意句法的选择以及内容的描述方式。如果译者注意到了这种文化差异，就会运用各种翻译方法从而传达出原文的意思，并且还能够很好地迎合受众的阅读口味。①

3. 商品说明书的词汇翻译

（1）词汇的翻译原则。从本质上来说，翻译就是一个理解与表达的过程，对于

---

① 曾文华，付红桥. 商务英语翻译[M]. 武汉：武汉理工大学出版社，2014：66.

商品说明书的翻译来说，就更应该将产品的特点与用法等完美地传达出来。

译者在翻译商品说明书的时候，就应该将英语词汇的"含义"以及"信息传达"等放在第一的位置，从而将原文的意思精准地转换出来，不能让读者感觉读来模棱两可。

在翻译说明书的时候还应该注意用词的专业性，避免出现不伦不类的语言，同时，在翻译的时候，还应该注意用语的精练程度，让读者花最少的时间能够获得最多的产品信息。

一般而言，在翻译的时候，译者需要遵循以下三方面的原则：第一，注意准确性，所谓准确指的是应该能够将原文的意思精准地传达出来，从而让读者正确理解原文信息；第二，注意专业性，毕竟有些产品是用于专业领域的，所以在翻译的时候要确保用语的专业性；第三，注意简洁性，在翻译的时候，应该避免啰唆的表达，使用精简的语言。

（2）词汇的翻译方法。

①意译。意译指的是根据原文的意思选择不同的表达方式进行中英文转换的一种方法。在翻译的时候，应该做好精准传神，用意译法翻译出的词汇技术一般科学概念明确，并且不会产生歧义，所以，在翻译英语科技文体的时候，意译法是不错的选择。

②字面译。在一些专业的英语中，有很多新词的意思是由旧词赋予的，一般而言，这些新词往往会带有一些隐喻的色彩。例如，Window 的本意是窗户，用在计算机领域，就可以翻译成"窗口"，当读者熟悉该词的意思之后，就会让这个单词拥有一个新的约定俗成的意义。

③音译。音译就是根据单词的发音进行的英汉互译的一种方法，从总体上来看，这种翻译手法是遵从一定的美学要求的，如 Sonar（声呐），Clone（克隆）等。

④半音半意译。对于一些专业术语来说，单纯用音译的话可能会显得不那么正式，所以常采用与意译结合的方式进行翻译，如 Monel Metal（蒙乃尔合金），Doppler Effect（多普勒效应）。

⑤形译。在科技领域，许多科技专业术语为了更加形象地描述某种技术术语，通常会用英语字母的外形来表达，这种方法被称为形译法。

⑥移植译。在翻译一些派生词或者是复合词的时候，多用移植的方式，所谓移植法指的是将单词中各个词素分别译出，如 microwave 译作"微波"。因为有些专业术语是比较长的，所以在翻译的时候用移植法能更好地显示出单词的意思。

⑦采用外文缩写词。在科技术语中，我们随时可以看到很多英语字母缩写，如果将这些词语翻译成汉语，就会显得比较拖沓，所以在很多情况下，可以不对其进

行翻译。这类单词在计算机以及生物领域中非常常见，如 ISDN（综合业务数字网）等。

译者在翻译之前应该明确这个词汇在说明书中的含义到底是什么，并且应该尝试着翻译几个译名，可以对比之后挑选出一个最合适的表达。

商品英语说明书的翻译除了要求译者具有较高的英语水平之外，还要具备一定的汉语修养，只有这样才能将说明书的含义精准地传达出来。

4.商品说明书的句法翻译

（1）祈使句翻译。在表达命令以及请求时，就可以使用祈使句，在英文的商品说明书中也有一些祈使句，用来表达对某种事物的建议，并且具有强调的作用。所以，祈使句在英语中是比较常见的，往往用来表示"指示""叮嘱""告诫"等。

就表达方式而言，商品说明书的结构与语句等都是非常简洁的，并且限制篇幅，说明书中常见一些简单句、祈使句以及片段等，所以，译者在翻译的时候也应该突出翻译的这些特点。

除此之外，在翻译商品说明书的时候往往要对商品使用的条件做出一定的限定，所以译者在翻译的时候可以适当使用状语从句对条件予以限定。

（2）被动语态翻译。被动语态的表达相对比较简洁，还能体现一定的客观性。商品说明书主要用于解释说明商品的功能效用，同样非常注重客观性和准确性。如果过度使用第一人称或第二人称进行表述，就会给人一种过度主观的感觉，缺乏客观性。因此，商品说明的翻译应该尽可能地使用第三人称表述，在翻译时使用被动语态。

（3）非谓语动词结构的翻译。针对商品说明书的翻译必须遵循三个基本原则，即清楚、简洁、准确，只有做到这几点，商品说明书才能体现其真正作用，让人们明白商品的功能与使用方式。具体来看，非谓语动词结构翻译有以下形式。

①分词短语作定语。一般而言，分词短语作定语的翻译需要参考"单分在前，分短在后"的原则。单分指单个分词，分短指分词短语，即单个分词作定语时，要放在被修饰的名词之前；而分词短语作定语时，要放在需要修饰的名词之后。需要注意的是，分词短语作定语时，不管其在句中处于哪个位置，都无须用逗号隔开，译者通常会用"的"字结构使其变成被修饰名词的前置定语。

②动词不定式。动词不定式除了不能作谓语之外，其他任何句子成分都可以充当。鉴于这种特性，动词不定式在商品说明书中出现的频率非常高，人们经常借助它来代替一些从句的表达。

③目的状语的不定式结构。目的状语的不定式结构翻译比较常见的有"为了使……"。在这种情况下，不定式中的逻辑主语并不会充当后句的主语，而是会充当后句的状语。

鉴于商品说明书的表达需求，简单句、祈使句、被动句以及非谓语动词结构都会被大量使用，它们使说明书的语言更加简洁清晰，且突出了重点。在翻译英文商品说明书时，非谓语动词结构有可能被翻译为一个简单的词或词组；不过多数情况下，译者必须结合具体语境，考虑到汉语倾向于使用简单句进行表达的语用习惯，分解原文的各层含义，再根据时间、逻辑等顺序进行合理排序，添加或删减一些词语，最后形成几个语义连贯的简单句。译者必须深入了解商品说明书各方面的特征，包括语篇特征、句法特征、词汇特征等，只有这样才能把握商品说明书翻译的重点，使翻译之后的商品说明书发挥同样的说明介绍作用。[①]

（二）商务合同及其翻译技巧应用

伴随我国对外的商务贸易活动越来越多，对外商务合同翻译需求也随之增加。由于英语是一种公认的世界性语言，所以商务文本一般都会用英语撰写，对语言表述的要求非常高，在措辞、文本结构、格式等方面必须做到严谨规范。因此，翻译商务合同必须考虑合同语言的特性，在此基础上做到精准、严谨翻译。

1. 商务合同概述

（1）商务合同的特点。商务合同是指在商务活动中，合同当事人根据有关法律、法规，在自愿、平等、协商一致的基础上，制定的共同遵守的协议书。[②]

①遵循法律依据。商务合同的签订十分严谨，这是因为它是一种法律行为，签订双方需要负相关的法律责任。当合同签订的任何一方违反合同中的有关规定时，都要依法承担相应的责任。

在签订涉外商务合同时需要注意，合同双方各自国家的法律都具有管辖该商务活动的权利，因此，在合同中必须明确双方国家法律的管辖区域或范围，详细写明一旦合同双方发生矛盾冲突，应该用何种方式来解决。一般而言，运用联合国、国际商会等国际组织颁布或推荐的一些国际公约和国际惯例，常常会使合同条款更加国际化，简化洽谈过程，容易获得双方政府的批准。

②合同当事人应有合法行为能力。对签订合同的主体有一定的要求，要求其必须是法人：在组织正常的业务范围内，可以对组织内部的资金、财产进行支配；也能通过自己的名义去参与一些民事活动，在享有民事权利与义务的同时还需要承担这些权利的责任与义务，可以在法院进行起诉、应诉。其组织机构依据法定程序成立。

③合同条文必须明确、规范。因为合同具有法律效力，所以必须要有一定的规

---

① 坎曼丽·麦麦提，彭小燕.新编商务英语翻译教程[M].成都：电子科技大学出版社，2017：68.
② 方有林.商务应用文写作[M].上海：同济大学出版社，2010：169.

范性，同时还要具备严肃性。首先要注意的就是合同条文的用词必须准确，尤其是涉及法律与专业方面的术语一定要表达精准，不能模棱两可，必须依照一定的标准做到规范用语，只有这样才能避免出现歧义，造成双方理解偏差。例如，商品的"品名""规格"等词语都有其特定的、为人们普遍接受的含义，外销合同中如CIF（到岸价）、FOB（离岸价）等均有其明确、固定的内涵，一定要准确使用。在某种情况下，若无统一、规范的术语可资采用，应经双方认真磋商取得共同理解后，使用一致同意的文字表述，不可出现模棱两可的用词，否则必将导致日后的纠纷，甚至造成重大的损失。其次，要注意合同行文的精练，把握整个合同的内在逻辑，使前后文贯通，一气呵成。

（2）商务合同的结构与写法。商务合同按形式可分为表格式商务合同和条款式商务合同。条款式商务合同一般由首部、正文、尾部构成。

①首部。首部主要包括标题、编号、当事人名称等内容。

第一，标题。要清楚写明合同的种类，例如"投资合同"等。

第二，编号。写合同编号的目的，是便于登记和管理。

第三，当事人名称。写明合同当事人名称，倘若当事人是由单位派出的代表，那么将单位名称及当事人的职务等内容详细写出来。

②正文。根据我国《合同法》的规定，商务合同需要包含以下条款：

第一，标的。标的是商务合同中合同双方权利与义务所指的共同对象，通常以货物、工程项目的名称为表现形式。

第二，数量。数量是标的在量方面的限度，是标的计量，通常以数字和计量单位来表示。

第三，质量。质量是标的在质方面的规定，是标的内在素质和外观形态优劣的标志。质量标准有规定标准的，如国际标准、国家标准、部颁标准、省（市）标准，要按当事人双方协商确定。

第四，价款或者报酬。价款或者报酬指的是当一方提供货品或劳务时，另一方需要支出的代价，通常情况下，价款包括两个部分，一部分是单价，另一部分是总金额。[①] 在合同书中要明确给付价款或报酬的结算方式和结算期限。除国家允许使用现金履行义务外，一般不得以现金支付，通常以银行转账结算。

第五，履行的期限、地点和方式。履行的期限是指当事人必须在哪一个时间段内履行自己的权利与义务，要具体明确，这是检查违约责任的依据之一。规定时不能用"近日内交货""产出交货"这一类模糊表述，要写具体日期。

---

① 肖晓明. 新编商务应用文写作 [M]. 西安：西安交通大学出版社，2016：86.

履行的地点是交付、提取货物的地方。要写省、市、县全称，以避免差错。

履行方式就是明确合同双方通过何种形式实现合同内容，具体指履行合同的时间与行为方式。

第六，违约责任。违约责任又称"罚则"，包括违约情况及所应承担的相关责任，如支付违约金、赔偿损失等。

第七，解决矛盾争端的方法。解决矛盾争端就是在合同中明确合同双方在面对争议时采用何种协调方法，如友好协商、调解、仲裁、诉讼等。争议解决后，经当事人协商一致，可以变更、补充或解除合同等。

第八，合同的有效期、合同的份数和保存情况。商务合同的正文中还要写明合同的数量、保管合同的责任人以及合同的鉴证机关。

③尾部。商务合同的尾部与一般合同大致相同，需要有签订合同者的签章以及签订的日期。

第一，当事人签章。签订合同的双方要写明自己的公司或单位名称以及相应的法人名字，并加盖印章（公章或合同专用章），如有鉴证机关，也应署名加印。

第二，签约日期。合同的日期必须明确，采用通用日期表示形式，如某年某月某日。

此外，有时合同签订者为了能够便捷沟通，还会在合同中写明公司地址、联系方式、银行账号等内容，这些内容属于备注内容。

2.商务合同翻译的标准

商务合同中的各项条款都对合同签订者的经济利益有着直接的影响，并且，一些涉外商务合同还需要考虑不同国家在法律规定上的差异。这为商务合同翻译增加了许多难度。此外，商务合同的文体结构及用词规范严谨，这就要求翻译之后的译文也要做到严谨准确，避免歧义。因此，商务合同翻译必须依照一定的标准进行。

（1）准确严谨。商务合同具有较强的专业性，同时也具有一定的兼容性，为了满足人们对商务合同的严格要求，避免出现歧义与误解，商务合同的翻译首先要做到准确严谨。合同文本与其他文本相比具有一定的特殊性，它是对合同双方真实需求的文字记录，因此，合同文本的翻译对于文采韵味的要求几乎没有，它最注重的是准确严谨地将合同签订者的要求与意思表示出来。[①]

用词准确是翻译商务合同的第一要义。商务合同中的词语翻译必须做到精准对应，还要体现出一定的专业性。比如，通常译者在翻译"Accept"时，会将其译为"接受"，但是在商务合同中，就必须使用更加专业的词汇"承兑"；同时，"Ac-

---

① 李俊清.商务英语翻译实践[M].成都：电子科技大学出版社，2017：54.

ceptor"就应该译为"承兑人"。又如,一般情况下,"Shipping Advice"与"Shipping Instruction"的意思基本相近,不用做详细区分,但是在商务合同中就必须对二者进行明确区分:"Shipping Advice"表示"装运通知",即交易双方中的卖方向买方发出的通知;而"Shipping Instruction"则表示"装运指示",即交易双方中买方向卖方发出的指示。同样的例子还有"Shipment Date"与"Delivery Date",这两个单词都可以译为"装货日期",但在商务合同中它们还是有着细微的差别,"Shipment Date"指货物起运的日期,而"Delivery Date"指到货的日期。由此可见,在翻译商务合同时必须仔细辨别词语的含义,以免出现对合约的误解纠纷。例如:

In order to cover our order, we have arranged with the Bank of China, Dalian Branch, a credit for USD 86000.

译文:为支付我方订货货款,我方已委托中国银行大连分行开立86000美元的信用证。

上例中的"Cover"通常译为"包括",但是在合同中,译者必须找到对应的专业领域的术语进行翻译,因此,其应该翻译为"购进货物""投保险"等。

译文的完整性对商务合同翻译来说同样重要。因此,在翻译中译者不能只关注原文与译文在词语上的对等,还要注重其整体语义的统一完整。

(2)规范通顺。合同是具有法律效力的文件,具有严肃性特征,因此,在翻译过程中必须做到规范通顺。规范,就是要严格遵守法律语言的要求,呈现出契约文本的特点;通顺,就是要满足汉语的语法要求与语用习惯,保证译文能够被人清晰理解。[①]

因此,在进行商务合同翻译时,译者一定要遵循两大原则,一个是"准确严谨",另一个则是"规范通顺"。严谨是商务合同翻译的第一要义,如果翻译得不严谨就有可能导致签订双方最后对簿公堂;规范通顺是合同签订双方清楚表达自己意见的前提,如果译文过于晦涩,那就让签订双方无法理解合同的具体内容,也就失去了翻译的现实价值。

3. 商务英语合同词汇翻译

(1)商务英语合同的词汇特点

①专业术语单义性。目前,国际贸易已经涉足诸多行业,这使商务英语合同中除了会经常使用到各种专业的法律英语外,对于其他学科领域专业术语的使用也同样比较频繁,如 Ocean Bills of Lading(海运提单)、Freight to Collect(运费到付)等就为常用基本贸易术语,而 Expiration of Contract(合同期满)则为拟定合同时的

[①] 车丽娟,贾秀海.商务英语翻译教程[M].北京:对外经贸大学出版社,2015:228.

常用合同术语。虽然这些专业术语或词汇在日常交流中大多并不常用，但为了保证合同内容的明确、清晰，仍然需要进行权威的科学认证。只有确定这些表述不管怎样都不会出现歧义，才能放心地应用在合同中，用来进行商务合同的表述。实际上专业术语之所以大多具有单义性，正是因为上述要求。

②普通词汇半专业性。由于贸易活动早已遍布各行各业，在贸易合同中需要约定的内容自然非常广泛，因此，要求合同中所有的内容都通过专业术语来表示是不可能实现的，这就需要用到一些普通词汇。这些普通词汇的专业性必然比不上专业术语，但是其具有多异性。它们在合同中的应用使自身逐渐成为半专业性词汇，并延伸出一些新的含义。

③古体语相对常见。古体语是指文体色彩较为鲜明的词汇语言，一般很少用于日常交流，而在商务英语合同中较常运用。古体语可以体现出庄重、严肃的合同语言特点，如 hereafter（今后）、therein（在其中）等。虽然古体语与现代英语规范有一定的出入，但用在严谨、庄重的商务英语合同中是比较合适的。

（2）商务英语合同的翻译技巧

①明确合同内容目的。在进行商务英语合同翻译时，译者最好可以从功能翻译理论的视角出发，对在具体翻译过程中出现的问题进行分析。一旦合同中出现词汇、词组、语句存在两种或多种不同的意思，应立即向合同拟订者进行询问，将该处合同内容的实际含义与目的明确下来，并告知合同双方的负责人，之后再根据这一目的来进行后续翻译，同时通过使用单义性词汇、调整或拆分句式等方式来得出译文，以免合同译文与合同原文在含义上出现差异。

②保证合同译文连贯性。由于商务英语合同文本具有法律效力，因此，其词语、句法的使用都必须做到严谨规范，这就不得不重叠使用一些比较重要的词汇来完成表述。英语中的词汇重叠与汉语中的叠词大致相近，一般而言，其含义不会过分变化。但是在翻译合同的过程中遇到这些重叠使用的词语，就很有可能使译文变得烦琐冗长，合同双方理解起来也会比较困难。针对这一问题，翻译人员在对商务英语合同进行翻译时，还需坚持连贯性原则，对合同内容进行深入、明确的理解，在确定重复使用词汇并无其他特殊含义的情况下，按照汉语的词语使用习惯来进行翻译，即通过一个词语来表示多个重复使用词汇的相同含义，从而保证译文句子的连贯性。

③熟悉各类缩略词及其翻译标准。在商务英语合同中，经常会使用一些由简单字母、符号组成的缩略词来表达复杂含义，如 FOB 为英文 "Free On Board" 的首字母缩写，意为"离岸价格"，而 A/R 则表示 "All Risks"，译为"全险"。对于翻译人员来说，必须要通过日常积累来掌握这些缩略词的含义及其翻译标准，才能够保证翻译效率及译文的准确性。

4. 商务英语合同句法的翻译

（1）商务英语合同的句法特征

在拟订商务英语合同时，不仅要详细列出双方应该享有的权利，也应该指出双方应该承担的义务，所以在选择句型时，一般会选择陈述句、复合或并列的扩展式长句。这是因为这些句型有一定的局限性、较强的客观性，结构上多采用被动句和名词性结构，且多用现在时态和直接表达式。

（2）商务英语合同句法的翻译技巧

①长句翻译。涉外合同中经常使用长句。涉外合同会出现大量的长句，这是因为涉外合同需要严谨，而长句叙述的内容比较完整，能将双方的权利与义务关系明确下来。再者，多使用长句也能减少合同内容的烦琐程度，但是，如果长句没有组织好，表意不明确，就会导致误解。

②合同常用被动语态，翻译须为主动结构。合同中的被动句，能够准确标明合同一方的权利与义务，并且词汇的运用也合理。如果在合同中大量使用被动句，那么就能将合同的专业性体现出来，这对于合同的最终达成也非常重要。

③否定句。

第一，否定提前。在合同中会存在不少的否定句用来规范双方的行为，通常情况下，英语处理否定的方式有两种，不过这两种方式都是通过调整语序的方式实现的：第一种，可以将否定词放在情态动词或者助动词之后，这样就构成了陈述语序，否定的目的也就达到了；第二种，可以将否定词直接放在句首，调换情态动词或助动词与主语的位置，经过这样的调整，就形成了新的语序，这就是倒装语序，同时，否定的目标也就达到了。而在合同中，关于否定的处理，我们一般都会使用第二种方法。

第二，移项否定。谓语的位置发生变化，将其转移到主语或者宾语的位置上，这就叫移项否定。这样做的主要目的就是要加强语气。

④抽象名词作主语现象普遍，翻译须转化。在涉外合同中，有大量的抽象名词出现。这既可以使行文凝练，也可以使合同更加严谨。但是在汉语中，很少有这种抽象名词作主语或者宾语的习惯，为此，在进行涉外合同翻译时，须进行转化，即将英语的某一成分转换为汉语的另一成分，力求行文的通顺流畅，并具有完整的含义。

5. 商务合同翻译的规范性研究

（1）语言规范性的意义。商务合同翻译需要一定的严谨性，因此，在这方面它与法律英语存在共性。不过，商务英语合同翻译毕竟是与法律英语翻译不同，根据实际情况，也有其独特之处。所以，在遵循法律规范的前提下，合同中的信息必须是权威的，这就需要在进行商务合同英语翻译时，必须要对所使用的语言进行有效规范。只有使用的语言具有规范性，合同翻译才会准确。需要指出的是，规范性语言不仅要能避免歧义，而且还需要保证较高的流畅度。

（2）语言规范性的类别。语言规范性主要体现在以下三个方面：第一，能准确使用词汇；第二，能恰当选择语法；第三，能使内容变得简洁明了。

在商务合同翻译中，语言规范性是非常重要的，毫不夸张地说，它被认为是商务合同翻译的关键。商务合同肯定会存在一些有歧义的句子，这不仅与商务合同的文体特征有关，而且与其语言学特征也有关。因此，只有对合同内容进行正确的理解，才能最终取得成功的翻译。很明显，在进行商务合同翻译时，绝对不能出现曲解合同内容的情况。

（3）语言规范性实现的条件。商务合同翻译要根据合同的具体内容选择合适的单词与词组，只有这样才能最终将合同的内容精确表达出来。对于任何一种不精确的情况，在翻译时都必须完全避免掉。通过下面的例子可以具体说明这一观点。

As there is no direct sailing from Shanghai to your port during April/May, it is imperative for you to delete the clause "by direct steamer" and insert the wording "Partial shipments and transshipment are allowed".

译文：因为四五月份并没有从上海直接到你方港口的船，所以你们应该将条款中的"只允许直航"改为"允许分批装运和转船装运"。

通过分析可以清楚地发现，这个例子中有一个限定词汇"during April/May"，因此，译者在具体翻译时必须要着手翻译它，一旦将其忽略掉，就有可能导致双方在时间上产生的偏差。"it is imperative for"，从这里可以看出，这是一种直接命令的口吻，丝毫没有可以商量的意思。所以，在翻译时绝对要摆脱以往与外国人交流时的委婉原则，而是要语气坚决、态度肯定。可见，译者对商务合同中每一条款内容的理解是非常重要的，一旦理解错误，有时甚至会导致严重的经济损失。

（4）国际商务合同翻译的规范性要求。随着中国市场经济规模的不断扩大，以及改革开放进程的不断推进，中国企业对国际商务合同翻译的需求也越来越大。在这种经济发展背景之下，译者不仅要掌握扎实的专业知识，而且还要及时掌握商务领域里出现的新词汇，从而使自己一直保持较高的水准。另外，国际商务合同是法律英语的一部分，因此在对其翻译时，译者必须要掌握足够多的专业国际商务合同术语，且对于某些术语的表达要能做到绝对的严谨。只有这样，译者翻译的商务合同才能较好地保护双方的利益。

①关于语言的要求。

第一，用词的准确性。从前面的介绍可知，国际商务合同是属于法律文件的，因此，在对其进行翻译时可以从法律翻译的层面上来看，也就是说，要根据法律翻译的要求进行商务合同翻译。所以，国际商务合同翻译首先就是要做到与原文的一致性，这种一致性不仅体现在语言意义的一致性，还体现在语言结构的一致性。需要特别指出的是，译者绝对不可以为了追求语言的通俗易懂而擅自更改原文的结构，也不可以对原文进行改写，因为这样很有可能会产生歧义。

第二，语法结构的正确性。通常而言，国际商务合同中所使用的语法结构都是比较严谨的，这样做的目的就是要保证文件内容表述的正确性，但这种严谨的语法结构也使语言关系显得特别复杂，合同内容理解起来不容易。尽管如此，译者也需要仔细分析复杂的语法结构，只有将这些结构中的关系都弄清楚了，才能保证翻译的准确性。

第三，篇幅、章节的严谨性。语言结构的程式化是国际商务合同中一个比较突出的特征，为了让汉语读者更好地理解合同内容，可以对这种程式化进行弱化，方法为：适当引用汉语语言中的程式语言与句式。这样既彰显了合同的严谨性，同时也有利于汉语读者的阅读。

②关于专业的要求。商务合同有着极强的专业性，涉及的领域也非常广泛，有法律、金融、仓储、海关等，这给译者的翻译带来了较大的难度。译者需要在完全理解内容的基础上分解原文，保证译文与原文的一致性。

第一，专业术语的准确应用。

例如：The lead partner submits a copy of the short term cash flow which covers the period from September 1997 to February 1998. Mr. Marchesini highlights the main items of the cash flow, which are the Endowment fund and the advance payment as far as the receipt is concerned, and the down payment for TBMs and plants, purchase of fixed assets and the advance payment to subcontractors for the expenditures。

如果想要较好地翻译这段文字，首先就要能够很好地掌握这段文字中所涉及的几个关于财经的专业术语，即 cash flow（资金流动、现金流量、现金流转），endowment fund（留本基金、捐赠基金），advance payment（预付款），receipt（收款、收据、收入），down payment（分期付款的定金、第一期付款、租购交易的定金），fixed asset（固定资产），expenditure（支出、费用、支出额、消费额）。如果无法做到对专业术语的理解，最后翻译成的译文很可能就会出现错误。

第二，从专业技术和法律概念的角度理解词义。当前，经济全球化的到来使国际经济活动更加频繁，不同学科领域之间也实现了前所未有的渗透。因此，在进行国际商务合同翻译时，译者必须要考虑经济活动的领域以及形式，对于可能在经济活动中出现的问题，要谨慎处理。一旦译者出现疏忽，就有可能导致因为一个词语的理解不同而使合同双方各执一词的现象出现，甚至最后可能会使双方通过法律途径解决。

如果因为违反合同而造成另一方的损失的，所有经济责任都应当由违反合同的一方承担。

译文：In case of losses caused by a breach of contract, the financial responsibility shall be borne by the party who has breached the contract.

"经济责任"是指违反合同的一方应当承担的法律责任，这种责任的内涵丰富，不仅包括"赔偿损失""支付违约金"，而且包括"支付迟延支付金额的利息"等，因此译者不能单纯地从字面出发将经济责任译为"economic responsibility"，而是为了保证准确性，将其译为"financial responsibility"。

③关于风格的要求。国际商务合同英语具有实用性特点，且其本身还展现了一定的风格。在具体翻译过程中，为了使译文与合同原文在表达形式与风格上保持一致，译者可以选择一些符合法律文体要求的词汇或者符合法律规范的习惯用语。这些词汇与习惯用语的使用，一方面能让译者更好地理解译文，另一方面也能强化译文的文体风格。

第一，在行文上表现出"简练严密、严肃庄重"的特点。在进行翻译时，译者可以选取一些比较正式的词汇，以保证翻译的准确性与得体性，通常会选择一些古词与大词。

例如：Neither of the parities hereto（to the contract）shall at any time during the continuance hereof（of this contract）deal with any of the shares of the Joint Venture Company owned by the said party whether by sale, pledge or otherwise in any manner inconsistent with the coming out of its obligations hereunder（under this contract）.

这个例子中的古词有"hereto""hereof""hereunder"，它们的使用让合同更加严谨。同时，从功能层面上来看，古词还能在一定程度上代替介词短语，如"hereof"意为"在……中"，这些古词的使用能在很大程度上避免词汇重复问题的产生。而且，古词的使用提升了合同的正式程度，使得合同在整体上呈现出庄重、严肃的风格，且非常得体。

第二，"得体"还体现在商务合同本身具有法律性。翻译商务合同，还要注重翻译的"得体"，为了实现这一目标，译者可以选择一些符合法律规范的惯用语，这样能够保证译文的准确性，同时也留住原文的确切性。

例1：Know All By These Presents。

译文①：本人确认（法律用语）。

译文②：通过这些文件，告知所有的人。

其中①译文比②规范。

例2：When the failure of the either party to fulfill its contractual obligations in time brings about loss to the other on account of causes other than force majeure, the defaulter shall be datable to pay the penalty。

译文：当一些人力以外的原因出现导致一方不能按时履行合同，进而使另一方遭受损失时，不能履行合同的一方应付另一方金钱。

在原文中，"shall"是一种描述时间状态的词汇，表示"将来时"，而在商务英语合同中，它就是一种能够展现法律功效的语言形式，所以应该与普通英语文章中的译法不同，这里可以译为"应该"。如果译者不了解这一情况，而将其译为"将"，那么，原文的风格与特征将会消失，所谓的译文"得体"也就荡然无存了。

商务英语合同翻译是一件极其复杂的工作，对译者有着较高的要求。它要求译者不仅要扎实掌握英语基础理论知识，而且还要具备相关专业知识以及法律知识。译者绝对不能望文生义，依靠自己的主观能动性进行翻译。社会经济不断发展，商务活动的范围也在不断扩大，随之而来的商务合同翻译难度也就增加了，译者需要了解更多的商务英语知识。面对这一情况，译者不能畏惧，而是要勇于面对，靠自己的不懈努力提高自己的技能，从而实现更好的翻译。

（三）商务广告及其翻译技巧应用

1.商务广告概述

（1）广告的分类。广告这一词汇最先来自拉丁语"Advertere"，之后到了中古英语时代，其演变为"Advertise"，所表示的意思为让某人可以注意到某件事。之后，这一词汇开始被用在了商业推广活动中。

广告是广告主为了宣传产品或者服务而进行的一种付费传播的促进活动。

广告的分类比较复杂，一般而言，依据不同的标准可以有不同的分类。按照广告媒体的标准来看，广告不仅包括报纸广告、广播电视广告，还包括户外广告、电影广告等。

按广告诉求类型分类，可分为情感广告和理性广告。

从不同的角度出发，广告的分类也就不一样，这让广告分类看起来非常复杂，但无论从哪一个角度出发，广告都是进行产品宣传的一种形式。

（2）广告的语篇结构。一般说来，广告是由两部分组成的：一部分为视觉形象要素；另一部分为听觉形象要素。其中，视觉形象要素是非常重要的。它包括文字与图画两个部分。文字形象要素内涵丰富，包括标题、正文、口号与附文；文字以外的一切视觉形象要素，我们都可以将其称为图画形象要素，主要内容为绘画、商标、品牌、外缘和空白五部分。

广告的视觉要素在不同的广告文体、媒体的运用上，其形式、结构是不尽相同的。一般而言，印刷广告具有较完整的文字形象要素，其标题、正文、标语、口号、附文几乎样样俱全。但也有印刷广告以图示为主，文字形象仅保留标题或口号。广播广告一般常使用较显著的广告口号，而标题很少使用。户外广告文字部分都很精练，不仅正文部分很简短，有些还仅以标题和口号出现。但有的户外广告，如招贴广告，不但标题、口号、正文、附文样样俱全，而且正文部分也很详细具体。总体说来，广告中使用标题、正文和口号的组合最为普遍。

①标题。广告标题是一则广告的核心，所以要特别醒目，让人们第一眼就能看到。标题又可以分为两个部分：第一部分为引题，它通常位于正题的前面，是正题的引言，不会包含特别重要的信息，作用就是引起话题；第二部分正题是标题的主要组成部分，它所要传达的内容为广告的核心，所以集中了广告文案最重要的信息，是广告的重要组成部分。广告正题一般用比引题和副题大的字体来加以突出。副题通常是正题的进一步说明。一般而言，广告标题具有四大特征：第一，位于广告的醒目位置；第二，能够迅速引起观众的注意；第三，使目标受众能持续关注正文；第四，激发受众的购买欲望，促使其产生购买行为。

②正文。广告正文始终在广告文案中处于主体地位。[①]其所呈现的功能主要有以下两个方面：第一，对于广告主题进行详细解释；第二，对目标受众的诉求进行直观讲解。

广告正文能让受众迅速了解到自己想要了解的信息，从而使其可以对正文中介绍的产品产生兴趣，并进而激发其购买兴趣，促使其购买行为的产生。从内容与文体的角度来看，广告正文主要有信息型、情感型、叙事型和对话/独白型。

③口号。为了让受众对企业的产品有好的印象，能够有购买产品的欲望，企业会在广告中使用一些既简明扼要又能传递企业理念的句子，这种句子就是口号，一般也可叫作广告语、广告中心词、广告标语等。通常情况下，广告口号的长度有限，多使用一些短句，因为长句并不能直接引起人们的注意，达不到宣传的效果。口号虽然不长，但只用几个字就能将产品的优势描写出来，从这个方面上来说，这是一个非常经济的做法。

广告口号与标题既有共性，又有差异。从共性方面来看，二者都是广告的重要组成部分，且都简短精练，能迅速抓住目标受众的目光。而从差异性上来看，二者的区别主要体现在以下方面。

[①] 杜军.纸上谈兵的胜算：广告文案的写作理论与方法[M].长春：吉林人民出版社，2014：24.

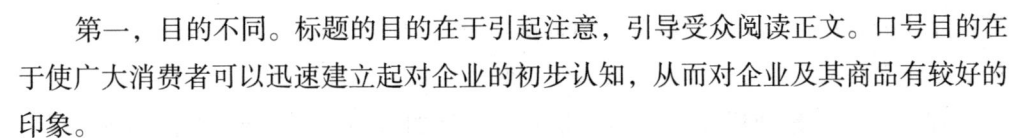

第一，目的不同。标题的目的在于引起注意，引导受众阅读正文。口号目的在于使广大消费者可以迅速建立起对企业的初步认知，从而对企业及其商品有较好的印象。

第二，位置不同。标题通常位于广告文案的最醒目的地方，即正文的前面。而口号的位置一般不会固定，它可以位于正文的前面与中间，也可以位于广告的末尾。

第三，使用时间不同。标题通常是一次性使用。而广告口号则是在相当长的时间内固定不变的，可以连续使用，甚至无限期使用。

（3）商务广告的语言特点。随着社会的繁荣发展，尤其是全球一体化进程的不断推进，广告在政治、经济以及文化等领域中的作用越来越突出。广告语言在叙述产品功能时往往会非常生动，大众在听到广告时容易产生对产品的联想，进而有可能产生购买欲望，这是广告最直接的作用。语言在广告中有着非常重要的作用，不仅影响着广告作品的成功与否，而且还会影响广告的传播效果。我们评判广告的成功与否就是要看其是否对人们产生较强的感染力。

商务英语广告为了给受众留下深刻的印象，广告设计者通常会使用一切可利用的语言资源进行组织，从而实现广告目标。一般而言，成功的商务英语广告会具备以下几种特质：句子简短、用词精练、主题明确、内容突出。

①商务英语广告的词汇特点。

第一，杜撰词增加新鲜感。广告必须要保证理念、内容的新颖，因为消费者已经看过了太多的广告，如果广告不具备新颖性，那么，其就很难吸引消费者的注意力。因此，很多广告都强调在立意上要保持新颖，这样做的最大目的就是博得消费者的关注，激发其购买欲，并最终促使其产生购买行为。修辞手段在广告中的应用就能达到这一效果。这使得很多广告设计者开始注重在广告中使用修辞手段，从而使广告看起来非常生动形象。杜撰词就是一种可以帮助广告设计实现这一目的的词汇，它故意违反传统语言规范，以提高语言的表现力，从而丰富广告的内涵。下面以一则假日旅馆的广告为例：

TWOGETHER: the ultimate all inclusive one price sunkissed holiday.

文本中的"TWOGETHER"很明显是根据谐音"together"杜撰而来的。"TWOGETHER"这一词汇不仅使用了"together"的语音形式，而且使用了其所表达"两人"之意。与"together"相比，"TWOGETHER"在营造出游气氛上更胜一筹，形象地描述了情侣二人一起度假的欢乐气氛。

第二，褒义词突出优越性。广告在对产品进行描述时往往需要对产品进行必要的渲染，而那些具有褒义感情色彩的形容词，甚至其比较级与最高级形式，都能起到渲染的作用，因此这些词汇在广告的使用中非常频繁。在广告中使用褒义形容词，不仅能让顾客从主观上肯定商品，对商品留下深刻的好印象，更重要的是，这种好印象的建立有利于激发顾客的购买欲望，促使其购买行为的发生。

在广告中大量使用褒义形容词是一种必然的行为。为了能让顾客认同产品，good、beautiful、rue、super 等褒义形容词可以更好地对商品进行粉饰美化，也能让顾客对产品性能有好的期望。一些具有评价性质的形容词的最高级形式也经常出现在英语广告中，使用这些词汇的主要目的就是对商品的好品质予以强调，同时在很大程度上还能提升广告的销售价值。比如，"The world's second greatest invention."这是大众公司一款汽车的广告标题，这一广告标题使用了词汇的最高级形式——good 的最高级形式"greatest"，正是由于这一最高级形式的使用，受众便相信了广告中对于汽车的描述，一方面最高级形式增强了受众对广告的信任，另一方面则充分激发了受众对品牌的兴趣。

第三，单音节动词丰富感染力。对于广告而言，这句话同样适用。广告最主要的目的有两个：[1] 一个是让受众看到之后能容易记住，另一个则是能够产生经济效益。基于这两个目的，广告设计者通常在设计广告时会选用一些相对简单的词汇，所以动词，尤其是那些单音节动词会被大量地运用在广告中。英语广告中的单音节动词比比皆是，主要有以下这些：be、buy、come、call、do、feel、go、get、give、have、like、love、make、meet、need、use、hear、see、know、keep、reach、start、try。单音节动词的使用能让广告看起来非常简洁，受众理解起来就比较容易，而且也会产生非常强的节奏感。例如，Delta 航空公司的广告语，"We love to fly and it shows"。这一广告虽然比较简单，但是其依然包含了三个比较常用的动词：love、fly、show，就是这三个简单的动词营造出了一种简洁、轻松的氛围。

第四，人称代词拉近距离。人称代词在英语中的使用频率也很高，主要是用来表示行为动作中人与人的关系，因此，使用人称代词可以让广告商与受众之间建立一种紧密的关系。

为了进一步拉近产品与受众之间的关系，广告英语常常选用第一人称代词来指代产品生产商，而选用第二人称指代消费者。正是这种关系的确立，能让消费者对广告中宣称的商品给予好感，更重要的是，可以让消费者认可商品的质量，从而有购买的冲动。比如，"Your potential, Our passion（您的潜力，我们的动力）"，这是微软公司用来彰显其企业形象的一则广告，这条广告的设计非常简洁，有效地规避了传统企业与消费者之间单纯的买卖关系，而是利用 your 和 our 拉近了企业与消费者的关系，就好像是广告中的人只对你一个人诉说。

---

[1] 盛安之. 实用口才大全祝酒词应酬语场面话 [M]. 南昌：江西美术出版社，2017：268.

②商务英语广告的句式特点。

第一，多用简单句和省略句。广告的时长毕竟有限，时间太长的广告容易引起人们的疲惫感，因此，用最简洁的语言描述产品，是广告的特点之一。[①] 在商务英语广告中，短句、省略句以及各种简单句是频繁出现的，简洁的句式让商务英语广告的传播范围也比较大。广告就是为了让消费者去购买商品，而使用大量的简单句一方面可以节省空间与成本，另一方面还有利于消费者对广告内容的理解，吸引其注意力。比如，苹果电脑的"Think different"就是一个简单句，但这两个词汇能给人留下深刻的印象。而省略句非常简洁，使广告能够呈现出一种干脆利落的效果，因此也常常为广告设计者所使用。

第二，运用祈使句。在广告语中还有一种"鼓动性"语言，使用这种语言的主要目的就是对产品进行推广与宣传。而祈使句本身就表达一种请求与命令，暗含着让人做事的语用功能，因此，从这个层面上来说，在广告中使用祈使句是完全能够激发消费者的消费欲望的。商务英语广告也是如此，设计者常在其中运用祈使句以用最为简洁的句子表达最直观的产品理念，让消费者真正了解产品的价值。

在商务英语广告中使用祈使句，可以在不知不觉中拉近产品与消费者的距离，能够无形中让消费者对产品产生好感，使祈使句的广告词发挥到最大功用，同时还能让产品为更多人所熟知。

第三，精用疑问句。疑问句也是商务英语广告中的"常客"，这是因为疑问句本身由于带着疑问可以让消费者产生共鸣，且疑问句的语调与其他句式的语调不同，是一种上扬的语调，能让消费者对产品产生足够多的好奇心，进而自觉地去接触商品。疑问句在商务英语广告中的使用，通常可以取得不错的效果。比如，"Have you driven a Ford lately（你最近开过福特车吗）？"这是美国福特汽车的广告，是一个疑问句。消费者在读这条广告时往往会随着广告设计师的思路去思考，想要回答这个问题，进而对福特汽车产生好奇心，这便达到了广告宣传的效果。

第四，巧用平行结构。平行结构是一种不折不扣的修辞手段，用语法结构来突出语言的意义，在语言表达的客观需要的前提之下对两个或两个以上结构相同或相似、意义有关联，以及语气相一致的词、词组或句子进行主观的排列组合，从而使其可以构成一个整体。

商务英语广告的传播性是广告设计者追求的广告设计目标之一，因此，传播的范围越大，广告对消费者的影响力越大。广告语该如何使其结构均衡，且读起来朗朗上口，非常有利于广告的传播，平行结构就能很好地满足广告的这一要求。因此，

[①] 王燕希. 实用商务英语写作大全一本通[M]. 北京：对外经济贸易大学出版社，2003：216.

在不少商务英语广告中都能看到平行结构。比如，"No tree, no me"。这则广告源自澳大利亚，主题是保护树袋熊，是一则公益广告。该广告结构非常对称，且富有节奏，读起来非常顺畅。因此，人们能很快记住，当人们看到树袋熊时也会立刻联想到这条广告，因而也就能自觉保护树袋熊。

③商务英语广告的修辞特点。

第一，比喻。比喻是在广告中经常可以看到的修辞手法，它内涵丰富，主要包括隐喻、明喻和换喻等形式[①]。利用比喻修辞手法对产品进行描述，可使产品变得更加生动、形象，能让消费者更加直观地了解产品的特征，从而帮助其迅速定位自己的需求，能让消费者更容易接受产品。比如，"All of New York is a stage"。这则广告是用来暗喻的修辞手法，将纽约比喻成一个大舞台，能让消费者将舞台上精彩的表演与纽约的繁华联系在一起，从而有利于激发消费者对纽约的兴趣，让其非常渴望一睹纽约的风采。

第二，拟人。在商务英语广告中，拟人修辞手法的使用率非常高。商品毕竟不是活物，为了强化商品与消费者之间的联系，可以利用拟人手法对其进行人格化，让商品获得情感，这样人们在了解商品的过程中就会感受到一种亲切感。比如，"Unlike me, my Rolex never needs a rest"。这是一则劳力士手表的广告，它将劳力士拟人化，精确地表达了劳力士手表精准耐用的优势，可以让消费者对其留下深刻印象。

第三，双关。双关是能够展现句子双重意义的一种修辞手法，不过其实现有一个条件，需要单词同音或者同形。由于双关能够表达双重意义的这一特性，其在商务英语广告中使用频繁。双关在商务英语广告中的使用，使商务英语广告语言更加凝练、幽默，能在较大程度上凸显广告的魅力，将广告的表现力与艺术性较好地呈现出来。比如，"Make Time for Time"。这是美国《时代》杂志的广告，这则广告里面有两个 Time，第一个 Time 就是我们都了解的时间，另一个 Time 则是指《时代》杂志。正是因为使用了双关这一修辞手段，才使得这则广告变得非常生动，也能为消费者所留意。

第四，夸张。夸张是对需要描述的事物进行过分渲染时所使用的一种手段。在商务英语广告中使用夸张手法的原因是，它能让产品的性能延展开来，让读者在没有见到产品实体之前通过自己的想象力对产品形成好感，从而使其对产品有更多认知，并最终获得不错的宣传效果。比如，"You're never alone with a Strand"。这是一则斯特兰德香烟的广告，该广告就灵活用了夸张的手法，将斯特兰德牌香烟对人的

[①] 李成明. 英汉互译[M]. 南京：东南大学出版社，2013：225.

极致诱惑淋漓尽致地展现了出来，这不仅赋予了香烟巨大的吸引力，而且还给使用者带去了强烈的归属感。

商务英语广告是一种兼具时尚性与前进性的特殊文体，它的主要目的就是要进行商业性的产品宣传，让更多的人了解产品的价值，此外，还具有幽默、富有美感的特征，这也让其具有了一定的艺术性。对商务英语广告进行研究，具有重要的意义，首先具有很大的语用价值，其次又具有宣传产品的现实意义。

2. 商务广告翻译的原则

（1）目的性原则。从目的论的层面来看，一切翻译活动都必须遵循目的法则，这也就是说，翻译行为是以翻译目的为导向的。商业广告是一种不折不扣的商业行为，它最终的目的就是要吸引绝对多的消费者，所以广告设计者在进行广告设计时，往往以消费者为中心，这样就保证了广告能够满足消费者的需求，并促使其能主动进行消费行为。值得一提的是，这不仅是商业广告的目的，同样也是商务广告翻译的目的，且这个目的具有唯一性。

所以，所有的商务广告翻译活动在开展之前都要有一定的目的。译者要充分考虑消费者身处的复杂环境，保证商务广告翻译的准确性。

（2）合法性原则。商业广告在用于商业宣传时是需要符合相关法律法规的，许多国家因此建立了完善的商标法。可见，在对商标进行翻译时，译者需要进行全面考虑。例如，中国许多品牌的名字都是借鉴地名的，但英国商标法则明确指出商标中是不能含有地名的，这就要求译者在翻译商标时要格外注意这些不同国家的法律问题。

（3）文化适应原则。原文读者与译文读者由于生长的地理、文化环境不同，其往往会产生不同的思维习惯与表达特点，因此在对同一则广告的认知上一般会产生不同的感受，这就要求广告译者需要了解两国的民族心理、文化风俗习惯等内容。只有这样，译者的翻译才能为译文读者所理解。

广告是一种重要的宣传手段，从其自身层面上来说，它本身就是一种文化，因此译者在翻译广告时必须要熟悉不同国家的文化。

（4）准确原则。商务广告最主要的一个功能就是对商品进行全面介绍的基础上扩大其传播范围，从而激起消费者的购买欲望，触发其购买行为。[1] 所以从这里可以看出，要想实现商务广告的这一功能，首先需要做到译文的"准确"。

译者在翻译商务广告时必须要考虑译文准确性的问题，这是因为一旦译者理解错了源语信息导致译入语错误，那么肯定会失去广告原本的效果。且错误的广告信

---

[1] 张萍. 商务英语翻译中存在的问题及对策[M]. 北京：中国商务出版社，2018：131.

息很可能会对消费者产生误导，更重要的是，还可能会给商家的形象、信誉蒙上一层阴影，甚至商家还需要承担巨大的经济损失。所以，译者在进行商务广告翻译时，首先要做的就是调查产品，在全面掌握产品情况的基础上进行翻译。

（5）易记原则。商务广告就是要让更多人了解广告中宣传的产品，提高产品的知名度，因此需要达到"易记"的效果。

在进行商务广告翻译时，译者要保证译文的通俗易懂、生动，这样消费者可以对产品引起共鸣，同时也会在一定程度上激发他们对产品的联想，这样的一则广告必然会使人印象深刻。比如，"Eat fresh"。这是一则快餐店的广告，该广告非常简洁，但又非常生动，直接道出了快餐店可以让消费者吃到最新鲜食物的主题。

（6）委婉原则。在人类社会发展进程中出现了许多语言现象，委婉语就是其中之一，它的出现有效改善了复杂的社会人际关系，让社会呈现出一派祥和的画面。

不仅在日常生活中，委婉语使用普遍，在商务广告中，委婉语的使用也非常频繁。因为有些广告如果讲解产品太直白，很可能会引起消费者的反感，因此，利用委婉语可以有效地降低这种反感的程度。所以在对一些相对"敏感"的广告进行翻译时，译者一定要考虑广告商家的情况，在结合本民族语言表达习惯与风俗习惯特点的基础上，灵活使用委婉语，这样译出的广告不仅能实现受众与产品的良好交流，而且还能降低产品的敏感度，达到婉转的效果。比如 Whisper 是一款卫生巾，将其翻译成"护舒宝"，会给人一种舒适、安全的感觉，这种翻译既突出了产品优势，还避免了受众的尴尬。

3. 商务广告的翻译方法

众所周知，广告语是一种具有较强艺术性和鼓动性的文字，广告语的功能和作用十分强大，不仅具有较强的经济效益，还有一定的文化、宣传和审美的功能。因此，译者在翻译广告语时要灵活地采用各种不同的翻译策略。

（1）直译。直译就是指译者在进行具体翻译时考虑了原文的形式与内容，采用和原文内容以及风格都对应的方式翻译。这种翻译方法能够使译文更加符合原文，使读者充分了解其他国家的文化和历史等。例如：

A. Poetry in motion, dancing close to me.——Toyota

译文：动态的诗，向我舞近。——丰田

B. We lead, Others copy.——Ricoh

译文：我们领先，他人仿效。——理光复印机

虽然直译对原文忠实程度很高，但是这样的译文往往听来枯燥，缺乏广告语应该有的灵气、流畅性和可读性，很难打动观众。此外，这样的译法还有可能在两国文化有冲突的情况下，导致消费者产生不良印象以及对产品的排斥。

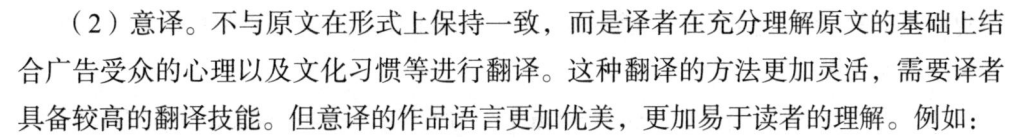

（2）意译。不与原文在形式上保持一致，而是译者在充分理解原文的基础上结合广告受众的心理以及文化习惯等进行翻译。这种翻译的方法更加灵活，需要译者具备较高的翻译技能。但意译的作品语言更加优美，更加易于读者的理解。例如：

A. Ideas for life！——Panasonic

译文：联想创造生活！——松下

B. Make yourself heard.——Ericson

译文：理解就是沟通。——爱立信

这些译文表面和原文不甚对应，但细读之下译者并不曾增加或删减原文的内容，故其翻译不失原文精髓。

（3）创译法。依据原因的不同，可对创译进行分类。它可以分为强制性创译与选择性创译。一般而言，强制性创译是指目的语中并没有与原文相同或相似的表达，因此，需要通过创造进行翻译。例如，在李善兰和英国传教士A.韦廉臣（Alexander Williamson）所著的《植物学》这本书中，有很多词汇是汉语表达中没有的词汇，因而李善兰就在这本著作中创译出了很多新的名词，如"植物学"等。随着越来越多的人学习和认可这本著作，就会有越来越多的人熟悉并认可这种固定的词汇搭配。需要强调的是，选择性创译并不是译者要翻译出新的词汇，它只不过是一种特殊的翻译方式。具体而言，当译者在翻译广告时，发现原文的广告语言平淡，没有吸引力，这时译者就可以适当地采用选择性创译的方式来翻译原文广告，从而吸引读者的注意力，并赋予广告语新的内涵等。例如：

北京欢迎你。

译文：We are ready.

解析：普通人可能会认为"北京欢迎你"翻译成"Welcome to Beijing"是极其恰当的，但此处进行了创造性翻译，将其翻译成"We are ready"，突出了中国人民对奥运所做的不光是简单的迎来送往，而是在物质、安全乃至环境方面都投入了巨大成本，使内外宾客放心而来。此外，简单的翻译，读来朗朗上口，简单易记。实践证明，该句广告在奥运期间广为传播，使用效果良好。

A. Things go better with Coca-cola.——Coca-cola

译文：饮可口可乐，万事如意。——可口可乐

B. Intel Pentium：Intel Inside.——Intel Pentium

译文：给电脑一颗奔腾的"芯"。——英特尔奔腾处理器

通过上述分析可以发现，有些译文补充了相关信息，有些译文则删除了一些信息，甚至还更改了部分语句，这使得新的译文框架已经与原文不一致，是译者重新创造的产物。这里的创造是从广告英语的特殊性出发的，这样的创造能让翻译彻底

摆脱形式上的束缚,追求内在精髓的统一。从读者的角度来看,这种译文也是成功的,能为读者所接受。

(4)零译法。零译法(Zero-translation)与不译(Non-translation)是不一样的,它主要体现在人们的交往观念随着时代的变化而产生的变化。经济全球化进程不断推进,在各国频繁进行经济交流的过程中,文化交流也被提上日程,因而人们开始熟悉和接纳其他的文化符号,这就为零翻译这种方法的出现奠定了重要的基础。零翻译的发展经历了几个不同的阶段,即音译和移植,如中国汉语中的"菩萨""佛"等词汇都是采用这种翻译的方法。严格而言,零翻译就是一种对移植的翻译形式的选择,也就是说,在翻译过程中,译者不对外文符号进行处理,而是将其直接应用在译文中。在全球化背景下,移植不仅加强了各国之间的文化交流,还让各国逐渐意识到各国文化是可以互相补充发展的。在商品品牌翻译中也存在许多零译现象,如"LG"。

(5)套译法。所谓套译法就是指译者在充分熟悉和理解原文的基础上采用某种固定的模式来翻译原文,它翻译的前提就是译者要准确表达出原文的意思。[①] 简而言之,套译法就是指译者在翻译的过程中采用模板进行翻译。套译法有很多优势,它不仅能够使译文读起来朗朗上口,更重要的是,因为译文符合目的语读者的阅读习惯,所以,还让读者乐于阅读译文内容,并记住所阅读的内容。通过套译法翻译出来的译文能强化读者的记忆,所以在广告翻译中的应用比较普遍。例如:

Apple thinks different.——Apple

译文:苹果电脑,不同凡"想"。——苹果电脑

上述例句中原文的意思是"苹果和其他人的思维模式不同",而译文则重点突出"想"这个字,使人们看到苹果的优势以及与众不同。

Kids can't wait.—— Apple

译文:不尝不知道,苹果真奇妙。——苹果公司

4.商务英语广告翻译中的美学传递

(1)从商务英语广告翻译看广告审美。

众所周知,所有广告都具有很强的目的性,那就是追求品牌宣传效果与经济利益,所以广告中的"美"与其他形式的美是不一样的,它是一种实用美。

总而言之,译者不管是翻译中文的广告还是翻译英文的广告,都要在翻译的过程中追求广告美,从而最大限度地发挥广告的价值。

对于广告而言,译者追求广告美是实现广告目的的一种十分重要的方式。这就

[①] 邢丽华,杨智新.商务英语翻译理论与实践应用探索[M].北京:新华出版社,2015:146.

需要译者先搞明白广告在现实生活中的具体作用，它的功能主要体现在：第一，广告的信息功能；第二，广告的审美功能；第三，广告的说服功能。其中，广告的信息功能是实现广告的审美功能和广告的说服功能的重要基础。译者在翻译广告时，一定要重视体现广告的信息功能，只有这样，读者才能够了解广告的目的以及意图，否则，广告的其他功能也是无法实现的。

人们在日常生活中到处都可以看见广告，广告是一种商家向大众宣传商品的途径，因而广告语往往不能有强制性，应该比较随意、新颖，容易引起观众和读者的注意，否则广告就失去了它本身的意义。广告的美主要体现在两个方面：一个是广告的内容要具有一定的美感；另一个是广告的形式也要具有一定的美感，这样广告才会具有更强的吸引力，例如：

Where there is a will, there is a way. Where there is a way, there is Toyota.

译文：车到山前必有路，有路必有丰田车。

分析上述例句我们可以发现，这则广告语的译文仿拟了一句中国的习语，因而中国人看到这则广告时，往往会感觉很熟悉，同时也能够发现广告的韵律美等。这则广告的效果就是它能够瞬间吸引受众的注意力，使受众感觉很亲切，愿意进一步去了解这款车。如果译者在翻译的过程中不追求译文的形式美感，而只是按照直译的方式进行翻译，则译文就是"有意志，就有出路；既有出路，就有丰田车"，这样的译文就会让受众感觉生硬，有一种强硬的感觉，这样翻译也会使广告语失去原有的美感，使广告难以达到其应有的效果。因而译者在翻译广告语时，一定要采取必要的措施来增加广告的美感，例如：

Good to the last drop.——MAXWELL COFFEE

译文：滴滴香浓，意犹未尽。——麦斯威尔速溶咖啡

上述译文综合运用了中国汉语的结构——四字结构，就使译文看起来很押韵、很简洁，传递了一种声韵美感。实际上，这种翻译方式也使译文体现了一种对称美。

对于广告而言，它只有实现了基本的信息功能，让受众了解广告的主要内容，同时能够体现出广告的审美功能，让受众感受到广告语的美感，在这些基础之上，才能够实现其说服功能，促使受众购买相应的商品。因而译者翻译的广告语一定要通俗易懂，具有一定的美感。

广告的美感主要体现在内容美和形式美，二者缺一不可。所谓广告的内容美就是指广告的译文内容不仅要忠实于原文，还要具有一定的韵律美和声韵美等，使受众乐于接受；而广告的形式美则是指广告语除了内容具有美感之外，也要采用一定的结构，如四字结构、对称结构等，从而使受众能够加深印象，使受众快速被广告语吸引过去。然而在现实生活中，很多人对于广告美的理解比较片面，他们认为的

广告美就是广告的形式美，而忽略了广告的内容，这样就使广告的内容比较空洞。一味地追求广告的形式美是不可取的。

（2）商务英语广告中美的传递。由于语言的不同，英语广告与汉语广告所体现出来的美是不一样的，因而译者在翻译广告时如何把商务英语中体现的广告美传递到译文的广告中是一个重要的问题。下面我们详细分析商务英语广告中美的传递。

①传递美的理论前提。广告的目的就是宣传商品，从这个方面上来看，广告具有极强的目的性，所以，译者在翻译广告时一定要以内容为先，翻译的内容既要吸引观众的注意，还要重视广告的审美，使广告不仅准确地传递了商品的信息，还带给受众极强的美感，这样才能实现广告的目的。对于广告的翻译而言，译者需要明白，广告传递美的重要前提条件就是广告的信息内容是准确和科学的。在这个理论前提之下，译者在翻译时要充分发挥自身的想象力和创造力，传递和实现广告的美感。

②翻译广告美的可操作性手段。通常情况下，译者在翻译广告的具体实践中，可以采用如下两种策略来传递广告美，即常规的策略和变译的策略。具体分析而言，译者可以采用的常规翻译策略就是直译，可以采用的变译翻译策略就是指创造性翻译。译者在翻译广告时，通过策略的使用能够使广告的美感更加强烈，从而吸引消费者的关注。

总而言之，译者在翻译商务广告时，一定要恰当地运用翻译策略来准确传递广告语的意美、音美以及形美。

5. 中西文化差异对商务广告英语翻译的影响

众所周知，中国和西方国家存在较大的差异，这种差异体现在很多层面，如地理位置、文化习俗、发展历史以及价值观等，因而译者在翻译的过程中应该重视中西方文化之间的差异。本节首先分析了中西方不同的价值观点对商务广告翻译的影响，接着分析了中西方不同的历史文化背景以及审美观念对商务广告翻译的影响，最后详细分析了中西方不同的民族信仰和风俗习惯对商务广告翻译的影响，使读者能够从更加全面的视角和角度来研究中西文化差异对商务广告英语翻译可能产生的影响。

（1）中西方不同的价值观点对商务广告翻译的影响。在西方人的价值观念中，他们在生活和工作中都追求自由，因而他们崇尚"个人主义"，以个人为中心；而在中国人的价值观念中，儒家思想是其价值体系形成的根基，受这一思想的影响，中国人推崇集体主义，在生活和工作中追求的是社会的和谐与稳定，因而中国人会运用各种道德规范以及伦理原则来约束和规范自己的行为。通过分析中西方广告语的语言可以发现，西方人在创作广告语时往往喜欢以"独立""个性"之类的核心词汇作为其广告的主题，从而宣传广告的个性特点，然而中国的广告语喜欢运用中国人的从众心理进行宣传,它们总是诱导所有的消费者都去购买相同的产品和服务,这样就忽视了个体差异的存在。由于中西方的价值观存在一定的差异,译者在翻译商务广告时一定要采取合适的翻译策略,避免出现文化冲突。例如,译者把汉语中的短语"男女老少皆宜"翻译为英语时,如果不了解西方文化以及西方国家的价值观等,就很有可能把这个短语翻译为"Suitable for people of all ages",这个译文看着挺符合中国人的价值观,但它没有明确指出这个产品的指定消费群,因而很难吸引西方人的目光。

(2)中西方不同的审美观念对商务广告翻译的影响。中西方由于地理位置、气候以及发展历史等因素的不同产生了不同的文化,这也造就了中西方不同的审美观念。也就是说,在面对同一事物时,东西方所表现出来的审美看法是不同的。例如,我国有一款自制的口红,其中文名字叫作"芳芳",由于中国人十分喜欢"芳"这个字,这款口红比较畅销,然而把这款口红的名字翻译为英文时,如果译者直接将其翻译为"fangfang",西方人看到这个名字后就会产生恐怖的感觉,因为在西方的文化中,"fang"这个英语单词是指"蛇的毒牙等",这就会使西方人对这个口红品牌产生比较负面的印象,从而间接地影响口红的销量。

(3)中西方不同的民族信仰和风俗习惯对商务广告翻译的影响。每个民族在其发展的过程中都会形成自身的民族信仰以及传统的风俗习惯等,这种文化差异必然会体现在各个民族的语言中。因而译者在翻译商务英语的广告时要注意语言的使用是否正确。

总而言之,对于译者而言,由于汉语和英语两种语言以及东西方文化之间差异显著,所以他们在翻译商务英语时往往会有一定的困难,尤其是广告的翻译。这就要求译者在翻译商务英语中的广告之前一定要充分学习和了解输入国家的语言风格、风土习俗、文化、信仰等情况,同时还要充分学习和了解目的语国家的语言风格、风土习俗、文化和信仰等因素。译者只有熟悉源语和目的语国家的文化才能更好地翻译商务英语中的广告,准确地传递广告的信息和审美,吸引消费者的目光,从而实现广告的价值和目的。

(四)商标及其翻译技巧应用

随着世界一体化的不断推进,我国与世界各国之间的联系变得日益密切,中国有很多优质的产品在世界范围内受到欢迎,在这个过程中,商标发挥了重要的作用。商标可以起到宣传产品或者服务的功能,能够加深消费者对于产品的印象和好感。这要求译者在翻译商标时要综合考虑各项因素,不仅要考虑商标本身的价值以及意义,还要考虑产品或者使用者的心理以及消费习惯。本章重点探讨商标翻译相关的问题。

1. 商标概述

（1）商标与其他商业标志的区别。

①商标与厂商名称的区别。

厂商名称（trade name），商号或企业名称，经登记注册后，受到工业产权保护。厂商名称是工商企业在营业时用于区别同行业中其他企业的特定名称。

厂商名称和商标都是商业标记，两者有一定的联系，受保护的厂商名称和商标都具有独占性。有的企业的厂商名称和商标可能是一致的，如日本索尼公司的索尼（Sony）。

还有一些企业原本的厂商名称并不是和商标保持一致的，然而由于其产品商标的知名度变得越来越高，这些企业就可能会把公司的名称直接改为商标的名称，如美国的"波音公司"，它原本的企业名称为"太平洋航空产品公司"，后来由于"波音"商标的流行而把企业直接改名为"波音公司"。这里需要强调的是，从本质上来看，商标与厂商具有十分显著的差异，所以不能将二者混为一谈。

第一，从使用对象以及功能的角度进行分析，商标的功能主要是标记产品或者相应的服务，而厂商名称则主要是用来区分不同的产品生产企业。在某种特殊的情况下，一部分企业也会把厂商的名称作为这个企业的产品商标，但此时它就不是厂商名称，而已成为注册商标。

第二，生产企业有注册厂商名称数量的限制，一般情况下只能注册一个，然而一家企业不同的产品却可以注册多个不同的商标。

第三，从时间上看，厂商名称没有法定的时间限制，只要企业存在，厂商名称始终有效，而商标是有法定保护期限的。

②商标与商品名称的区别。

商标与商品名称关系密切，二者既有联系又有区别，具体而言，商标通常都是贴在或者打印在商品的外包装上或者在商品上面。一般情况下，商标是和商品的名称同时使用的，这样消费者才能够清晰地知道该商品的名字以及品牌；而商品名称则可以单独使用，人们看到商品名称就会知道商品的种类、原料等基本的信息。此外，商标是一种专用的标志，不能公用，而商品的名称则可以公用（特殊名称除外）。

商标和商品名称之间的联系之处体现在：当满足一定的要素和条件之后，商标和商品的名称之间是可以实现转化的。通常情况下，一件商品，如果只有这个商品的通用名称，那么它是没有办法作为商标到相关部门进行注册的，然而如果这个商品在使用的过程中形成了显著的特征，并且易于大众辨识，那么它就可以作为商标到相关的部门进行注册。一般而言，商标的知名度越高，演化为商品名称的可能性越大。

③商标与外观设计的区别。

外观设计又被称为"工业品外观设计"（Industrial Design），必须符合以下条件：第一，在外观设计中，它的重要载体只能是那些运用工业的方法而加工和生产出来的工业物品；第二，在外观设计中，设计者在设计的过程中考虑的要素就是产品的形状因素和产品的图案因素；第三，设计者设计的外观必须具有较强的视觉可见性，即消费者在使用某种物品时能够清晰地看到该产品的外观，如产品的形状、颜色以及花纹图案等。

无论是商标，还是产品的外观设计，都是工业产权的一部分，但是二者存在明显的差异，主要通过以下两点体现出来：第一，从形式层面上来看，二者存在显著的差异。商标一般被贴在商品的包装上，可表达的形式比较固定，而外观设计是产品区别于其他产品的一种形式。第二，商标与外观设计的目的是不同的。众所周知，产品商标的主要作用就是便于消费者寻找产品，它是一种简易的标志，外观设计则是要吸引消费者，使其产生消费动机。

④商标与域名的区别。

域名是互联网时代的新产物，存在于国际互联网中，是数字地址进行转换的一种形式，通过注册用户就能获取一定的网络地址。商标与域名既有联系又有区别。两者的联系表现在以下两个方面：第一，在某些方面，商标和域名具有一致性，即有的时候一些商标所有人可能会把它直接以相同的标志注册为域名，有的时候一些域名所有人可能会把它直接以相同的标志注册为商标。第二，域名和商标的关联之处还体现在，域名和商标一样是需要通过注册而获得的。

两者的区别表现在以下三个方面：第一，在识别目的上存在差异。商标的目的是对不同企业提供的产品与服务予以区别，而域名的目的是区别不同的网络地址。第二，在独占程度上存在差异。只要在一样的商标注册制度管理之下，即使是那些存在相似之处的产品与服务也能获取自己的商标。不过，在国际互联网的统一管理下，域名却无法做到共享，具有明显的唯一性。第三，在构成方式上存在差异。从整体上看域名的唯一性可以发现，顶级域名或二级域名只要不重复即可，二级或三级域名相同是没有关系的，并不影响域名的使用。[①]

（2）商标的种类。

①商品商标和服务商标。人们可以根据商标的使用对象差异将商标划分为如下两大类，即第一类，商品商标；第二类，服务商标。其中，商品商标主要贴在商品

[①] 杜奇华. 国际技术贸易（第3版）[M]. 上海：复旦大学出版社，2018：134.

的包装上面，它的主要功能就是让消费者了解和区分不同的商品，而服务商标则是用于标记服务的项目。

②注册商标与未注册商标。人们可以根据商标是否在相关部门进行注册来划分商标，它包括注册商标和未注册商标。所谓注册商标就是指该商标已经在相关部门注册备案。

③驰名商标。人们可以根据商标的知名度来划分商标，一共可以分为两大类，第一类是普通商标，第二类是驰名商标。这二者比较容易划分，那些在较大领域和范围中具有较强影响力和知名度的商标就是驰名商标，反之就是普通商标。从法律的角度进行分析，我国的法律更加重视保护驰名商标的相关利益，不允许其他组织注册和使用已有的驰名商标。

（3）商标的作用。众所周知，在市场经济中，商品的生产、流通以及销售等各个环节都离不开商标，由此可见，商标发挥着重要的作用。下面主要从三个方面来具体分析品牌的商标对于品牌的意义以及其作用。

①区别商品的生产者、经营者、服务者、进货来源及档次。在任何领域中，相同种类的商品一般会有多个不同的生产厂家以及生产商，这时消费者往往通过商品的商标信息来辨别商品的生产者、经营者等信息，以便精心选购其心目中的名牌产品及有良好信誉的生产者或经营者的产品。此外，商标往往还能说明产品的档次，如汽车中的奔驰和宝马代表德国产的高档车，而丰田则代表日本产的中档车。

②代表商品质量和服务质量。在日常生活中，购买产品的消费者通常都会把产品的品质和产品的商标联系起来，他们认为产品商标与产品的质量是成正比的。因此，商标一般是产品质量的象征和生产企业的商誉。在目前的国际贸易中，有很大比例的交易是凭商标进行买卖的。

③有助于商品和服务的广告宣传。一个好的商标设计，通常图形醒目、文字简练，便于消费者识别和记忆。当生产厂家利用其商标来宣传自己的产品时，往往能够取得比较理想的宣传效果，因而人们一旦信赖这个品牌以及其商标，人们就愿意购买其相关的产品，这种宣传的效果远远要比烦琐的文字更加鲜明，它能够使消费者更加信赖品牌，从而使消费者在购买商品之后能持续性地对该品牌形成依赖。[①]

2. 商标翻译的原则

（1）准确的原则。人们在日常生活中能够看到很多商标，有一些十分成功的商标已经在人们的脑海中根深蒂固，对人们的思想和选择产生了重要的影响。有一些驰名商标的产品，销量十分可观，产品的质量和品质也可以得到保障，因而人们在

---

① 杜奇华. 国际技术贸易（第3版）[M]. 上海：复旦大学出版社，2018：138.

选择相同系列的产品时会优先选择那些商标驰名的产品，这就是商标的价值体现。既然商标对于产品的质量以及营销都会产生重要的影响，那么译者在翻译商标时一定要仔细揣摩消费者的消费心理以及实际需求，在商标词语的选择上尽量选择那些寓意美好或者令人十分舒服的字眼，从而使消费者能够一眼注意到这个商标，并愿意进一步了解商标背后的产品。这样才能够达到实际的营销目的。在人们的日常生活中有一个实例——可口可乐的译名。美国的可口可乐这款饮料的英文名字是"Coca-Cola"，它在中国市场的最初译名并不是"可口可乐"，因而这款饮料的销售并不是十分理想，后来相关的人员试图把"Coca-Cola"翻译为"可口可乐"，很快这款饮料的销售业绩就有了明显的提升，因为这个商标的翻译十分成功，不仅在发音上面和英语的名字基本保持一致，它的汉语名字也符合中国人的审美心理以及中国人对美好的一种向往。甚至有专业人士认为，美国的可口可乐这款饮料之所以能够在中国市场深受中国人的喜爱，除了它独特的口味之外，就是它的这个译名深受中国人的喜爱，符合中国的文化和语言表达习惯。又如，在世界范围内都享誉盛名的领带品牌"Goldlion"，如果译者只是根据该品牌的英文名字意译的话，它的中文商标名字就是"金狮"，然而在汉语的发音中，"金狮"和"金失"的发音比较相似，这就比较容易使消费者产生十分不好的心理感受以及印象，如果把这个英文商标的名字翻译为"金利来"，就十分符合中国人的消费心理，而且这个商标的每个汉字都寓意美好，有"吉祥、好运来"等意思。

其实，在商标的翻译实践中，还有很多的商标在翻译的过程中遵循准确的原则，并且结合不同民族的文化背景，从而使商标的名称发挥其应该发挥的价值。如我国青岛著名的品牌"海信"，它的英文译名是"Hisense"，实际上，这是由两个不同的英文单词组合而成的名字，即"high""sense"，这个词语的意思就是较高的灵敏度和较高的清晰度。当消费者看到这个英文商标时，就会对这个商标产生好感，并愿意进一步了解其相关的产品等。

（2）适应的原则。众所周知，不同的地区和民族具有不同的风俗习惯、处事原则以及态度等，因而每个人都会在不知不觉之中形成特定的文化感知习惯。这种长时间形成的感知习惯会对人的很多方面产生较大的影响，如人的价值观念、审美标准以及消费选择等。因而译者在具体的商标翻译实践中必须要遵循适应的原则，即译者在翻译时要充分考虑目的语消费者的语言表达习惯、文化氛围以及他们的审美理念等，而不能直接把商标的名字直译。直译商标的名字会产生很多难以想象的后果。例如，"Peacock"，在中国，孔雀是一种深受中国人喜爱的鸟类，它的羽毛十分漂亮，很多人都喜欢购买带有孔雀图案的饰品或者衣服等，然而在法国，法国人却对孔雀有十分不好的印象，在法国人的文化和观念中，孔雀代表着骄傲、炫耀等思想，因而不受人们的欢迎。又如，在中国有一款十分受欢迎的电扇，其商标为"蝙蝠"，在汉语中，由于蝙蝠中的"蝠"和"福"字的发音相同，因而很多人认为蝙蝠是一种十分吉祥，能够给人们带来福气的小动物，然而在西方国家，他们认为蝙蝠这种小动物非常吓人，难以接受以这个名字命名的商标产品。总之，译者在翻译商标时要遵循适应的原则，多熟悉和了解其他国家和民族的文化。

（3）简洁的原则。商标名称翻译应该力求简洁，简洁的形式能让消费者一眼就记住，也能有助于广告的传播，从而让更多的人认识产品。一般说来，英美国家的商标多为两三个音节，所以按照音译法译成中文时比较容易做到节奏连贯自然，如：Kodak（柯达）、Simens（西门子）等。但是，比较而言，中文商标由于受汉语发音影响，音节繁多，如果采取音译法翻译，对英美及其他国家消费者而言，这种商标译名就是看不懂、念不出的一连串符号，无法发挥商标的宣传作用。如"正大青春宝片"按照音译法译成"Zheng Da Qing Chun Bao Tablet"，必然会使消费者不知所云，成为中文商标英译的败笔。另有些译名，虽不是简单采用音译，但没有注意文字的简洁，也不能说非常成功。如"云山"译为"Cloud and Mountain"，"红梅"译为"Red Plum Blossom"，这样的翻译很难将产品的特征突出出来，也不具备商标的特征。为此，中国知名的儿童护肤品牌"美加净"则在翻译中重视上述问题，译者将"美加净"的英文名字翻译为"MAXAM"，商标十分简洁，易于受众的记忆。又如，译者将河南省知名品牌"新飞"翻译为"Frestech"，这种商标的翻译不仅简洁，符合品牌的形象，也有利于西方人的理解和记忆。

（4）等效的原则。众所周知，在任何一件商品的生产、营销、流通的过程中，商标都发挥着十分重要的作用，它能够宣传产品，让更多的人了解这个品牌，加深受众对品牌的认识，因而好的商标能够强烈地吸引消费者的注意，激发消费者的购买欲望，而译者在翻译商标的过程中最重要的就是遵循功能对等的原则，即等效的原则。从严复的"信、达、雅"到鲁迅的"宁信而不顺"，再发展到后来傅雷的"神似、形似"。这些不同观点的提出，在一定程度上表明了翻译活动所遵循的对等原则在实际操作中具有相当的难度，更多的是一种努力的方向，而不是翻译的现实。

在最初的时候，译者开展翻译工作的主要目的就是为了使原文与译文在各个方面都保持对等，即保持信息方面的对等、风格方面的对等以及语言方面的对等。人们衡量译者的翻译水平的主要依据，就是读者阅读译文之后的反应和感受。在商标的翻译中，译者也要重视消费者对商标译名的看法和感受，这样才能符合商标的功能对等原则。从这个层面进行分析，我们认为译者在翻译商标的过程中应该遵循奈达的等效原则理论。换言之，译者在翻译商标时需要遵循的指导性原则就是等效原则。译者在翻译商标时具有较大的自由度，要重视商标的语用等效，因而在翻译时可以适当变通，不用刻意追求原文商标与译名商标在各个方面都保持对等，那是很难实现的，而且可能会影响商标的翻译效果。

例如，在中国，"杜康"是一种十分知名的酒的商标，而且在汉语的表达中，"杜康"也有很美好的寓意，即利用"杜"和"肚"的谐音寓意"好酒下肚（杜），平安健康"。因此，杜康酒在中国十分畅销。对于西方人而言，他们没有听说过这个品牌的白酒，如果译者直接按照音译的方法把"杜康"翻译为"Dukang"这个商标，他们就会感到十分迷惑，不明白这些毫无联系的字母组合的含义，因而很难起到较好的宣传效果。这时译者就可以变通地翻译，选择西方文化中人们普遍接受和喜爱的神话故事形象来翻译杜康，即译者可以用酒神的名字"Bacchus"来翻译"杜康"，这就达到了语用对等的目的和效果，也能间接地消除西方人的疑惑。①

3. 商标翻译的方法

（1）直译法。直译是一种十分常见的翻译方法，而且主要应用于翻译一些知名的进出口商品的商标。如果译者翻译的商标具有某种特定的内涵或者文化背景，那么应该尽量采用直译的方式来翻译这些商标的品牌。以美国苹果公司为例，一方面苹果是公司创始人史蒂夫·乔布斯（Steve Jobs）最喜爱的水果，另一方面该公司在创立时希望今后个人电脑像日常家电一样进入千家万户，因此取名时特意区别于当时科技感十足、冰冷而有距离感的竞争品牌（如IBM和DEC），让品牌给消费者带去生命力和温度感。又如，轿车品牌Crown译为"皇冠"，暗示轿车的高端品牌定位，若音译为"克朗"则感觉相差甚远。"Microsoft"由microcomputer（微机）和software（软件）两个词合成，译为"微软"正好暗合公司主营业务微型计算机软件开发。类似的例子还有：

Panda 熊猫（计算机安全）

Concorde 协和（超音速客机）

Shell 壳（qiào）牌（石油）

Nestle 雀巢（食品）

同理，大部分中文品牌在出口时也使用了直译法，例如：

海鸥（照相机）Seagull

熊猫（彩电）Panda

双星（体育用品）Double star

三枪（纺织品）Three Gun

白猫（洗涤用品）White cat

---

① 王战平. 商务英语写作与翻译[M]. 武汉：华中科技大学出版社，2010：127.

英雄（文具）Hero

当然，在实际操作中不可机械地使用直译法，产品翻译要研究译入语使用者的喜好和禁忌以及消费者所在国的习俗和文化。如"山羊牌"闹钟，若直译为"Goat"则不合适，因为在英语俚语中"goat"有"好色的男子"的意思。因此，在翻译商标时还应注意根据历史和文化环境灵活选择翻译方法。

（2）音译法。所谓音译法就是指译者在翻译商标时是根据商标的英文发音来翻译的，使译名与原商标的名字在读音上比较相似，这能够更好地传达其文化的特征。一般情况下，音译法主要应用于翻译外国商标中的人名和地名等。如 Disney（娱乐影视）译为"迪士尼"，Cadillac（汽车制造）译为"凯迪拉克"，Lincoln（汽车制造）译为"林肯"。类似的例子还有：

奇声 Qisheng（电子产品）

Shangri-La 香格里拉（酒店）

Gree 格力（空调）

ROLEX 劳力士（手表）

LANCOME 兰蔻（化妆品）

译者在翻译实践中进行音译时要注意一些实际的问题，如译者应该在商标的译名中多使用中国人喜爱的汉字来音译商标，如"发""利""喜""福"等字，而应该尽量避免使用不吉利的汉字，如"死""输"等字。例如，知名的汽车品牌"Ford"的汉译名字就是"福特"，中国人听着就会心里很舒服，其寓意也比较美好。

（3）兼译法。所谓兼译法就是指译者在翻译原有商标的名字时，根据商标不同部分的特征采用不同的翻译方法，如译者可以采用直译的方式来翻译商标的前半部分，然后采用音译或者其他翻译方法来翻译后半部分等。译者采用兼译法的优势是它具有较大的自由度，可以根据实际的需求组合采用不同的翻译方法，从而使商品得到更多消费者的认可。在使用兼译法时，应根据品牌所属行业和产品用途，灵活使用直译和音译，也可以利用汉译中常见的音意双关，达到许渊冲提出的"音美、意美、形美"的要求。例如，家具品牌 IKEA 为"Ingvar Kamprad Elmtaryd Agunnaryd"的缩写，若直译为"阿格纳伊德村埃尔塔伊德农场的英瓦尔·坎普拉德先生"则过于机械且毫无美感，其汉译"宜家"对应《诗经·周南·桃夭》中"之子于归，宜其室家"的诗句，暗合了中国传统文化中人们对美好家庭生活的向往，准确传达了品牌的定位和内涵。又如，婴儿卫生用品品牌 Pampers"帮宝适"的译名也很出色，一方面译文发音与原文非常接近，另一方面字面意思"帮助宝贝舒适"也暗含产品的使用范围和功能特点。

（4）意译法。意译法要求译者可以在一定程度上脱离源语语言形式和风格的限制，准确传达语言所代表的深层意蕴、挖掘源语的真正内涵。

例如 Rejoice "飘柔"洗发水的直译为"高兴、愉悦"，而"飘柔"是一款性价比很高的洗发水产品，在翻译这个英文商标时应多考虑产品的特性，因而译者使用了"飘柔"二字来突出产品的功能和特效。同时消费者看到"飘柔"两个字之后往往会对这款洗发水抱有一定的期望。此外，另一款深受大众喜爱的洗发水"海飞丝"的英文商标名字是"Head& Shoulders"，如果译者对这个商标进行直译的话，它的中文商标就是"头和肩"，这样完全没有美感和韵味，也难以打动中国消费者的内心，因而译者在翻译时仅仅保留了英文中的若干个发音，然后把这个英文商标翻译为"海飞丝"，十分相像和优美，也体现了使用产品后达到的良好效果。

意译法在实际操作中，可以根据实际情况对原文进行省译或增译，以达到完整传递品牌特点和信息的要求。当译者采用省译的方式进行翻译时，要恰当地省略原文商标中的若干个词、音节或是商标中的字母等，这种翻译方式的优点就是译者可以灵活地选择省译的内容，从而使译文看起来工整、逻辑性突出。例如，知名的汽车品牌"宝马"的英文名为"Bayerische Motoren Werke"，如果译者在翻译时不进行省略，直译的中文名应该为"巴伐利亚发动机制造厂"，这个中文商标不仅冗长，还没有突出重点，难以吸引消费者的目光，因而译者在翻译时采用了省译的方式，根据前两个单词的第一个音节进行翻译，即"宝马"，中国人十分喜爱马这种动物，马在汉语表达中的寓意也很美好，因而"宝马"这个名字深受中国消费者的青睐。还有很多利用省译法的商标例子，如瑞士手表品牌 Vacheron Constantin 译为"江诗丹顿"而非"范舍龙·康斯坦丁"；啤酒 Budweiser 译为"百威"而非"百德维瑟"；香水品牌 Lolita Lempicka，译为"洛俪塔"而非"洛丽塔·蓝皮卡"等。译者在对商标的名称进行增译时一定充分考虑译入语的语言表达习惯以及国家的文化等适当增加词语。译者采用增译法的主要目的就是为了使消费者能够更加全面地了解相关的产品。在商标的翻译实践中，有不少的商标在翻译时就采用了增译法。例如，汽车品牌 Porsche "保时捷"源于公司创始人、奥地利汽车工程师费迪南·保时捷（Ferdinand Porsche）。"Porsche"若直接音译可为"保时"，使用增译技巧译为"保时捷"则暗示了高档轿车迅捷的加速和流畅的驾驶体验。又如，可口可乐公司旗下果味饮料品牌 Qoo "酷儿"，若直接音译为"酷"不符合现代汉语双音节词的使用习惯，增译"儿"也体现了产品青春可爱的风格，符合主打青少年市场的市场定位。

（5）借用法。借用法指不加翻译，直接在译文中使用外文的方法。这种方法的优点是避免由于翻译方法和风格产生的误解，例如，日本比较知名的汽车品牌 Lexus，在中国，译者有时也将这个英文商标翻译为"雷克萨斯"等，然而由于"Lexus"比较知名，很多消费者都了解这个品牌的汽车，因而译者也可以不翻译这个汽车名字,直接使用英文的名字"Lexus",此外,直接使用这个英文名字的另一个优点就是它比较简洁,有利于人们相互交流"Lexus"的相关信息。又如,著名的奢侈品牌 Luis Vuitton 也有对应的中文翻译名字,即"路易·威登",然而人们却更加熟悉其英文缩写名字,即广告中仍经常以西文字母表示或简称为"LV"。

尤其值得注意的是,借用法在翻译上更加偏向"归化"与"异化"维度中的"异化",迎合部分消费者求新求异的心理。因此,借用法在时尚领域非常常见,如箱包品牌 DKNY(Donna Karan New York)、护肤品品牌 SK-Ⅱ、服装品牌 FCUK(French Connection united Kingdom)、CK 等。

4. 商标翻译中的文化现象

从本质上进行分析,翻译的过程实际上就是一种语言相互转换的过程,翻译的最终目的就是使不同民族之间的语言、文化等内容能够被不同民族的受众理解和接受。下面我们从几个不同的层面来剖析翻译的具体过程:第一,从语言的层面进行剖析,翻译的第一步工作就是转换语言,使不同的语言之间进行合理转换;第二,翻译的过程不仅转换语言,它还转换不同的文化、审美以及民族传统等。只有这样,翻译的过程才具有意义。

实际上,译者在翻译的过程中不仅要进行语言的转换,还要准确了解和把握不同语言所蕴含的文化内涵,这也是译者在翻译时需要重点把握的内容。具体而言,译者在实际翻译过程中要清楚,不同的民族由于地理位置、气候以及发展历史等因素影响具有不同的文化和传统,译者在翻译时要结合具体的文化进行翻译,必须考虑文化的多样性,这样才能不断提高翻译的质量,达到翻译的目的。

(1)文化差异的具体表现。

①文化的核心价值和心理。中西方的文化差异表现在很多方面,这种差异首先就表现在文化的核心价值以及心理层面。每个民族在漫长的历史发展中形成了悠久的文化和独特的价值观等。

②语言习惯。每个不同的民族都有其独特的语言,即使在一个国家,不同的民族也会使用不同的语言。译者在翻译语言的同时,实际上也在学习和了解不同的文化。举一个简单的例子,有一些在中国十分畅销的国产商品,当它打入国际市场,有时却难以取得令人满意的销售业绩,这有很大一部分的原因是译者没有充分了解不同语言背后的文化因素,因而译者在翻译时要重视不同民族的语言习惯因素。

③颜色的文化差异。在不同民族的文化中,颜色也是一种重要的文化现象。不同的国家和民族往往会赋予颜色不同的文化内涵,而且这种颜色文化的差异十分明显。

（2）文化差异对商标翻译的影响。

①思维方式差异对商标翻译的影响。众所周知，中国和西方各个国家之间的文化存在较大的差异，尤其是中西方的思维方式也存在较大的差异。具体而言，中国人的思维更加倾向于形象的思维，更加愿意接受比较形象化的事物，而西方人的思维则更加倾向于抽象的思维，更加愿意接受比较抽象化的事物，所以译者在翻译过程中要重视东西方人思维上的差异，从而避免出现文化冲突的影响。在具体的商标翻译实践中，当译者把英语的商标翻译为中文的商标时，一定要把商标进行感性地处理，从而使中文的商标更加符合中国人的思维方式。

②社会价值观差异对商标翻译的影响。中西方文化之间的差异不仅体现在思维方式的层面，还体现在社会价值观层面，因而译者在翻译商标时不能只看商标语的字面意思，还要考虑社会价值观等因素对商标翻译的影响。例如，中国的上海地区有一款深受学生和教师喜爱的钢笔品牌，即我国知名的白翎钢笔，它之所以深受消费者喜爱是因为这款钢笔的质量不仅非常好，价格也比较公道，不是很昂贵。然而当这个钢笔企业把市场推向国际市场时，它的销售却遭遇了滑铁卢，究其原因，就是因为它在国外的商标翻译有问题。在国外的市场，译者将"白翎钢笔"直接翻译为"White Feather"，这个单词在西方人的价值观中就是懦弱的意思，因而西方人看到这样商标的钢笔产品自然不买单。此外，在西方人的价值观中，他们推崇个人主义，因而出现了很多以个人的名字来命名的商品，而在中国人的价值观中，中国人推崇集体主义，因而出现很多推崇集体主义的商品名称，如著名的汽车品牌"大众"等。

③民族心理取向对商标翻译的影响。世界上有很多个不同的民族，每个民族在其自身的发展过程中都会形成这个民族独特的文化氛围以及心理趋势，这种趋势就是民族的心理取向。世界上不同的民族具有不同的民族心理取向，例如，对于中国人而言，我们的民族比较喜欢喜庆的事物，喜欢寓意吉祥美好的事物，而西方国家的各个民族则更加倾向于喜欢冒险和挑战，因而译者在翻译商标时也要考虑不同的民族心理取向可能会对商标的翻译产生一定的影响。

中国人往往青睐于那些寓意比较美好的名字，而西方人则更加青睐于那些具有挑战性和刺激性的名字，所以对于同一个名字，如法国的著名香水品牌"Poison"，不同国家的译者应该结合不同民族的心理取向来翻译这个香水名字，在西方国家，它的意思就是"有毒的"，这符合西方人的心理，而在中国，它被翻译为"百爱神"，这更加符合中国人的心理，从而受到消费者的青睐。

总之，在企业以及品牌的营销中，商标发挥着十分重要的作用，译者在翻译商标时要综合考虑多种因素，这样才能使商标更加符合当地人的心理，受到当地人的追捧。

（3）商标翻译中的基本文化原则。

①语境原则。在跨文化翻译的过程中，译者应该多考虑文本所处的具体语境，只有对语境进行深入分析，才能明确交际双方的具体任务，从而做好语言的转换工作。但是对于一些译者来说，他们在翻译的时候往往不注重文化语境，翻译的程度不够，有时甚至还会导致误译。有些译者过于追求语法的完美，但脱离了固定的语境，这显然也是不利于提高译文质量的。在翻译的时候，语境因素是非常重要的，所以在具体的翻译实践中，译者应该重视对语境的翻译。

②意义原则。处于不同文化背景下的人对于同一个事物的认识与理解是不同的，所以在进行跨文化交际的时候必须清楚地表达出自己的意思，并且在表达的时候应该充分考虑语境因素，实现意义的对等转换。

在翻译商标的时候，译者应该注重将原商标的意思展示出来，同时还应该考虑具体的语境因素，尽量实现原商标与翻译商标意义的对等。在跨文化交际的过程中，人们希望通过使用不同的语言，达到意义上的"融和"，在翻译商标的时候，对译者的要求就会更高一些。

③禁忌原则。由于人们所处的文化背景不同，不同的文化有自己独特的禁忌，在翻译商标的时候就应该注意文化禁忌。如果一名译者不清楚某个地方的禁忌的话，其翻译显然会影响产品的销路，甚至会出现群体抵制这种产品的现象，这就会伤害彼此之间的情感。在跨文化交际的过程中，交际双方应该对彼此的禁忌有更清晰的了解，从而让产品拥有更好的销路。

（4）商标翻译的常用方法。

①符合目标市场的文化特点。不同国家的人拥有不同的文化背景以及消费习惯，同时他们对事物的理解程度也是不同的。因此，译者在进行商标翻译时，不能单纯地依靠自己的主观臆断，而是应该从目标市场的文化出发，考虑译文是否符合目标市场文化，这样商标的翻译才具备合理性，才能帮助企业创造较大的经济效益。

②符合目标消费者的审美情趣。我们在表达美好祝愿的时候，经常会用到"福"这个字，不管是"幸福""福气""福字"等都表达着一种美好的寓意。在珠宝领域，人们也喜欢用"福"字。因此，在翻译这些珠宝品牌时，译者最好先了解有关的文化，这样才能准确传达产品信息。

③符合目标市场的表达习惯。在价值蕴含与数字表达上，东西方也有着显著的差异。东西方对同一个数字"13"的理解就有着明显的不同，在西方人看来，13是一个非常不好的数字，非常不吉利，这是因为耶稣就是被他的第十三位徒弟出卖而死的，所以西方人都非常避讳这个数字，但是在中国的文化中，这个数字并没有不同，王守义十三香中就有"十三"这个数字，代表了这种调料中含有的成分是多种多样的，

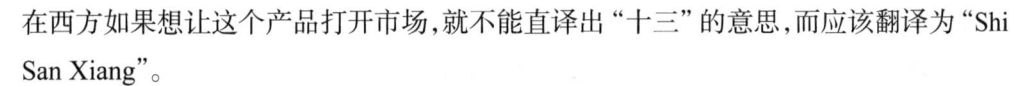

在西方如果想让这个产品打开市场，就不能直译出"十三"的意思，而应该翻译为"Shi San Xiang"。

5. 文化差异与商标翻译的语用失误

在翻译商标的时候，译者应该注意避免出现语用失误，如果出现这种错误显然会影响预期效果的达成。语言总是在特定的语境之下使用的，所以在翻译的时候，译者应该结合文本的具体语境进行翻译。

从本质上来说，商标也是一种社会用语，尽管交际双方在心理上对环境的认知并不相同，但是通过翻译这座桥梁，就可以将原文的意思准确地表达出来，从而避免语用失误的出现。

（1）语用失误的表现。

①片面的字面翻译造成语用损失。商标的翻译与文学作品或者法律文本等的翻译都是有很大差异的，在翻译商标品牌的时候就应该重视用词的简洁性，并且语言表达完整，从而给人提供更加全面的信息。

美国的杜邦公司曾致力于生产一种划时代的纸张——Tyvek，如果我们采用音译的方法，就可以将其翻译成"泰维克"，但显然这个并没有任何具体的意思，如果要与纸张的特点进行联系，就可以将其翻译为"特卫强"，这样就能凸显出纸张的耐用性。

我国广东的一个公司曾经生产过一种名为"半球"牌的电器，在英译的时候，有的译者就根据字面意思将其直译为了"Half Globe"，但是西方人在看到这个单词的时候就觉得难以理解，所以这种产品的销路并不广。为了打开销路，该公司重新注册了一个新商标"Peskoe"，这样就显得非常新奇，从而吸引很多顾客，打开了产品的销路。

②违反消费心理引起语用失误。一个优秀的商标具有劝导的作用，能够让消费者自愿买单，所以，在翻译商标的时候应该尽量避免使用那些有不好联想意义的单词。

美国曾经有个公司主要生产履带拖拉机，他们的商标是"Cater-piller"。在我们看来，"毛毛虫"与拖拉机并没有任何关系，并且毛毛虫也不是益虫，对于农作物而言甚至是一种害虫，从体积上来说，拖拉机都是比较大的，毛毛虫的体型较小，也无法体现出拖拉机的外形特点，所以，在翻译的时候将其进行音译是不错的处理方法，可将其翻译为"卡特皮勒"。

我国的某公司曾经生产过一种减肥药片，试图打开美国的市场，在翻译的时候将其翻译为了"Obesity Reducing Tablets"，尽管这种产品在本土卖得很好，但是到了美国无人问津，后来公司就进行了调查，发现该商品的英译名会让消费者感到这种药品是专门为 Obese people（肥胖症者）生产的，所以销量不好。后来，公司改换了名称，将其改为 Slimming pills 之后就获得了可观的收益。

③文化差异引起语用失误。中西文化不同，一些词语所承载的文化意义也不同，在不同的文化氛围中，人们会对语义有不同的联想。在日常的生活中，我们会借物喻义，在不同的民族中，这种情况都可能会出现，但由于不同民族的人对事物的偏爱程度是不同的，所以会产生不同的情感反应。

在中国人的心中，"凤凰"是一种非常吉祥的鸟，许多商品都喜欢用凤凰来定义自己的品牌，如中国的凤凰牌自行车就非常有名，在车前也会有一个凤凰的标志。在我国，提到凤凰人们就会联想到吉祥、高贵等，但是在西方，Phoenix 的意义则更偏重再生，会让人产生"死里逃生"的意思，所以在翻译的时候，Phoenix 并不是一个特别好的选择。再如，我国的"红豆牌"衬衫非常有名，但是不管采用何种方式，都无法把"红豆"背后所传达的缠绵与相思的意思精准地传达出来。

（2）商标翻译的语用策略。我们在识别商品的时候，往往会用到商标，商标对人们的日常生活产生了深远的影响。如果产品拥有一个良好的商标，那么就会帮助其打开销路，甚至会风行全球；如果商标的名字不好，则会让产品一蹶不振，影响其销量。

①突出商标的表意功能。在翻译商标的时候，应该明确商标的表意功能，只有这样才能树立商标的形象，并且体现出商品的特色。

②展示民族文化，把握联想意义。我们可以将商标看成是展示自己民族文化的一个窗口，通过展示可以促进中西方文化的交流。在翻译商标的时候应该尽量凸显出民族的风格，并且展示出民族的特色，从而加深消费者对商标的了解程度，进而增加购买需求。

英国有一家食品公司，公司的商标为 Anchor，该单词的本意是船锚，预示着产品稳定的质量，在译成中文的时候，将其译为了"安可"，这样就拥有了简明的联想意义。

还有一种橡胶轮胎的商标是 Goodyear，这是为了纪念硫化橡胶的发明人 Charles Goodyear，于是用了他的姓氏作为商标，但在翻译的时候，如果将其简单译为"古德伊尔"显然难以引发人们的联想，所以译者在翻译的时候将其译为"固特异"，不仅保留了原来商标的读音，并且还让人感觉到商品是耐用的。

③取吉求利，迎合消费心理。一个好的商标名，能够对消费者的心理产生极大的影响，为了让商标拥有一个更好的译名，在翻译的时候译者就应该仔细斟酌，从而选择出一个最好的词语。

在西方，Bowling 是人们非常常用的一种运动器材，译者在翻译的时候将其音

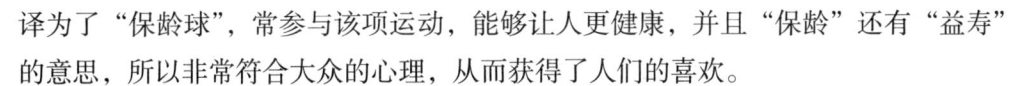

译为了"保龄球",常参与该项运动,能够让人更健康,并且"保龄"还有"益寿"的意思,所以非常符合大众的心理,从而获得了人们的喜欢。

还有自行车品牌 Giant 在国外也非常受欢迎,其字面意思是"巨人",将其音译为"捷安特"之后,就能让人对其性能更加放心,从而迎合了消费者的心理。

④切准市场定位,追求新的商业观念。在一定程度上,商标能够反映出商品的定位以及消费群体,所以在翻译商标的时候应该立足于商品的销售对象,从他们的立场与喜好出发进行翻译,这样就可起到促进销售的作用。

例如,化妆品 Avon(雅芳)、Arche(雅倩)中的"雅"字是非常受中国女性欢迎的,"雅"意味着"优雅""雅致""典雅"等,让人感到使用该化妆品的女性是非常有品位的,从而会吸引一些顾客购买。Safeguard 在国外销量很好,在将其译为"舒肤佳"之后在我国的销售情况也很火爆。

⑤注意文化移情,符合审美心理。在翻译商标的时候,译者应该秉承"易读易记"的翻译原则,一般来说,汉译的商标可以采用两个字或者三个字。这种翻译方式还是比较常见的。

从汽车领域来看,不管是"奔驰"还是"保时捷"都会给人一种高贵、美好的感觉;从餐饮领域来看,"全聚德""麦当劳"也都各具特色。很显然,译者在翻译的时候,就应该多注意文化的移情作用,尽量使翻译出的单词能够激发消费者猎奇的心理,从而为产品打开销路。

例如,Transformer(变形金刚)这种玩具能够起到开发儿童智力的作用,所以受到了小朋友的喜爱。Transform(变形)指的是这种玩具能拥有不同的组合方式,并且可以拼成不同的形状,把"er"翻译为"金刚",比喻这种玩具拥有如同金刚般强大的武艺,这显然就成了儿童心目中最好的玩具,吸引了很多小朋友的目光。

在不同的文化背景下,人们对同一种事物的看法是不同的,那么能否跨越文化障碍成功进行翻译就是译者所必须着重考虑的问题,这显然会影响产品的销量,所以从社会学的角度出发进行考虑,提高民众的社会语用水平是极为重要的。

第二节 高职院校实用英语翻译课程教学研究

一、高职院校实用英语翻译课程教学现状分析

第一,学生态度有待纠正,基础不扎实。学生的学习态度不端正,只是为了应付翻译考试,带有功利性目的,不能为自己的长远发展做打算,只计较近期的得失,

普遍认为只要完成教师布置的翻译任务就算完事，而不考虑自己是否真正学到东西。长此以往，学生的知识会出现越来越大的漏洞，导致基础不扎实，知识结构不全面、不完善，无法完成预期的翻译工作。

第二，对于西方的文化背景不熟悉。学生自小接受中国传统文化的洗礼，博大精深的中华文化在学生思想中根深蒂固，在对两种或多种语言进行翻译的过程中，不可避免地带着固有思想先入为主，再加上对西方文化本身就不够熟悉，直接影响翻译的准确性，导致两国语言、文化的交流出现障碍。

第三，课程设置不合理。我国教育的通病是注重知识而忽视实践，所以高职英语实用翻译的课程设置是以笔译为主，而忽略口译的重要性，有的学校甚至没有口译课程的安排。这致使大多数学生逃不出"纸上谈兵"的藩篱，口语得不到锻炼，在实际的翻译活动中没有轻松自如的谈吐风范。

第四，教材的更新速度太慢。翻译教学中教材的使用版本不一，甚至不同的学校有不同的教材，这使学生学习的课程难度不同。教材长时间不改变，内容陈旧，跟不上时代的发展，过时的翻译知识是不可能让学生有明显的进步的。

第五，教学方法单调乏味，不切实际。陈旧的教学内容，不合理的课程设置，导致教学方法的单调乏味，与实际严重偏离。在日常教学工作中，教师大多采用"填鸭式"的教学方法，学生大都是被迫接受，囫囵吞枣，失去学习的动力和兴趣。

二、高职院校实用英语翻译课程教学改善策略

（一）在教学主体中转变教学策略

首先，从教师方面而言，就是提高自身素质。一个教师的单方面素质并不能起到多大作用，而是要提高整个师资队伍的综合素质。作为一名教师，自己应该掌握比学生更全面的知识，更熟练的翻译技巧，更从容冷静的心态，并把这些传授给学生。其次，把学生作为跟教师同等的主体，发挥学生和教师一样的主体作用。大多数的教学课堂上，学生处于被动接受的地位，更多时候，学生把学习看作一个任务而不是一种成长。相反，把学生当作主体，教师更多扮演引导者的角色，与学生互动、交流，这样才会极大地调动学生求知的积极性和主动性，学生才会真正对翻译这个专业或者这个工作感兴趣，投入百分百的热情对待翻译这门学科。

（二）在教学结构中转变教学策略

第一，调整知识结构，合理设置课程。把以笔译为主的课程设置改变为笔译、口译占据同样比重的课程安排，在学生学习翻译理论的同时，注重他们的翻译经验，为他们尽可能多地提供实践机会,在实际翻译的过程中历练自己的翻译水平。

第二,关注教学动态,及时更新教材。时刻关注高职英语实用翻译教学大纲的动态,了解教学目标,根据教学大纲合理制订教学方案。紧跟时代步伐,及时更新教材,时时关注学术研究的新成果,使学生的翻译内容跟时事同步,接触一些固有的翻译名词,才能翻译得更准确、更贴切,更让人信服。

第三,完善教学理念,引进多元化教学方法。进一步完善教学理念,不是打造盛放知识的容器,而是要培养专业知识全面、翻译技能过硬、整体素质过人的全方位发展的优秀人才。

(三)在教学方法中转变教学策略

把新的教学理念落实到实际的教学活动中,引进多元化的教学方法,不再只是由教师单调地讲解有关翻译的知识,而是由教师和学生共同交流,在共同学习中提高翻译水平。在课堂上采取新颖别致的方法来激发学生学习的兴趣。比如,播放翻译现场的视频,使学生提前熟悉工作环境,进行有关英语实用翻译的讲座等;只重视理论知识不可行,要多为学生提供翻译的机会,也可以举行不同范围的翻译竞赛,成立英语实用翻译社团,让学生自发进行翻译,与他人相互切磋,理论联系实际,在实践中将知识学以致用。

教学模式的转变,无疑为僵化的教育体制注入了一股新鲜的血液,能够在很大程度上促进翻译教学工作质量的提高,不无夸张地说,小到教师与学生,大到我国的教育制度,都会受益匪浅。翻译教学工作的质量提高,那么翻译人才就增多了,有可能会影响到我国在外交方面的发展。

第三节 高职院校科技英语翻译的语境研究

科技英语是科技交流与商务、技术研究的重要部分,它不是专业术语和基础英语的结合体,而是一种建立在基础英语之上具有较强专业性和实用性的科技文体。科技英语翻译应致力于还原作品的思想观念和论证风格,在科技英语文章翻译过程中应保持严谨的结构和较强的逻辑性,由于东西方文化之间差异较大,科技英语翻译问题会直接影响到东西方学者的学术交流。[1]

---

[1] 姚冶松. 高职英语实用翻译教学模式的构建与应用探讨 [J]. 考试周刊, 2016 (68): 82.

一、科技英语翻译的认知

英语是世界性语言，科技英语一般指在自然科学和工程技术领域的科学著作、教科书、论文、学术讲演、科技报告中使用的英语，主要包括数学公式和图表等内容，惯于使用典型句式和大量专业或半专业术语，文体简明严谨。科技英语文体要求科技工作者尽可能将自身主观意志与各种自然现象和客观事实发生过程和相关特性的描述相分离，尽可能用最少的词汇准确表达自己的思想。科技英语文章结构严谨、逻辑性强，科技英语翻译者在翻译过程中需要注重英语专业知识的掌握和相关专业术语的运用，确保上下文连贯一致，避免文章出现不必要的重复，灵活掌握词义替代关系，重视原文的文体结构、语法结构、词汇搭配，翻译时充分考虑汉语译文选词习惯和表达习惯，力求译文脉络清晰、表述严谨。[①]

（一）科技英语翻译的类型与特点

科技英语文献一般可分为五种类型：科技著作、论文报告、实验方案，科技情报和相关文字资料，科技会谈用语，有关科技问题的有声材料解说词，科技使用手段的结构描述和操作描述等。科技英语中会大量使用专业科技词汇，其中大多数专业术语来自普通词汇，一些简单的基础词汇用于某一专业领域便会成为专业技术术语，一些基础词汇在不同的专业领域往往也对应着不同的专业术语，因此在科技英语中仍以普通常用词汇为主。

科技英语文章词汇具有明显的特色，由于科技英语文体信息庞杂、专业性较强，文章中巧妙使用了大量的名词化结构和被动语态，使得文章变得简单明了，非限定性动词和后置定语的巧妙运用能够使文章结构变得紧凑合理，增强文章的逻辑性，但科技英语文章中大量使用的复合词和缩略词，在一定程度上增加了翻译的难度，翻译者应在熟练掌握各类词性的基础上，结合上下文准确揣摩复合词和缩略词的具体含义，提高翻译的准确度。科技英语有着明显的名词化倾向，在文章中大量使用能表示动作或状态的抽象名词和起名词作用的动名词。另外，科技英语中名词连用的情况也较为常见，常会出现名词来修饰名词的情况；英语文章中句子结构较为复杂，句子较长，多为陈述句，广泛使用被动句、动词非谓语形式、动词现在时和介词短语；普遍使用形容词短语作后置定语，句子信息量较大。

科技英语文章侧重于叙事逻辑的连贯和顺畅的表达，尽可能避免论证上的主观随意性，在语言表达中作者个人情感流露较少，尽可能避免使用描述性形容词、其

---

① 王惠. 高职科技英语翻译过程中语境的应用窥探[J]. 山东工业技术，2014（24）：244-245.

他抒情词汇或渲染气氛的修辞，不能使用夸张、双关等修辞手段，语言表述应力求平实、精准、客观。

（二）科技英语翻译的具体要求

翻译是将一种文字通过另外的一种文字表述的过程，由于科技文献的专业性和实用性较强，使得科技英语翻译的要求不同于英语文学翻译。科技英语翻译要求准确规范、简洁明晰、顺畅易懂。文章翻译要求完全还原原文的全部信息内容，翻译过程中所涉及的科学技术或某个专业领域的专业术语表达规范，译文语言结构需要符合汉语语法结构和表达习惯，文章语言通畅、脉络清晰、结构合理、逻辑关系清楚。科技英语翻译需要注重语言的简洁明晰，尽可能避免冗长的句式和不必要的语言重复，译文需重点突出、简单明晰，在保持语言准确、通顺的基础上做到语言简洁是科技英语翻译的最终目标。

二、语境在科技英语翻译中的具体作用

语境是一种与语言运用相关的语言现象。语境是语言的使用环境，也是语言的使用条件，对语言的使用起到了一定的制约作用。语境也包含交流双方在言语行为过程中运用语言表达思想、交流情感，以及对话语进行推导分析时所依赖的各种外界因素，主要包括语言知识和语言外的知识这两方面。所有的语言行为都必须以一定的语境为基础，依靠语境知识进行语言含义分析，语言要素的价值以其他出现在语言要素前后的要素为基础，提高科技英语翻译的准确度必须彻底理解科技英语含义，充分考虑语境因素，语境因素对科技英语翻译至关重要。语境主要分为语言学语境和情景语境这两种类型，其中语言学语境主要包括词汇语境、语法语境、语篇语境，情景语境则包括背景知识、一般知识、专业知识等。

语境在科技英语翻译中的重要作用有以下方面。

（一）专业知识语境对科技英语翻译的影响

科技英语翻译的目的就是用通顺的汉语语言文字客观、准确、形象地表达出所翻译学科的专业知识。学科专业知识是科技英语翻译的基础和根本，译者的文字功底和专业知识储备也都是科技英语翻译不可或缺的重要内容。专业知识是科技英语翻译中范围最大、涉及面积最广的语境，如果译者无法充分理解专业知识语境，则会造成错误判断句子成分功能，句子含义和内涵表达不充分，译文词语使用非专业化等现象，使得译文的准确性大打折扣，因此译者在进行科技文献翻译时需要重视对专业知识语境的理解。例如，在"If the electron flow takes place in a vacuum, as in the case of electronic valve,the electrons will travel at consider speed,since little resistance is offered by the medium."这一句中，译者翻译为"如果电子在真空里流动，如电子真空管，那么电子的运行速度非常快，因为介质对电子几乎不产生什么阻力"没有充分表达原文内涵。这段原文主要描述的是电子在真空的流动，在物理学中真空几乎不存在空气，因此原文中的"medium"应翻译为"真空"，而不是直接翻译为"介质"，译者应进一步挖掘原文内涵将"medium"具体化，应该将"since little resistance is offered by the medium"这一句改译为"因此几乎没有空气对电子流动产生阻力"。由此可见，译者对专业知识的不够了解会造成译文中对原文语意内涵的表达不充分，从而降低了译文的准确度。

（二）语境对确定科技词汇词义的重要性

英语的基本语言单位是单词，英语词汇的具体含义取决于所在的语境，不管是单词、词组、短语、句子，还是整篇文章的翻译都离不开对语境的把握。科技英语词汇具有出现频率较低、词义专一和词汇来源广泛、数量庞杂等特点，普通词汇往往可以通过借代或转换等方法构成专业的科技词汇，增加了科技词汇的理解难度，同时，科技词汇的含义往往会随语境变化而变化译者需要分析上下文语境揣摩出专业科技词汇的具体含义。借代词汇是从外来语直接借用或代替过来产生的，本身具有相对稳定的科技含义，但是为了顺应当代科技英语翻译讲求美学观的潮流，借代词汇的含义也趋于灵活多变。大多数科技词汇是由一般生活词汇转化而来，生活词汇转化而成的科技词汇往往会与原词汇含义存在一定的关联性，为了准确翻译科技英语中的词汇，译者需要根据上下文语境来确定一般生活词汇转换成的科技词汇的具体含义，例如"camer"一词作一般生活词汇讲时意为"搬运工"，当其转换为科技词汇应用于相关科技领域时则具有多重含义，如航空母舰、载体、病毒携带者、带基因者、显微镜载物的玻璃等。因此，译者对具有较强不确定性的词汇进行具体含义判断时需要充分结合语境，确保科技英语翻译的准确性和客观性。

三、语境在科技英语翻译中的运用实践

（一）语境在词汇翻译中的运用

半科技词汇是科技英语中的一种特殊词汇。半科技词汇具体含义的确定不仅取决于词汇所处科技领域，还取决于文章所处的语境。相同的单词在不同的语境中可能会有不同的含义，如单词"module"在电子领域指"组件"，在计算机科学领域译为"模块或存储器"，在建筑领域指"模数"，在航空航天领域则为"独立舱"。语言

学框架是一种能将人的知识储存在记忆中的数据结构，科技英语单词往往会因为自身所处的框架不同而产生不同的词义，如单词"transmission"在无线电、工程学框架中的词义为"传播"，在物理学框架中的含义为"透射"，在机械学框架中的含义"传动，变速"。译者在进行不同领域不同专业的科技英语翻译时，需充分考虑上下文语境，判断词汇的具体含义，若不重视语境分析想当然进行判断则容易产生误解，降低译文的准确度。另外，随着科技发展的日新月异，也会出现越来越多的新的科技英语词汇，这对科技英语翻译工作提出了越来越高的要求，译者在不断丰富自身专业知识储备的同时，也需要加强语境应用意识。在实际翻译工作中，容易产生误解的词汇往往不是相对陌生的专业词汇，反而是日常生活十分常见的词汇，如"Burning in the cylinder fuel provides the engine with power."会被翻译为"燃油在气缸里燃烧，给发动机提供能量"，其中"power"的翻译不够到位，译者没有完全结合语境选择多义词的适当含义，结合上下文，"power"应翻译为"动力"才符合具体语境。

（二）语境在句子翻译中的运用

句子不能脱离文章而单独存在，在科技英语翻译过程中，句子翻译也必须充分考虑到语境因素。在相关科技文献中，作者为了更加准确地描述一种科学现象或特性时，往往会使用大量长句，由于东西方文化的语言体系存在较大的差异，对于长句多、结构复杂、专业词汇多、科学性较强的科技英语文献翻译，译者对句子含义的理解必须建立在完整把握语境的基础上。例如"Because of the durability of the metal, we know a lot about bronze artifacts"，原本翻译为"这种金属的经久性使我们知道了许多关于青铜器的情况"。这样的翻译相对生硬，译文中忽略了上半句的"the metal"和下半句的"bronze artifacts"的具体关系，结合上下文可以发现"这种金属"就是指"青铜器"，因此，这一句可改译为"我们对青铜器了解甚多，是因为这种金属制品能保存多年而不损坏"。译者面对科技英语文献中较多的长句，要结合语境揣摩相关代词的具体含义，避免张冠李戴，从整句出发把握文章语境，切实提高科技英语文献翻译的准确度。

综上所述，科技英语具有鲜明的词汇特点、语法特点、逻辑特点，科技英语翻译要求语言准确规范、简洁明晰、顺畅易懂，语境的把握对科技英语翻译至关重要，专业知识语境会直接影响科技英语翻译，译者对科技词汇词义的判断离不开语境把握。在科技英语翻译过程中，译者不仅要落实对原文词汇、句子等语言语境的把握，还要准确把握原文的文化背景和涉及的科技领域，切实提高翻译内容的准确度和语言的通畅度。

第四节　跨文化视角下高职英语翻译教学研究

　　翻译能力是一项综合技能，它是不同语言、不同文化之间相互沟通的中间媒介。21世纪以来，随着我国在国际上的话语权日益加重，对外交流日益频繁，要求学生必须具有一定的翻译能力，因此高等职业英语翻译教学受到了越来越高的重视。在进行英语翻译过程中，学生要具备一定的英语素质和综合运用英语的能力。但从现阶段的职业英语翻译教学情况来看，很多职业院校对英语翻译教学的重视程度不高，翻译教学在听、说、读、写、译各项素质培养中所占据的比重较小，在这种教学模式之下，学生的英语翻译能力一直难以提升，经常出现翻译不准确，违背国外文化常识，过度依赖翻译软件的现象。[①]

　　语言是一个民族或者一个区域的人们在长期发展过程中的文化产物，在语言当中往往包含着重要的文化信息，因此语言离开了文化不能够单独存在。20世纪90年代初期，巴西奈特和列夫维尔合著的《翻译、历史与文化》的诞生标志着翻译学的文化转向，这一转变为翻译研究开阔了视野，拓展了方向。许多研究学者在这一著作的基础上，就翻译研究问题进行审视和探讨，对翻译的本质有了全面的认知。

　　现阶段翻译标准的讨论逐渐向着多元化方向转变。文化视野的拓展使得翻译研究工作打破了语言和语义研究的束缚，将更多的关注度放置在非语言问题方面，如文化能力、文化翻译策略、文化预设、文化语境、语篇解读、意识形态翻译等。翻译与文化发展有着密不可分的联系。在语言当中所包含的一系列文化信息和文化素养影响着翻译活动的全过程。而翻译活动也能够直接影响到语言发生交流的两种文化。在翻译文化转向过程中，翻译者素养概念也发生了变化。这主要是指翻译者在特定的社会文化情景当中，创造性地求解翻译问题，生成翻译产品所需的自主意识和能力，并表现为翻译者结合特定的语境、特定的目的，构建翻译的自主性、灵活性、创造性，保证其具有辨别的能力和决策的意识。

　　高职院校主要是培养能够从事基层工作的高素质专业技能人才。职业院校学生实践技能和文化素养有着密切关系，两者之间互为依存。职业院校学生在进行英语语言学习过程中，跨文化交际能力是开展英语翻译的重要基础，英语语言学习不能够摆脱英语国家的文化单独学习语言。在进行英语翻译过程中，也应该考虑英语国家的文化结构，重点培养学生的跨文化交际能力。学生作为英语翻译者，是整个翻译活动中最具复杂性的综合体。从文化翻译角度来看，学生的双语语言素养、跨文

---

① 甄珍. 跨文化视角下高职英语翻译教学策略研究 [J]. 牡丹江大学学报, 2020, 29 (7): 109-112.

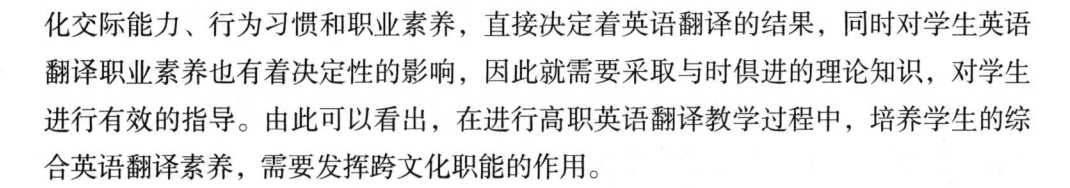

化交际能力、行为习惯和职业素养，直接决定着英语翻译的结果，同时对学生英语翻译职业素养也有着决定性的影响，因此就需要采取与时俱进的理论知识，对学生进行有效的指导。由此可以看出，在进行高职英语翻译教学过程中，培养学生的综合英语翻译素养，需要发挥跨文化职能的作用。

一、高职英语翻译教学中存在的问题

第一，高职院校英语教师对学生翻译素养培养重视程度不高。高职英语教学过程中，虽然听、说、读、写、译和跨文化交际能力是职业教育培养的核心内容，但对于大多数的高职院校来说，开设专门化的翻译课程的比例相对较低，翻译教学在整个英语课程教学体系中所占据的比重较低。学生的翻译能力培养主要依靠英语课堂教学。由于翻译教学在职业院校当中还没有被充分认识，教学过程中教师重视程度不高，再加上很多职业英语教师本身的英语翻译素养较低，职业院校英语教材当中缺乏相应的英语翻译技能讲解，英语翻译评价体系不足，以及翻译内容较少，使得高职英语翻译教学比例一直偏低，学生的英语翻译素养一直难以提升。传统的高职英语教学中，许多英语教师一直沿用传统的教学模式，教学时间紧凑，教学任务较重，教学内容密度较大，限制了学生思维的发展。由于存在很大的教学压力，高职院校教师在授课过程中，注重学生听、说、读、写等方面能力的培养，对翻译教学的重视程度不高，对学生翻译的基本方法、翻译技能考评关注度不够，对学生翻译素养的培养关注更少之又少。

另外，在有限的翻译教学课程当中，教师所预留的翻译作业以及考试过程中的翻译内容主要以语言知识点考查为主，主要测试学生词汇、语句表达、语法等方面内容，没有充分考查翻译方法和翻译技巧等方面的内容，与职业教育结合不紧密，未能体现职业教育特色，更不能体现培养学生跨文化交际能力为人才培养的目标，不能体现文化之间的有效转换。教师在日常教学工作中，忽视翻译理论的有效学习和有效吸收，整个教学内容陈旧，难以向前推进，翻译理论更新速度缓慢，加之很多教学任务较重，对翻译素养的提升重视程度不高，导致翻译缺乏实践，在心理上产生抵触心理，难以对学生进行有效的监督和考核。

第二，学生在英语翻译时存在认知偏差。高职院校英语教学过程中需要注重培养学生的英语技能，而翻译能力是学生语言综合技能的有效体现，需要高职院校学生具备良好的英汉双语言素养和坚实的语言文化知识。翻译是一种十分复杂的行为，同时也是一种语言意识。在跨文化视角之下，教师应该充分认识到翻译是一种文化行为，它是两种语言文化的有效碰撞、有效转化和有效融合，并非只是语言之间的相互转换。学生在进行语言翻译过程中，主体性应得到充分肯定。进入高职院校的很多学生英语基础普遍较差,他们对英语学习感到头疼,在进行英语翻译时常常不知所措,不知道该从何做起,存在很强的排斥心理和厌烦心理。教师为了提高教学的吸引力,常常会应用多媒体教学,但是由于多媒体教学手段应用不合理,使得整个翻译教学深度不够,很多学生对翻译学习敬而远之。

此外,由于高职院校的很多学生缺乏系统性的翻译与素养培养,甚至根本不知道基本的翻译技巧和翻译方法,对翻译标准、翻译过程的相关知识掌握不足,不能够将英语知识和汉语语言知识有效融合,相互转换。实际上,翻译是一个需要大量实践的活动,但是很多高职院校学生的理论知识相对比较匮乏,英语能力比较薄弱,实践能力不足。这也是导致高职英语翻译教学边缘化的主要原因之一。

二、跨文化视角下高职英语翻译教学的策略研究

(一)加强教师的跨文化意识与翻译素养

高职院校在进行翻译教学过程中,培养学生翻译素养提升的基础,是应该保证打造一支专业素质较高的英语教师队伍。高职英语教师作为职业教育的组织者、引导者和实施者,其翻译水平和认知水平以及具体的翻译能力,直接影响到最终的教学成效。在高职英语翻译教学过程中,教师应该具备丰富的英语实践经验,要熟练掌握一般的翻译技巧和翻译策略。同时,还应该具有宽广的翻译理论视角,熟悉翻译理论的具体发展动向。要始终保持翻译方面的积极热情,要懂得在教学过程中对学生进行循循善诱。在高职院校英语翻译教学过程中,教师应该不断加强自身跨文化意识培养,不断提高自身的翻译职业素养。

首先,注重教师跨文化意识的培养。在跨文化视角下,高职英语教师要想提高翻译教学质量和教学效率,应注重加强自身跨文化意识培养。教师应该转变传统认知,将翻译教学看作一种文化教学行为,将学生的翻译能力培养放置在更加广阔的文化环境之下,并贯穿到英语教学的全过程,克服翻译教学的短视性和片面性。在实际教学过程中,应该选择与学生职业相关的片段资料,并利用现代信息教学手段,如慕课之类等的在线课程学习软件、交流平台等指导学生进行翻译训练,不断提升学生的翻译技能。另外,还应该构建完善的激励评价机制,将学生的知识素养、专业素养、文化素养、信息素养培养纳入整个翻译教学体系当中。教师只有具备了跨文化教学意识,才能在翻译教学中注重学生跨文化意识能力的培养,引导学生在翻译学习中尊重不同语言国家之间的文化差异,将提升学生文化素养贯穿到跨文化意识培养的全过程。在进行翻译教学过程中,教师还应该综合运用各种教学手段和方法,保证学生能够获得更加合理的文化结构,为持续提升学生的翻译能力提供更大的发展空间。

其次，提升教师的翻译职业素养。敏锐的文化意识是教师引导学生提升自我翻译素养的必然要求。要想达到这一教学目标，在日常工作过程中，教师应该不断提升自身的翻译理论素养，加强学习，更新翻译理论知识，开阔翻译视野。另外，教师还应该注重翻译实践。翻译能力的提升没有任何捷径，必须通过大量的翻译实践才能够熟练掌握。教师只有在工作和生活当中不断加强实践探索，才能够提升自身的专业水平，从而在指导学生翻译训练过程中做到得心应手。在跨文化视角之下，高职英语教师应该积极了解英语国家的文化习俗，学习文化翻译的基本理论，在翻译过程中应该注重汉语国家和英语国家之间的文化差异，将翻译教学的重点放置在学生专业培养目标、职业特点、行业规范、市场需求等方面。高职院校教师只有具备了扎实的翻译理论知识，具有丰富的实践经验，才能在课堂教学中做到言传身教，也才能够有效提升职业院校学生的翻译综合素养。

（二）营造良好跨文化翻译环境

在日常教学中，学校和教师应该转变传统认知，将高职英语翻译教学纳入英语教学体系中，并将其放在一个突出的位置，注重为学生营造一个良好的跨文化翻译环境，使学生能够将学习到的翻译知识应用到具体的日常生活中。教师应多创造一些文化交流平台，如定期举办英语角、英语翻译等活动，邀请外教、留学生参与其中，加强学生和外国友人之间的沟通联系，以此为学生营造一个良好的学习环境，让学生在英语交流中更好地了解彼此国家的语言文化，不断提高学生英语表达的准确性。

此外，教师还可以将学生划分成小组，利用课上或课下时间组织开展各种英语文化翻译活动，如经典影视节目表演、经典影片台词翻译等。将教学和活动有效结合，创建一个良好的跨文化翻译学习环境，对提升学生的跨文化翻译能力有很大帮助。对于聘用了外籍教师的职业院校，应该切实发挥好外籍教师的资源优势，通过增强学生与外籍教师之间的良性互动，培养学生的翻译技巧和跨文化翻译能力。学校的外籍教师会成为跨文化翻译的中间媒介，成为学生学习中西方文化的纽带与桥梁。学生在和外教沟通交流中，能够更加直观地体会和感受中西方文化的差异。

总而言之，在跨文化视角之下，高职院校英语教师需要加强对学生跨文化意识的培养，有针对性地培养学生的文化翻译能力。在进行语言翻译过程中，不能脱离语言所在国家的具体文化背景和文化元素，要将英语国家的文化充分融入英语翻译当中，只有这样才能够保证翻译的准确性和针对性，达到教学目的。

结束语

随着我国职业教育的发展，高职教学越来越倾向于应用型和技能型人才的培养，仅仅通过传统的课堂说教，致力于学生记忆能力培养的教学，已经落后于现代职业教育目标。同时，随着中国与世界各国和地区在经济、科技、人文等领域的交流日益频繁，高职英语是开展国际交往的重要工具。鉴于此，本书重点围绕高职英语教学与翻译进行研究，力求使高职英语教学的开展更加具有方向性。

参考文献

一、著作类

[1] 曾文华，付红桥. 商务英语翻译 [M]. 武汉：武汉理工大学出版社，2014.

[2] 车丽娟，贾秀海. 商务英语翻译教程 [M]. 北京：对外经贸大学出版社，2015.

[3] 陈静. 英语教学设计 [M]. 重庆：西南师范大学出版社，2018.

[4] 杜军. 纸上谈兵的胜算：广告文案的写作理论与方法 [M]. 长春：吉林人民出版社，2014.

[5] 杜奇华. 国际技术贸易（第3版）[M]. 上海：复旦大学出版社，2018.

[6] 方有林. 商务应用文写作 [M]. 上海：同济大学出版社，2010.

[7] 郝晶晶. 商务英语教学理论与改革实践研究 [M]. 成都：电子科技大学出版社，2017.

[8] 季舒鸿，王正华. 高职英语教育理论研究与实践探索 [M]. 合肥：安徽大学出版社，2012.

[9] 姜伟杰. 商务英语教学理论研究 [M]. 长春：吉林大学出版社，2016.

[10] 坎曼丽·麦麦提，彭小燕. 新编商务英语翻译教程 [M]. 成都：电子科技大学出版社，2017.

[11] 乐国斌. "互联网+"时代商务英语教学模式研究 [M]. 长春：东北师范大学出版社，2018.

[12] 李成明. 英汉互译 [M]. 南京：东南大学出版社，2013.

[13] 李俊清. 商务英语翻译实践 [M]. 成都：电子科技大学出版社，2017.

[14] 刘曼华，赵坤. 商务英语翻译 [M]. 北京：中国商务出版社，2014：23.

[15] 刘曦. 基于多维视角的英语语言学理论探索与应用 [M]. 北京：新华出版社，2019.

[16] 卢璨璨. 英语翻译教学方法理论研究 [M]. 天津：天津人民出版社，2019.

[17] 盛安之. 实用口才大全祝酒词应酬语场面话 [M]. 南昌：江西美术出版社，2017.

[18] 史中慧. 任务型教学法与高职英语课堂实践 [M]. 北京：中国财富出版社，2019.

[19] 王燕希. 实用商务英语写作大全一本通 [M]. 北京：对外经济贸易大学出版社，2003.

[20] 王战平. 商务英语写作与翻译 [M]. 武汉：华中科技大学出版社，2010.

[21] 吴伟凡. 大学应用文写作新教程 [M]. 北京：首都经济贸易大学出版社，2018.

[22] 肖晓明. 新编商务应用文写作 [M]. 西安：西安交通大学出版社，2016.

[23] 邢丽华，杨智新. 商务英语翻译理论与实践应用探索 [M]. 北京：新华出版社，2015.

[24] 苑春鸣，姜丽. 商务英语翻译 [M]. 北京：外语教学与研究出版社，2013.

[25] 张爱玲. 高职英语教学的反思及未来趋势研究 [M]. 青岛：中国海洋大学出版社，2018.

[26] 张萍. 商务英语翻译中存在的问题及对策 [M]. 北京：中国商务出版社，2018.

[27] 张啸. 大学英语有效教学研究 [M]. 成都：西南财经大学出版社，2012.

二、期刊类

[1] 陈嫔荣. 高职英语课堂活动的设计与实施 [J]. 湖南师范大学教育科学学报，2011，10（4）：110-112.

[2] 邓莉. 基于元认知策略的高职英语听力教学实证研究 [J]. 教育与职业，2011（24）：165-167.

[3] 郭丽丽. 高职英语教学改革策略研究 [J]. 教育与职业，2014（20）：120-121.

[4] 何春晓. 试论高职英语教学改革 [J]. 教育与职业，2009（17）：148-149.

[5] 孔婷. 高职英语教学的特点、存在的问题及对策 [J]. 教育与职业，2013（29）：114-115.

[6] 潘毓卿. 基于关联理论的高职英语翻译技能培养研究 [J]. 内江科技，2019，40（4）：115-116.

[7] 彭茜茜. 高职英语课程的改革与实践 [J]. 教育探索，2012（1）：32-33.

[8] 王惠. 高职科技英语翻译过程中语境的应用窥探 [J]. 山东工业技术，2014（24）：244-245.

[9] 吴静. 高职英语专业校本实训课程开发研究 [J]. 教育探索，2014（9）：40-42.

[10] 谢静. 高职英语课堂有效教学策略优化的实践研究——以N市某护理学院为例 [D]. 广西：广西师范大学，2019：21-26.

[11] 杨金霞.在高职英语教学中构建合作学习与自主学习教学模式[J].职业技术教育，2007（23）：35-36.

[12] 姚治松.高职英语实用翻译教学模式的构建与应用探讨[J].考试周刊，2016（68）：82.

[13] 张银成.高职大学英语课程功能的定位研究[J].中国成人教育，2015（16）：156-158.

[14] 甄珍.跨文化视角下高职英语翻译教学策略研究[J].牡丹江大学学报，2020，29（7）：109-112.